発達心理学

# 発達心理学

## ことばの獲得と教育

内田伸子

*Iwanami*
*Textbooks*

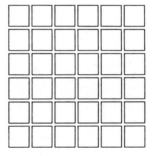

岩波書店

まえがき

　本書は，言語や認識の発達と教育との関わりを探求する基礎となる主要なトピックスや理論を提示した「発達心理学」のテキストである．

　発達心理学は，人間が発生してから死ぬまでの生涯発達の過程で，様々な機能——認知, 言語, 社会性, 感情, 運動など——がどのような過程を経て変化・展開・減衰していくかについて知ろうとするものである．1998年に刊行された発達心理学のハンドブックの第5版 Damon, W. (Ed. in Chief), *Handbook of Child Psychology*, New York, Wiley. は，第1巻「人間発達の理論 (*Theoretical Models of Human Development*, pp. 1274)」，第2巻「認知・知覚・言語 (*Cognition, Perception and Language*, pp. 1030)」，第3巻「社会・情動・人格の発達 (*Social, Emotional and Personality Development*, pp. 1208)」，第4巻「実践における発達心理学 (*Child Psychology in Practice*, pp. 1188) の4巻からなる．ここには，20世紀の発達研究の知見が総結集され，その進展の後を辿ることができる．4つの視点から編まれたレビュー論文に費やされた頁数からみても，発達心理学の領域がいかに膨大かがうかがわれよう．

　現在の時点で，発達心理学，特に，言語発達，認知発達の領域において得られた知見を踏まえると，人間発達の特徴は以下の諸点に整理できる．

　1. 乳幼児は身体発達の面を除き，認知面については私たちが考えている以上に有能である．一方大人は私たちが考えているほど有能ではない．

　2. 言語発達はチョムスキーやレネバーグが想定したような生物学的制約は確かに大きいものの，環境からの入力の役割も無視はできない．名詞や動詞，助数詞など領域によっても制約の強さが異なることから言語の個別領域についての詳細な検討が必要である．また，言語獲得は認知発達と相互作用しながら進む．どちらが強く働くかは領域により異なる．

　3. 認知発達はピアジェが想定したように整然と，しかも段階的に進むので

はなく，現象的には文脈の手がかりが与えられれば前進し，与えられないときには後退するように見える．いわば螺旋型軌道にそって発達していくものと考えられる．

4. 私たちの学習能力も含めて，能力の多くは，すべて環境しだいというわけではなく，我々が信じている以上に生得的制約を受けていて領域固有である．

5. 生物学的存在として，人間はより容易に，かつより自然に多くのことを学ぶようにできている．

6. 人は周りの人々，目の前の人々だけでなく，時間・空間が隔てられた人々とのやり取りに参加することによって外界について学んでいく．その手段として，人間の証である言語，話ことばや書きことばを媒介にして学んでいく．

本書では，上記の動向を踏まえて，言語・認知の発達過程と教育との関わりについて考察を進める．言語，認知，感情や人格など，各心理機能は独立したものではなく，総体として発達していくものであるが，解説の便宜上，個別領域ごとに考察をすすめ，章の中では，これらが相互に関連していることが理解できるように記述を進めるつもりである．なお，「言語」は上位のシステムとしてのラング (language) を，「ことば」は発話行為としてのパロル (speech) を指す用語として使い分ける．

言語を獲得することによって人間の知はどのように変わるのかを，象徴機能の成立，ことばの獲得，会話行動の発達，第2言語学習，言語が遅滞するとき，想像力の発達，読み書き能力の獲得，書くことと認識の8つの諸相から解説し，それぞれの発達過程を提示するとともに，教育や援助の方策を探る手がかりを提示したいと考えた．教育や援助とその効果までを視座に入れることにより，発達過程への理解が一層深まると考えたためである．

特に力を入れたのは，行動上の発達的変化の背後にある認知や言語のメカニズムについて描きだしたいと考え，人間の心の初期の構造や情報処理のメカニズム，内的表象の変化などを最新の知見を踏まえて提示しようとした点である．これは私が発達研究者としてこれまで歩んでくる中でずっとこだわり続けた視点だからである．

発達心理学者には2つのタイプがあるのではないかと思われる．第1に，子どもの研究それ自体を目的として研究を行う研究者である．この場合には，子どもの行動に焦点をあわせ，特に子どもが○○ができるようになる年齢を特定することは重要な課題となる．第2は，一般的な人間の心の働きを理解するために，子どもを対象にした研究を行おうとする研究者である．子どもに注目するのは，子ども時代が言語・認知・感情などがめまぐるしく変化する時期であるという点にある．この場合は認知科学の観点に立ち，人間の心の初期の行動，○○の機能が起動しはじめる前と後とで内部に生成される表象はどのように変化するか，行動の変化の性質を明らかにして，内部での発達的変化あるいは減衰の過程を知ることに目標をおくタイプである．私はこの第2の立場に属する．

　この第2の立場に立ったとき，人間の心の働きやメカニズム，情報処理過程を知るためには，1960年代から興り，80年代に隆盛期を迎えた認知心理学(認知科学)の成果がよりどころを提供してくれる．認知心理学の目標は思考や学習，記憶や問題解決などの人の心のメカニズムや心の中で起こっている情報処理過程について科学的に明らかにしようとするものだからである．これらを解明することは子どもの能力の診断や，子どものつまずきの原因，ある能力の遅滞をもたらした要因について推測することを可能にしてくれるだけでなく，生涯発達の視点で人間の発達を捉える糸口をも提供してくれると期待されるからである．

　さらに教科書としての使用の便を考え，図や表，さらに視点を広げるための資料をなるべく多く入れることにした．また，入門者の方々には本文で述べられている内容について，さらに学習を深めていただくために，巻末に章ごとの図書案内や引用文献を載せたので活用していただきたい．

1998年12月25日

内田伸子

# 目　次

まえがき

## 序章　ことばと人間——人間になること
1　どのような発達観に立つか ……………………………… 1
2　人とのやり取りの開始 …………………………………… 8
3　音声言語の発生の生物学的基盤 ………………………… 15

## 第Ⅰ章　象徴機能の発生
　　　——世界や自己についての概念の成立過程——
1　世界認識の開始 …………………………………………… 23
2　象徴機能の発生過程 ……………………………………… 32
3　身ぶり，発声の統合から意味のあることばへ ………… 37

## 第Ⅱ章　言語の獲得
　　　——何がことばの学習に制約を与えるか——
1　言語獲得の特殊性はどこにあるか ……………………… 49
2　子どもはことばの意味をどうやって知るのか ………… 56
3　やり取りに参加することを通してことばを学ぶ ……… 63

## 第Ⅲ章　会話行動の発達
　　　——他者との会話・自己内の対話——
1　人とのやり取りのことばの発達 ………………………… 73
2　自分自身との会話——考える手段としてのことば …… 79
3　会話の構造の違いに適応する …………………………… 85

## 第Ⅳ章　第2言語の学習
　　　——言語獲得に「臨界期」はあるか——
1　言語学習の臨界期 ………………………………………… 97
2　言語獲得の臨界期に対する制約 ………………………… 102

3　第2言語学習に「適時」はあるか？ ……………………110

## 第Ⅴ章　ことばが遅滞するとき
　　　　　──養育放棄の中でのことばの育ち──
 1　養育放棄の中での子どもの育ち ……………………125
 2　FとGのケース ……………………………………133
 3　人間発達の可塑性・言語発達の可塑性 ……………142

## 第Ⅵ章　想像力の発達
　　　　　──ディスコースの成立過程──
 1　創造的想像のメカニズム ……………………………155
 2　世界を語ることば──ディスコースの成立過程 …163
 3　過去を語り未来に生きる ……………………………178

## 第Ⅶ章　読み書きの能力の獲得
　　　　　──1次的ことばから2次的ことばへ──
 1　文字学習の特質 ………………………………………185
 2　読み書き能力の習得 …………………………………189
 3　何が学ばれるべきか …………………………………193

## 第Ⅷ章　書くことによる認識の発達
　　　　　──書くこと・考えること・生きること──
 1　書きことばの習得による認識過程の変化 …………205
 2　文字作文の成立過程 …………………………………211
 3　書くことによる新しいものの発見 …………………220

　図書案内　　237
　引用文献　　239
　あとがき　　253
　索　　引　　255

# 序章
## ことばと人間──人間になること

> 人間は，ことばが人間に供給してくれる諸対象にかかわって生活する．人間は自分自身からことばをつむぎだすその同じ行為によって，ことばの中に閉じこもる．
> ──フンボルト(Humboldt)

ことばは人間の証である．ヒトは長い系統発生の過程で獲得した進化の産物を身につけてこの世に誕生し，これを基盤に「人間化」への旅を開始する．生物学的制約を土台にして，人々とやり取りしながらことばを獲得していく．ことばは外界を認識する手段であり，考える手段となる．またその考えを人に伝え，共有するための道具ともなる．書きことばを獲得すれば，「今」「ここ」を越える人々とも考えを共有することが可能になる．ことばは，感情や認識と深く絡みあいながら「人」として生きていくことを可能にするのである．

## 1 どのような発達観に立つか

### 個体発生は系統発生を繰り返す

個体発生とは個々の人間または動物の発達を示すことばであり，系統発生とは種の進化，つまり下等動物から人間を含む高等動物までの進化の歴史を示すことばである．人間が他の種と連続しているか，それとも非連続かという問いは，発達現象を考える上で重要な問いである．これを問うことにより，他の種で得られた知見から人間の発達に対してどのような潜在的な制約があるかを考える手がかりが与えられる．

種間の連続性を主張したのはC・ダーウィンであったが，彼は他の種と人間(ホモ・サピエンス)の身体組織や行動の発生的なつながりを探すことによって種間の連続性を示そうとした．たとえば，人間とチンパンジーの身体組織の成分の90％近くは共通である．この点から見ると人間と他の種とは連続してい

るように思われる．しかし，それでもなお，人間が他の種と明らかに異なっている点があることを指摘しておかねばならない．

　人間が他の種と明らかに不連続な点は，言語（音声言語も身振り語も）を獲得するという点である．人間は文化を創造し，それをことばや文字によって世代から世代へと伝達する．確かに動物の研究は人間の発達を考える上で幾多の示唆を与えるであろうが，両者の重大な相違点，つまり，人間が文化に取りまかれ，文化的文脈の中で活動することを通じて発達していくという点を考慮することなしには，言語の役割について，言語獲得の意義について理解することはできない．また，人間の発達を包括的に理解することはできないであろう．

### 発達観の変遷

　人間発達は遺伝的な要因で規定されているのか，それとも環境からの学習に強く影響・規定されるのか，いわば「血筋か育ちか」という議論は20世紀の大半の時間を費やして続いてきた．その議論の変遷（内田, 1991）をたどってみよう．

　(1)「成熟説」は血筋，遺伝形質が発達を規定すると主張するものである．

　成熟説は発達心理学者ゲゼルによって唱えられた．これが人々に受け入れられるようになった背景には，優生学の考え方があったものと思われる．19世紀にイギリスのゴールトンは人類の遺伝的素質を改善する目的で優生学の研究に着手している．彼はバッハやダーウィンらの家系を調べ，優良な遺伝形質を受け継いだ人々によって優れた業績がもたらされることを示すことにより，優良な遺伝形質を保存することが人類の発展を約束するものであると考えた．

　成熟説においても発達を規定する要因として遺伝形質を重視する．内的生物学的プログラムが発達の道筋を定め，最終的な到達度をも決めると考える点では優生学の立場と相通じると言えよう．ゲゼル(Gesell, 1940)は，1卵性双生児の一方に階段上りや排泄訓練，積木の操作などを学習させたところ，訓練の直後は訓練の効果があるものの，3カ月もすると，訓練をしなかった子どもが追いついてしまうことを見いだした．このことから行動は内的な成熟のプログラムに従ってある年齢で自然と発現するものであり，新しい行動を訓練によって獲

得させることは難しいと考えたのである．

　この成熟説は 20 世紀半ばにすたれたが，そのきっかけはアメリカの実験心理学において行動主義が台頭したことであった．行動主義は巧妙な条件づけの手法を用いて人間よりも低次な種のネズミやハトに対してどんな行動でも実験者が望みどおりの行動を形成することができるということを示した．これは「環境こそが発達を規定する」という「環境説」を導く導火線となった．

　(2)「環境説」は，生物学的な要因は発達の素材や基礎を提供するだけであり，発達的変化は主として環境から与えられる刺激を入力することにより生ずるものであると考える立場である．行動主義者のワトソン(Watson, 1930)は，環境からの入力を巧妙に統制すれば，「どんな家系に生まれようとも，どんな親の子どもであろうとも環境条件を計画的に操作することによって，大泥棒にでも，偉大な研究者にでも，慈悲深い人間にでも冷酷無知な人間にでもして見せよう」と述べている．これほど極端な主張は受け入れ難いとしても，Ⅴ章で見るように環境を整え，人の意図的・意識的な関わりを増やす補償教育によって，発達遅滞から回復が可能になることを見ると，環境要因は一定の役割を果たしていることが窺われる．

　以上の 2 つの説はいずれも極端であり，当然それを折衷する立場が出てくるのは自然であった．現在では，そのどちらか一方に力点を置くのではなく，生物学的要因も環境からの入力も発達の源泉であり，それらが相補的に働くという「相互作用説」が主流となっている．

　(3)「相互作用説」

　初期の相互作用説は単純であり，上記の成熟説と環境説を単純に折衷した考え方である．たとえば，ドイツのシュテルン(Stern)は精神発達は生得的な性質と環境からの刺激の協働によって生じるという折衷的相互作用説の「輻輳説」を唱えた．次には，遺伝と環境の 2 つの要因の協働の仕方について，よりきめ細かに想定しようとする立場が出てきた．

　「20 世紀最大の」と称されるスイスの発達心理学者ピアジェ(Piaget, 1973)は，成熟要因と環境要因の両方を発達の源泉であると考えた．この点では輻輳説と

共通しているが，両方の要因のはたらき方をより詳細に想定した．まず，子どもの成熟段階に依存して環境の影響の大きさは変化するものであり，自動的にどの子どもにも同じように作用するのではないと考えた．また，環境は単に内的な潜在力の解発(release)のきっかけを与える以上のはたらきをするものであると考えた．彼は，子どもが環境と積極的にやり取りすることによって主体的に発達を押し進め，知識を構成していく存在であるという子ども観に立つものである．この立場は，それまでの子ども観，すなわち内的プログラムによるか，環境からの入力によるかの違いはあるものの，発達を引き起こすものに一方的に制約を受けるだけの「受け身的存在」と見なす従来の考え方とは根本的に異なっている．

精神科医のフロイト(Freud, 1953)は飢えや渇き，性的欲求などの生理的な欲求を「動因」と呼び，人間が行動するのはこの不快な緊張状態をもたらす動因を低減するためであると考えた．つまり，人間の行動を個体を保存し，種を再生産することにすべて帰着させて説明した．この点からみると彼の考え方は成熟説であるように見えるが，人間発達を引き起こす原因としては生物学的要因だけでなく，環境要因の重要性を指摘しているので，相互作用説にくみする立場にある．つまり，彼は，動因は生物学的に規定されてはいるが，社会環境がその動因を満足させる仕方を方向づけ，基本的に個々の人格特性をつくりあげるのに決定的なはたらきをすると考えた．すなわち，発達を遺伝的な傾向と環境条件との相互作用から生じるものととらえたのである．

以上のどの説に立とうと，問題は，内的プログラムとはいったい何か，環境要因として何を想定するのか，相互作用するというときに，これらの内因・外因の働き方はどのようなものかという点である．旧ソ連邦の心理学はこの問題に答えようとした．実験心理学の伝統の中では，ミクロな行動形成のメカニズムに注意が奪われてしまい，木を見て森を見ない傾向があった．森にはそれができあがるまでの歴史がある．またその森を取り巻く自然環境や文化的背景があるのである．

**文化・文脈依存説**

　環境要因の働きについて考えるとき，環境説にしても相互作用説にしても環境要因とは子どもの活動文脈や状況，あるいは，子どもを取り巻く生育環境を暗黙のうちに想定しており，その範囲での働きを問題にすることが多かった．しかし，子どもが活動する文脈や状況は，その時点なりの現れ方をしているが，その背景に歴史的，文化的文脈を含みこんでいる．言いかえると，子どもの活動は歴史的・文化的状況に埋め込まれているのである．

　歴史的・文化的視点に立ち，子どもを取り巻く文化や歴史的背景を重視することをその多くの著作の中で展開したのはヴィゴツキー(Vygotsky, 1932/1967)であった．たとえば，印刷術が発明されてからの情報の伝達の仕方は発明前とは質的・量的に違ったものとなる．人間のつくりだした文化や歴史の所産は印刷された文書の形で保存され，一度にそれを手に入れることができる．読み書き能力を習得した子どもが手に入れることのできるものは時間的・空間的にはるかに広がりをもつようになるのである．もっと身近な例として，幼稚園の保育室での子ども同士の遊びを例にとると，彼らの遊びの中での子ども同士の関係のありかたは，彼らがそれまでにつくってきた関係の「歴史」によって規定されている．このように，人間が従事する活動というものは，かならず，文化的・歴史的な背景を背負って組織されることになる．人が活動を通して発達していくものなら，その活動と分かち難く結びついている文化・社会・歴史的要因を考慮せずに発達現象を理解することはできないとヴィゴツキーは考えるのである．

　このような旧ソ連邦の心理学の立場とは全く独立にアメリカでは生態学が興る．ブロンフェンブレンナー(Bronfenbrenner, 1983)は，人間が生態系全体の中で調和的に活動するものであるため，生態系全体を考慮することの必要性を説いた．この説は心理学にも文化や歴史の要因に注目させるきっかけを与えることになった．この中でヴィゴツキーの弟子のルリアの元で学んだ認知科学者のコールら(M. Cole & S. Cole, 1989/1996)は，「文化・文脈依存説」を展開することになった．彼らは，同一の環境要因や生物学的要因は，それらが働く歴史や文化

に埋め込まれた特定の文脈しだいで異なった発達をもたらすと考えたのである．旧ソ連邦の心理学の「活動理論」においては〈活動(activity)〉は表に現れた行動を指しているのではなく，頭の中で生じる情報処理過程と外に現れた行動とをつなぐ概念として位置づけられている．活動は歴史・文化的背景を背負った人との社会的やり取りの中で生じるものであり，内面化(internalization)や外面化(externalization)の過程を経て主体が変化発達していくものであると考えている．コールらはこの活動理論も踏まえて文化・文脈依存説を唱えるようになった．この立場は歴史的・文化的要因を視座にして従来の相互作用説を改編して人間発達を捉えようとするものであり，受け入れやすい立場である．

**新生得論の立場の台頭**

言語がどのように獲得されるかを解明することは人間のこころの構造と機能を明らかにし理解を深めるためにはたいへん有益な研究であると考えられる．言語学者のチョムスキー(Chomsky, 1986)やフォーダー(Fodor, 1983)らは，自然のままではヒトに近いチンパンジーでも自然言語の文法と同質の記号体系を獲得することができないことから，文法というのはヒトという生物種に固有のものであり，人間に固有の行動パターンの代表だと考えている．II章で詳述するが，子どもは通常の言語環境におかれれば特別な訓練をしなくても上手に母語を話すことができるようになる．特に語を組み合わせて文を生成するための文法規則は生後5～6年の短期間に一定の順序で，一連の段階を経て獲得されてしまう．もし，世界中いたるところで子どもに対して，理想的な順に言語刺激が与えられるなら，文法の獲得順序がどの子どもも一定なのは環境の働きによっていると考えることができる．しかし，環境から与えられる言語刺激が理想的な教科書のように与えられるとは考えにくい．経験によって獲得できるものには限度がある．したがって，言語獲得に規則性があるのは，成熟の生物学的な過程が規則的に生ずるためであって，環境は潜在能力を引き出す一種の引き金となっているに過ぎないと考えた方が説明しやすいのである．

この説明は，言語獲得が規則的に生ずるという現象にもとづいて人間に特有

な文法獲得が内的なプログラムによって起こることを端的に表現しており，生得的な成熟の要因にまた目を向けるきっかけを与えることとなった．

さらに，人間の認識や感情を情報処理の観点から解明しようとする認知科学が70〜80年代にかけて盛んになるのと軌を一にして，認知発達について膨大な知見が出されるようになった．とくに，選好(preference)や定位反射(orienting reflex)を指標にした実験パラダイムの進展(I章)は，言語報告のできない乳児を対象にした研究を可能にし，乳児の内的情報処理過程についての推測がなされるようになった．それによって彼らは従来考えられていた以上に，最初期から外界に適応するための内的プログラムを駆使して外界に積極的に働きかけ，入力を取り込んでいることがわかってきたのである．

言語学説や認知発達研究によって，言語の発生や複雑な認知構造の発現はすでに生物学的にある程度規定されており，経験はそれらの発生のきっかけを与え，それらを引き出し，豊かにする役割を果たしているという「新生得論」の立場に立つ人々が出てきた．言語学者のピンカー(Pinker, 1994)は，人は言語によって認識を決められるのではなく，普遍的な心的言語で「考える」ものであり，その心的言語の基本原理を母語に応用してことばを獲得すると考えている．ことばは文化的な所産ではなく，ヒトという種に特有の生得的能力の所産であり「言語は本能の一種である」と考えている．このような考え方は，心理学者にも一部影響を与えており，成熟説に光をあてるものとなっている．

文化・文脈依存説の立場で言語や認知の発達を捉えていくことが妥当か，それとも新生得論の立場が説得的なのであるか，今は解答は出せないものの，本書の議論で問題にしたいのは，第1に，言語の獲得に生物学的な基盤の役割と環境からの入力や教育の役割がどのような割合で寄与しているのか，第2に，生得性の要因と環境要因とはどのような相互作用によって子どもの発達を引き起こすのかという点である．ことばは人とやり取りすることによって獲得されるものである．そこで，次節では進化過程について整理することによって，人とのやり取りに制約を与える生物学的な基盤と内的プログラムについて見ておきたい．

## 2 人とのやり取りの開始

### 離巣性と就巣性

あらゆる生き物に共通しているのは，それぞれの種が子をつくり，子が育っていくのに必要な生物学的な仕組みを備えているという点である．系統発生的に下位の動物は，概して1度に出産する子の数は多く，生みっぱなしである．子どもは一人立ちしてすぐに活動できる．親と子の関係はない．

一方，系統発生的に上位の動物では，1度に生まれる子の数は比較的少なく，しかも，子どもは自分で餌を探したり，動き回ることができないため，子どもがある程度成熟するまで一定期間養育するような仕組みが親に備わっている．子どもの方でも，自分自身で動き回ることはできないが，親に見放されたら死んでしまうようなことにならぬような仕組み，親の注意を喚起したり，空腹や危急状況にあることを親に訴えるための仕組みが遺伝的に組み込まれている．それによって，親と子の関係がつくられていくのである．

このような両者の違いは体の組織体制の複雑さの違いによってもたらされるらしい．ポルトマン(1961)は，哺乳類の発達が種によって著しく異なることを見いだした．彼は，これを，鳥類の孵化後の状態を示す「離巣性」(巣立つもの)と「就巣性」(巣に座っているもの)という概念を使って考察している．たとえば，ニワトリやカモのヒナなどは，孵化後すぐに活発に動き回り，自分で餌をついばむ．これはすぐ巣を離れるので離巣性である．一方，ハトの類では，これと対照的に，しばらくの期間，親が喉からクロップミルクという乳液を分泌してヒナを養うのである．離巣性の鳥類は一般に組織体制の複雑さは小さく，大脳の発達水準も低い．就巣性は，反対の性質を持ち，個体が完成するのに時間がかかる．そこで，孵化後もしばらく親の保護を必要とするので，巣に長く留まらざるをえないことになる．

### 哺乳類の離巣性・就巣性

ポルトマンは哺乳類でも「離巣性」「就巣性」の違いがあることに気づいた．ネズミのように下等な哺乳類は，出生時に無防備，未成熟のまま生まれてくる．体には毛が無く，感覚器官も未成熟であり，四肢は体重を支えるほど成熟していないため移動能力も無い．そこでしばらくは親が養育することになる．そこで就巣性に属している．

ところが，ウマ，シカ，アザラシやサルなどのように，複雑な組織体制を持ち，大脳の形成水準が比較的高い哺乳類は，出生時に眼，耳などの感覚器官は開いており，親の体をそのまま小型にしたような構造を備えている．また自力で立ち上がって乳を求めるような移動能力や，親にしがみついて保護を求めるなど運動機能もかなり発達しており巣から離れることができるため，離巣性に属している．

哺乳類は鳥類とはちょうど反対に，組織体制の複雑なものの方が離巣性である．一般に組織体制が複雑なほど完成には時間がかかる．これに対しては，胎生期を長くしたり，養育期を長くするなどによって対処することになる．

### 2次的就巣性

ヒトではどうか．ヒトに最も近い霊長類，ゴリラやチンパンジーは離巣性で，出生時から感覚器官は成熟し，移動能力もあり，母親にしがみつくこともできる．ヒトは，最も複雑な組織体制をもち，大脳の進化も最高水準に達した種である．したがって，進化の段階からいえば離巣性でもよさそうであるが，予想に反して，ヒトの赤ん坊は全く未成熟である．誕生時の姿は成人とかけ離れている．首が座るのに3カ月，自力で座るのに6,7カ月，歩行するのに1年以上かかる．乳も赤ん坊の口の側に近づけてやらなければ吸いつけない．誕生時の無能力・無防備な姿は就巣性に近い．これは大脳の進化と関係している．

人類が二足歩行するようになってから，徐々に大脳が拡大していった．二足歩行した当時は，現生人類のほぼ1/3ほどの大きさの大脳を持っていたに過ぎなかったのに，およそ300万年を経て現生人類の大脳の大きさに進化した．大

脳は，あるとき飛躍的に大きくなり，その後変化のない時期が続き，また大きくなる段階がくるというように断続並行的に(澤口, 1995)進化してきた．この進化のスピードは古生物学の物差しに照らすとかなりの速度である．二足歩行は脳の拡大と人間のからだの解剖学的構造の変化をもたらし，骨盤の形態は歩行に都合よい構造に変わる．これに伴い胎児の通る女性の産道も縮小することになった．

　ここでヒトは進化の矛盾に直面することになった．胎児の頭は大脳の拡大に伴ってしだいに大きくなる．縮小した産道から頭の大きな胎児を安全に出産するにはどうしたらよいか？　この解決策として，本来ならあと1年くらいは母胎内で発育すべきところを，胎児の頭(頭蓋骨)があまり大きくなり過ぎないうちに出産してしまう「生理的早産」というやり方を手に入れるようになった．正常の出産であるにもかかわらず，常に生理的に「早産」なのである．したがって，誕生時の姿はより未成熟で，運動機能の面も未熟であり，親の保護を必要とするから就巣性に近い．しかし，外界の刺激を情報として取り込み，反応する感覚機能の面では離巣性の特質をもっている．そこで，ポルトマンはヒトを「2次的就巣性」の種と呼んだのである．このような特性をもつ乳児は自分で移動できるようになるまで身近な大人の世話を受けなければならない．こうしてヒトの母子関係は長期化するようになったのであろう．

### 母子関係の長期化

　就巣性はもちろんだが，離巣性であっても，子どもは，まだ未成熟な時代を無事生きのびるためには勝手に親や仲間から離れずに，親の近くにいて，親の保護を受けなければならない．そのためには親や仲間を識別し，親の近くにいなくてはならない．カモやガンのような孵化後直ちに自力で巣を離れて餌を探す鳥類でも，孵化後1, 2日のうちに，見たり聞いたりしたものに対して接近や追跡行動がおこる．この現象は比較行動学者のローレンツによって「刻印づけ(imprinting)」と名付けられた．これは鳥類に限らず，ヤギやウマなど哺乳類にも認められている．生後間もない時期に子が見ることのできる動く対象はたい

ていい親であることが多いため子の生存や親子関係の成立にとっては都合がよい．

　これに対して，人間の子どもは，2次的就巣性という生物学的特殊性により，離巣性の動物が母胎という比較的一様な環境のもとでまだ発育を続けている時期に早々と母胎を抜け出してしまう．その結果，子どもは他の種に見られぬほど早くから変化に富んだ外界にさらされ，生まれ出た環境から様々な出来事や刺激に出会うことにもなる．環境からの情報を取り込むための中枢神経系の聴覚野や視覚野，外界の刺激に応じて反応する運動野などは出生時からかなり成熟していることから，出生直後から個体それぞれの生まれた環境の変化に応じて行動型が形成されていく融通性を手に入れることになった．このことは，人間の発達においては，生物学的特殊性の故に，あらかじめ固定された生物学的機能よりも，教育や学習の役割がきわめて大きいということを意味している．

　特に，出生後の1年間の子宮外胎児期には，生存のため母親*からかなり手厚い養育を受ける必要がある．そこで，人間の母子関係は他の種にみられないほど密接であり，期間も長期化することになる．

　　＊　通常は生みの母であることが多いが，他の養育者の場合もある．本書では「母親」とは「母性的な養育をする養育者」という意味で使うことにする．


## 母親からの働きかけの誘発

　運動機能の未成熟さからみると，確かに乳児は「無能」であるかに見えるが，外界の刺激を情報として取り込み，反応する感覚機能の面では「有能」である．子どもはきわめて早期から人に対して特殊化された，その本性からいって社会的欲求と見なしうるような反応を示すのである．

　母子関係においては，母親が一方的に子どもをコントロールするのではなく，子どもの側でも知らず知らずのうちに母性を解発し，母親からの働きかけを誘発するような特性や仕組みを生得的に備えている．

　ひとつは，乳児は出生直後から人と物の区別をすることができ，とりわけ人の表情に敏感であること，次に，言語の聞き分けの基礎となるような言語音の種類を弁別するためのカテゴリー知覚能力をもっており，言語音に対する特別

な感受性があるということが解明されてきた．

(1) 動作や表情の共鳴

目は人との関係をつくる上の基盤となる．乳児の誕生直後の視力は，0.02 程度，明視の距離は 40 cm 程度である．これは母親に抱かれたとき，その顔がはっきり見え，それより遠くはぼんやりとしか見えない程度の視力である．また，生後 2 週間くらいは色彩のない世界に住んでいて，明暗のコントラストによって対象を見ているため，顔の中でも髪の生え際とか，目のあたりに焦点をあわせることになる．このことは，母親にとっては"赤ん坊が自分を見ている"，"自分に無言で語りかけてくる"というような実感を与えるらしい．そこで母親は，赤ん坊が何を欲しているかを読み取ろうとしたり，思わず話しかけようとする．ここに乳児と母親のまなざしの交わしあいが始まる．相手を理解しようとする構えがつくりだされるのである．

さらに，乳児は母親の目に焦点をあわせ，母親からの反応を引き出すのに成功する．母親を見つめるという行為はさらに，表情を見分けることにもつながる．生後約 1 時間程度の新生児が，母親の表情の変化に対しても敏感であり，人の表情を見分け，怒りや喜びの表情に応じた表情をすることが知られている (Meltzoff & Moore, 1977)．

母親が生後やっと 1 時間経つか経たないかの新生児を腕に抱き，赤ん坊の顔を見つめてゆっくりと舌出しをする．この「あかんべー」のような表情を繰り返しているうちに，その口元をじっと見つめていた赤ん坊は次第に自分の口をもぞもぞ動かし始め，ついには自分の舌を出すのに成功する．さらに，口を開閉したり，おちょぼぐちをして見せたり，手の開閉「にぎにぎ」などをしてみせると，それを「真似る」のである．乳児の表情をビデオにとり，第三者にどういう表情やしぐさをしているかを評定してもらったところ，明らかに母親の表情やしぐさと同じことをしたことが確認された．

赤ん坊は，まるで，相手の行為を意味づけ，自分の身体との対応関係を知り，舌を出すという運動を「模倣する」かのように振舞う．生まれたばかりの赤ん坊がなぜ，大人の舌の位置とその運動の仕方を自分の舌の位置と運動の仕方に

関連づけ,舌を真似して突き出すことができるのであろうか.生後1時間程度の乳児であるから,そのような運動の仕方を経験によって学習したとは考えにくい.いわゆるモデルを模倣しようという意図や随意的な運動の調整が働いているとも考えにくい.もっと原始的な反射の一種としての「共鳴動作(coaction)」であると考えられる.また,新生児が大人の喜びや怒り,驚き,悲しみの表情を真似して自分もそれに対応した表情をつくり出すことができるのも「感情の共鳴」と考えることができる.こうした初期の動作や表情の模倣は,自動的,本能的で,皮質下の中枢や小脳によって処理されており,大脳皮質内の運動調整の中枢(前頭連合野や運動野)が関与する生後6カ月頃から始まる随意的な模倣とは異なったメカニズムで生ずるものなのである.

このような動作や表情の共鳴が生ずるためには,目でみた口や舌,その他の身体部分を自分自身の身体部分に対応させ,類似の動作を作り出す一種の「解釈のメカニズム」が個体内に生得的に備わっていると考える他はない.これは他者と関わりを持って生きていく上で都合がよいしくみであるに違いない.

(2) 言語音に対する敏感性

保育所で乳児は他の乳児が泣き出せばつられて泣き出すし,人の声に合わせて手足を動かす.このような反応は,言語音であればたとえ聞いたことのない言語であっても生ずる.生後12時間たったばかりの新生児が言語音を聞くとき,母語の英語はもちろんのこと,聞いたことのない中国語であっても,言語音の音韻の区切れ目(子音+母音の音節に対応している)に同調するリズムで,腕や脚を同期させて動かすことが見いだされている.しかし,人工的に合成した母音やタッピングのような物理音に対しては同期運動はいっさい起こらないことから,乳児は言語音とそれ以外の音を聞き分けていることがわかった(Condon & Sander, 1974).

さらに,生後3週目の乳児が有声音(声帯を振動させる音, ba, da など)か無声音(声帯を振動させない音, pa, ka など)かのカテゴリーを区別して知覚することが知られている. ba という有声音を繰り返し聞かせると順応しておしゃぶりを吸う頻度(吸啜速度)が低下するが,ここで pa に切り替えて聞かせると,瞬

時に環境変化を感知して定位反射が起こり，吸啜速度が急増する．音の高さのような音響情報が変化した場合にはこのような変化は生じない．このことは，新生児が有声音と無声音とを聞き分けるメカニズム，カテゴリーを区別して音韻を知覚するための何らかのメカニズムをもって誕生してくることを示唆している．このメカニズムは他者の音声を聞き分け，いずれ自分も同じ音声を作り出すための準備性を備えていることを示唆している．しかもこの敏感性は，生後6カ月を過ぎるころから減衰していき，自分で母語の音素のレパートリーのすべてを発声することができるようになる12カ月頃になると，聞き分けられる音素のレパートリーも母語音素に収斂していくらしい（アイマス，1985）．

## 「個別性」と「共有性」

「生理的早産」は進化の矛盾を解消するという以上の意味をもつと考えられる．新生児は他の種に見られないほど無能でたよりない．自分で立つことも餌を探すこともできない．生きていくためには周りの人の手助けをより多く必要とすることになる．他者とのやり取りの必要性は他の種に比べてはるかに大きいはずだ．乳児は自分の状況を周りの人間に知らせなくてはならないし，周りの大人も乳児が出すサインにすぐに応じてあげなくてはならない．ここに乳児と母親とのコミュニケーションの必要性が生ずることになる．乳児が他の種よりもはるかに無能であるということは他の種よりもコミュニケーションの必要性はずっと高いはずである．

人間を人間と判り，相手の表情を読み取り，相手の身体部位と自分の身体部位を対応させ，人の言語音をカテゴリー的に識別できる……，これらが出生後の経験によって学習した結果としてでなく，ほぼ最初から赤ん坊に備わっている．これは赤ん坊が生きていく上で重要な意味をもっていると考えられる．人は個々のからだによって互いに他者と隔てられている．しかし，同時に，個体内にこのようなメカニズムを備えることによって，他者と通じ合い共有するという面をもっている．「個体」のなかに最初から「他の個体」あるいは「他の個体との関係」を予定し，他者を理解するための準備性が備わっていると考え

られるのである．人は，「個別性」を持つと同時に他者との「共有性」を備えて誕生すると言えよう．乳児が誕生時から「個別性」と「共有性」とを備えているということは，乳児と周囲の大人の間の言語やジェスチャーを手段にしたコミュニケーションが速やかに成立するのを支える基盤になっている．

## 3　音声言語の発生の生物学的基盤

### 二足歩行の贈物

　現生人類が他の霊長類に比べて一番目立つ特徴である大きな脳は，人類の進化のうち，かなりあとになって出現したという(フリッシュ，1983)．その半面，二足歩行は脳の容積の拡大のかなり以前に起こっている．エチオピアで見つかった人骨からは300万年前に生きていた初期人類は二足歩行をしており，この時期の脳の容積は現生人類の約1/3にすぎない．かろうじてチンパンジーの脳容積と同程度である．もっとも，最近ではヒトの進化については，DNAの塩基やアミノ酸残基の配列の類似度にもとづく分子進化の研究にもとづいて，現代人の祖先は10万～20万年前にアフリカに誕生したという「アフリカ1元説」が有力になっている．それによると類人猿は進化の初期にアジア型とアフリカ型に分かれ，アフリカ型からゴリラへの進化が起こり，その後チンパンジーとヒトへの進化が起こったという(次ページ図0-1)．

　現代人類の大脳の重さは男性が1400 g，女性が1350 gと，二足歩行が始まった頃の3倍にもなった．この大脳の拡大，すなわち，知能の進化や言語の操作に二足歩行が果たした役割は大きいものと推測される．この図によると言語を発生させるまでにはさまざまな領域での進化段階を経ているものと考えられる．ヒトの脳は50万年前に極大に達したが，石器の製作技術が急速に向上し，装飾用の彫刻や洞窟壁画などの芸術作品は3万年前に始まっている．ルーイン(Lewin, 1993)によると，現代人の祖先のホモ・サピエンスの声帯は旧型ホモのネアンデルタール人よりも高い位置にあり，発声に適していたと推測される．言語能力が操れるということは適応するためにはかりしれない益をもたらした

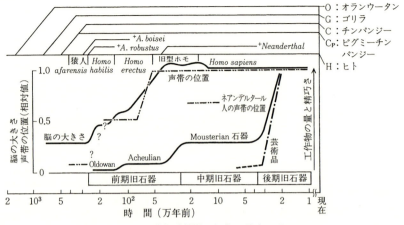

図0-1 ヒトの進化系統樹と知能の発達(近藤, 1994).

と考えられる．道具を製作し使用すること，壁画を描き観賞することなどの実践的活動に従事する中で，シンボルを操作する体験を積み重ね，言語を手に入れるための準備が，漸次，整っていったのであろう．

　大脳が拡大するまでの進化段階は次のようにまとめることができる．第1に，二足歩行によって手が自由になり，外界事物の操作が可能になる．そのためのコントロール機能を司る大脳部位の拡大をもたらした．第2に，視野が広がり，外界の情報が集めやすくなった．第3に，食事と呼吸のための器官を発声器官として都合のよい構造や様々な音声をつくりだし，その音声が共鳴しやすい構造へと変化させた．

　生活域(ニッチ)に適応するための入力情報は，聴覚情報，触覚情報に加え，増大した視覚情報など，様式の異なる情報からなる．これらを符号化し統合するための情報処理システムが必要になる．そのシステムができるのに呼応して，これを収納する大脳部位が進化し，容積の拡大をもたらすことになる．このようにして，大脳は二足歩行が引き金となって漸次拡大したものと推測される．

　古生物学者のジェリソン(1976)は，大脳の拡大は生物のニッチに適応できるように受容器(感覚器官)を変化させたことによってもたらされたものと推測している．初期の哺乳類は，大型恐竜のニッチで生活していたため，もっぱら夜

間に活動していた．近くの情報を収集するためには夜間視覚系を用いていた．遠距離情報は聴覚と嗅覚によっていたが，それらの様式の異なる情報を処理するための神経系のネットワークを収納するために脳が拡大したのであろう．

**世界の認識の道具から交信の道具へ**

初期哺乳類は夜行性の爬虫類式視覚と哺乳類式聴覚・嗅覚によって外部からの情報を受容していた．これら3つの質の異なる感覚情報を統合し，特定の空間の同一物体からきた情報として符号化するメカニズムをつくりあげなくてはならず，そのメカニズムを担う神経細胞集成体(ヘッブ，1972/1975)を収納するスペースが必要になる．その分だけ脳の容量が拡大した．やがて恐竜その他の爬虫類の絶滅により昼間のニッチが利用できるようになると，初期哺乳類は，まず，身体の大きさを増し，次に，昼間のニッチが利用できるように視覚系を発達させることとなった．ジェリソンは聴覚系，嗅覚系，夜間視覚系にならい，昼間に適応的な新しい視覚系も設計され，この新しい視覚系の出現によって，さまざまな質の感覚情報を関連させる「統合システム」が必要になったのではないかと推測している．

初期の人類は捕食性肉食動物のニッチに侵入し，それに適応するように変化したものと考えられる．適応はまず，移動を速やかにするために二足歩行をするように変化した．次に，それによって生命維持のための呼吸器官と摂食器官を発声に都合よい構造へ，音の共鳴が起こりやすい構造へと変化させることになった．これによって，発声器官としての機能が加わり，さまざまな音声を発する能力を手に入れることになった．

さらに，このことが大脳の拡大をもたらした可能性がある．澤口(1995)によれば，今から160万年前ほどにいた初期人類のホモ・エレクトスの頭蓋骨の化石には言語に関連するブローカ領(発声運動をコントロールをする「前言語野」)の痕跡がはっきりみられるという．これにもとづき，原始的言語は，大脳が飛躍的に拡大するのに先行して出現したのではないかと推測している．原始言語を操ることによって，環境からの入力の様式が複雑化し，社会的関係が複雑になる

につれ，言語を操るコントロール機能系を必要とする．その環境がさらに大きい脳を必要とするようになるという循環的進化が起こるのであろう．

　ジェリソンは，原始的言語は感覚事象から世界についてのモデルの構成という感覚的・知覚的発達を代表するものではないかと推測している．言語哲学者のタオ(1979)も身ぶりの発生について考察し，世界の叙述としての機能が先に出現し，社会的行動の場面での身ぶりの使用が遅れると指摘している．

　確かに，言語の柔軟性，適応性を考えると，他の感覚器官の進化と同様，ニッチへの適応のための淘汰圧がはたらき，感覚統合のためのシステムがつくられていったと推測するのは妥当であるように思われる．言語は認識の手段から交信の手段へ，すなわち，言語は，はじめ「現実世界のモデルの構成」という役割を担い，副次的な効果としてコミュニケーションの役割をも担うようになったものと仮定されよう．

### 「生理的早産」の言語獲得における意義

　さきに，「生理的早産」は大きな大脳の胎児を狭い産道から出産するという進化の矛盾を解消するために人間が進化の過程で手に入れた知恵であると述べたが，これは進化の矛盾を解消する以上の意味を持つことになった．

　新生児は他の種に見られないほど無能でたよりない．自分で立つことも，餌を探すこともできない．生きていくためには周りの人の手助けをより多く必要とすることになる．乳児は自分の状況を周りの人間に知らせなくてはならないし，周りの人間も乳児の出すサインに即応しなくてはならない．ここに乳児と母親とのコミュニケーションの，他の種に見られぬ独特な必要性が生じることになったのである．

　進化の過程で手にいれた生物学的特性は，養育者との関係を媒介にして習得的要因に関係づけられ，言語（音声言語）が発生する基盤になっている．上記の考察を踏まえて音声言語が発生することにかかわる生物学的要因と環境要因の関係についての仮説を図0-2に概括する．この図にもとづいて言語が個体発生の過程で出現するしくみについて述べよう．

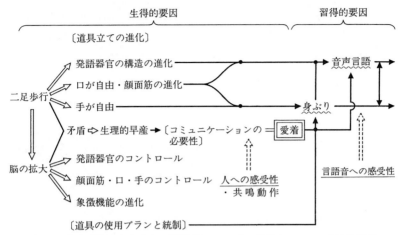

図0-2 音声言語発生を支える要因(内田, 1990). 愛着(attachment)は生得的要因と習得的要因の接点となる.

### (1) 中枢の生理学的構造の進化

図0-2に示したように，中枢神経系は，ことばにかかわる末梢の道具を支配し，言語行動をつくりだす基礎を与える．手が物を操作し，大脳が進化すると，顔や手の筋肉をコントロールして，多彩な表情をつくりだすことができるようになる．また，発声器官と構音器官が協応して働くよう調整することも可能である．さらに，ことばを指示対象の代用品として使うための，つまり，シンボル操作の基礎となる象徴機能(I章で詳述)は，この大脳の拡大に伴って，他の種に例を見ないほど進化したものと推測される．

### (2) 末梢の発声・発語器官の生理・解剖学的特性の変化

大脳中枢の制御機能や象徴機能の発生に伴い末梢の生理・解剖学的特性も変化した．二足歩行の副産物として，手が自由になり，口は物をつかむことから解放されるようになる．口を自由に動かすことが可能になり，口腔の解剖学的構造は発声や構音に都合がよいように変化した．口腔部の筋肉は進化して複雑になり，口の開閉を速やかにした．またヒトという種に特有の笑筋の発達は，表情を豊かにするのに貢献するようになる．こうして相手と響きあい，共鳴しあう関係ができあがる．手は物の操作にとって都合がよいだけでなく，言語を

補う身ぶりの発生を支える基礎となる．これらのすべての変化は人とのやり取りに都合がよく，やり取りの質を高めることにつながっていると言えよう．

(3) 初期コミュニケーションの実現

上でみてきたように，コミュニケーションの必要性をもたらす生物的な特殊性やコミュニケーション欲求は生得的なものである．しかし，この欲求を実現し，社会的価値を付与するのは身近な大人，通常は母親やそれにかわる養育者である場合が多い．「生理的早産」は独特のコミュニケーションの必要性をもたらした．母子ともに，これを実現するための生得的なメカニズムを備えている．

子どもは人や言語音に敏感であり，人に特別の関心を向ける．「言語音の同期的共鳴」や「感情の共鳴」は母性的な行動を解発する(release)魅力的な仕組みとなる．また，泣いたり，笑ったりの活動にはそれに対応する情動が伴っているとは限らないが，養育行動を引き出すのに有効な刺激となる．母親の方も，乳児の出す様々な「サイン」を読み取る感受性を持ち，あやしたり，話しかけたりといった行動で答えようとする．このような母子の非言語的なやりとりが母子間の心理的な絆をつくりだすと同時に会話の基礎になっている．身近な大人との愛着の成立が，ことばによるコミュニケーションや人間関係をつくるための機能的準備系として重要なのである．まさに人々とのやり取りを通して人は人間になる．

**本書の方針**

人間は系統発生の過程で二足歩行の結果，生理的早産という進化の矛盾を解決する鍵を手に入れた．それが母子関係の長期化をもたらし，他者とやり取りするための能力，相手の表情をまね，言語音に注意を向ける能力が最初期から備わるようになった．また個体発生の過程で立って歩けるようになるにつれ，生存のための呼吸器官や摂食器官は発語に都合のよいしくみへと変化し，発語器官としても機能するようになっていく．また，進化した知能は，その発語器官をコントロールする機能を備えるようになった．こうして人間は言語を獲得

することが予定された種としてこの世に誕生する．

　進化の過程で獲得したさまざまな生物学的特性は，個体が生き延びるという課題を解決するだけなく，人との関係の中で「人間化」への道を歩んでいくための必要なメカニズムとなっている．ヒトは最初から人間的特質を備えているわけではない．周囲の大人が人間的特質を媒介することによって，初めて子どもの発達になんらかの役割を果たすことができるようになるのである．人と人との関係をつくり，やり取りをすることによって言語は豊かになっていく．言語は言語による相互作用を通して伸びる．言語は基本的に使うこと，実践を通して豊かになるのである．

　逆に，言語獲得が進むにつれて，認識や感情に，そして，あらゆる人間の活動に深くかかわるようになる．言語は自分自身を表現し，社会で生活するための基礎である．そして，考え方や考えの中味を学ぶことの基礎になる．新しいことを創造する手段ともなる．言語は人間のあらゆる営みにかかわり，文化が創られ，伝えられていく．言語は人間の心を見ることのできる窓のようなものであり，言語を知ることは人間の本質を知る鍵になるからである．

　以下の各章では，文化・文脈依存説の発達観に立ち，言語の諸相を経糸に，その発達や学習に関わる条件を緯糸にして，人間発達についての理解を織り出すとともに，その発達を援助し，促進するための条件について洞察を試みたい．

# 第Ⅰ章
# 象徴機能の発生──世界や自己についての概念の成立過程

　誕生時から子どもは感覚器官をフル回転させて環境と活発にやり取りしている．人を含めた周りの環境との感覚的運動的なやり取りを通じて子どもは外界についての認識を形成していく．乳児期の終わりには「3項関係」が成立して世界認識の枠組みがガラリと変わる．「象徴機能」が成立し，感覚運動的段階から表象の段階にはいり，内面世界が成立するようになる．これを基盤にしてことばを操作できるようになり，想像力は一段と発達していく．

## 1　世界認識の開始

### 物理的環境との相互作用
　新生児は，自分で動くことはできないが，外界からの入力を受容し，それに反応するための基本メカニズムを備えている．
　(1) 反射；新生児は，①直接生存に関係していると思われる反射や，②進化の過程では生存と関係していたかもしれないが，現在では生存に直接役立つように思われないものなど，さまざまな反射をもって誕生する．
　生存に関係のあるものには「まばたき反射」のように，目の前に光や物が近づくと目を閉じたり，「吸啜反射」のように指を唇の中に入れたり唇に近づける気配を感じ取ると吸いつくものがある．
　また，直接生存に関係しているとは思われないものの例としては，「把握反射」のように手のひらにふれるものは何でもしっかりつかもうとするものがある．母親にしっかりつかまって移動したことのなごりかもしれない．また，「モロー反射」はドアをバタンと閉めるような大きな音がしたり，強い光を急に浴びたときに，思わず抱きつこうとするかのように両腕を広げるものである．

これは環境の異変に対処し，防衛する行動の名残かもしれない．「バビンスキー反射」は，足の裏を触ると指を広げたり屈曲させたりする反射である．「歩行反射」は新生児を両手で支えてやって立たせるときれいな歩行パターンを見せるというものである．これは頭が重いため歩行運動にはならないが，首を支える筋肉の成熟や，ハイハイやつかまり立ちによって足の筋肉の成熟が促されるに伴って，11, 12カ月頃に随意的な歩行運動へとつくりかえられていく．

多くの反射は3, 4カ月までに消失するが，バビンスキー反射は11, 12カ月ごろまで残存する．これらの反射は後の行動の基本的な構成材料を提供していると考えられるが，どのようなメカニズムのもとに後の随意的な行動の形成に関わるのかはほとんどわかっていない．

その後7～9カ月には，小脳や運動・バランスをつかさどる大脳領野が発達し，同時に運動を支える筋肉や骨が発達することにより，随意運動が出現すると，物理的環境との関わりの可能性は一段と拡大するようになる．

(2)聴覚；大きな音に驚いたり，音の方に顔を向ける．序章で述べたように，言語音の音韻の変わり目で同期的に手足を動かす反応がみられることから言語音には他の物理音と異なり特別な感受性をもっていることが知られている．

(3)視覚；視覚系の基本要素は出生時にすべて備わっているが，十分発達しておらず，生後2週間程度は色彩知覚は十分に機能していない．色彩知覚に必要な生理的基礎は備えているが大人と同様な機能を果たすかどうかはわかっていない．視力は0.02ほどで胸に抱かれたとき母親の顔がはっきり見える程度であり，母子の社会的相互作用に必要なアイコンタクト(見つめ合い)を引き起こすには十分な程度であると考えられる．

ファンツ(Fantz, 1961)は，乳児は生後2日目でも視覚的パターンを区別し，顔や同心円のようなパターンの凝視時間は模様のない図形よりも長いことを見出した．これは人間に対する特別な敏感性をうかがわせる結果である．サラパテック(Salapatek, 1975)は乳児が簡単な図形の輪郭をどのようにとらえるのか，視線の動きを検討したところ，1カ月児の場合は，凝視点はコントラストの強い角の部分に片寄っており，幼児期後期以後に出現するような形の輪郭にそっ

た視線の移動ができないこと，2カ月児の視線は輪郭をたどりはじめるがまだ不完全であり，やはりコントラストのある部分に凝視点が片寄る傾向があること，を見いだしている．

(4)味覚・嗅覚；新生児の嗅覚は発達している．味覚も鋭く，酸味より甘味の方を好む．味覚が生じているときの表情は大人と同じであることから，味覚は生まれたのちに学習したものではないことがわかる．

(5)触覚・体温・姿勢；乳児はどこを触られたかもわかり，体温の変化にも敏感である．また，中耳に姿勢変化を知るメカニズムがある．

以上のように乳児は物理的環境を知覚し，人と物とを区別し，働きかけた対象からのフィードバックを受けて，外界への働きかけを調節していく．乳児は外界と活発にやりとりする中で，物の認識，対象の概念を獲得していく．

### 対象概念の成立過程

ピアジェ(J. Piaget)は「対象概念(object concept)」は認知発達の原型となるものであり，対象概念を獲得することが後に数学的推理や論理的思考を生み出していく過程の前兆であると指摘している(Bower, 1974)．彼は，物が隠されたときに乳児がどのように反応するかを観察したところ，誕生から4カ月くらいまでは，物が隠され見えなくなってしまうと，それを探そうとはしない．4～8カ月では，見えなくなった物に反応し，8～12カ月になると隠された物を探そうとするが，物の隠される位置を実験者が変えてしまっても，物が隠れたもとの位置を探し続けることから対象概念の成立に1年半くらいかかると考えた．

物が隠されたときに乳児が物を探し出せるようになるには，単に乳児がその物を認識しているかどうかということだけでなく，その物をおおっている布を取り除くという動作ができるのか，物が最初に隠された位置と実際に隠されている位置に食い違いが生じたときに，探そうとするかどうか，物を探している間中，注意を持続していられるかどうかなどのさまざまな要因が絡んでいる．バウワーはこれらの要因を統制した実験を行い，対象の概念はすでに4カ月くらいから成立することを確認した．しかし，この段階では物をつかむことに労

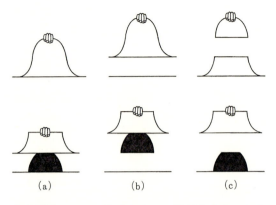

図1-1 物体が連続したものか，2つの部分からなるものか(Spelke et al., 1993). (a)馴化刺激，(b)テスト刺激(連続)，(c)テスト刺激(分離).

力を要するため，注意がそれて位置を忘れてしまい，探そうとはしない．また外界の位置を目印にすることが難しいので，隠された位置が移動してしまう条件になるとわからなくなってしまう．9カ月ぐらいになると，対象の永続性の認識と探す行動が統合されるようになるので，隠された位置も記憶していられ，動作の上からも対象概念が成立したことがわかるようになる．

スペルケ(Spelke, 1990)は4カ月児が次の4つの原則の制約のもとで対象の運動を知覚していることを見いだした．①固まり；対象は1つの固まりとして動く，②境界性；対象は他の対象との境界を保ちながら動く，③実体性；対象は何もない空間を動く，④空間的・時間的連続性；対象は連続的な軌跡をたどって動く．これらの原則のもとに知覚が生じているということは，4カ月頃には大人と基本的に共通な対象概念をもっていると考えられる．また，スペルケら(Spelke et al., 1993)は図1-1のようなオリジナルな刺激を(a)に馴化させたのち2つのテスト刺激(b)(c)のどちらの凝視時間が長いかを指標にして，(a)を連続体とみなしたか，それとも2つの部分からなっているものとみなしたか調べたところ，3カ月児は上の部分が離れるのを見たときに長時間凝視したので，オリジナルな刺激を連続体とみなしていたことが確認された．5～9カ月児は(a)の色が同じ刺激は連続しており，色の異なるものは2つの部分が積み重なった対象と認識しはじめていることを見いだした．このことから，乳児の事物の視覚的分析力が急速に増していくことがうかがわれる．

**乳児の記憶の特徴**

　乳児期の記憶は次のようなものである．5カ月児はスクリーンの後ろに物を隠すのを見せられた後，背後に事物が置かれていれば倒れないはずのスクリーンが後方に倒れるのを見ると，びっくりした表情になる．心拍数は増加し，皮膚電気反射(GSR)が起こる．環境異変を感知したことにより定位反射(orienting reflex)が起こったのである．これは5カ月児は事物が隠されたということを「覚えていた」ことを示唆している．健忘症患者の症状もこれとよく似ている．健忘症の患者は以前の出来事を意識的に想起できないが，心拍や皮膚電気反射などの身体的な変化はあり，自覚はなくてもからだは確かに「覚えている」ことを示唆している．

　レスタック(Restak, 1986)は健忘症に関する神経学の知見を踏まえて2つの別個の記憶システムがあることを指摘している．第1の記憶システム，広義の記憶は誕生時にすでに存在している．だから過去の経験が現在の，さらには未来の行動に影響を及ぼすのである．後に生後8, 9カ月になると乳児には，私たちがいわゆる記憶と呼ぶ狭義の記憶(これは「エピソード記憶」とも呼ばれる)，すなわち，特定の時間と場所における特定の出来事の記憶が成立するようになる．記憶に関連が深いとされている大脳の扁桃核や海馬周辺の側頭葉内側部，前頭葉は10カ月ごろから発達が加速することが知られている．狭義の記憶はこれらの部位の発達と密接な関わりがある．

　確かに7, 8カ月になると，乳児は知っている人と，知らない人，知っている物と知らない物を区別して反応するようになる．この区別はもっと早くから起るのであるが，7, 8カ月になると母親もそれと気づくような徴候が見られるようになる．すなわち，母親におきざりにされると「分離不安」を示したり，見知らぬ人や物に出会ったときは「人見知り」と呼ばれるはっきりした不安の徴候や否定的な行動を示すようになるのである．このような反応は狭義の記憶が発達し始めただけでなく，情報が既知か未知かを分類する能力とも関連していると思われる．記憶は象徴機能の発生に不可欠な基盤となるものである．

**記憶の発達と自己概念の形成**

　乳児の学習能力と学習したことを想起する能力は2カ月半〜12カ月にかけて発達する．ロヴィー＝コリアーら(Rovee-Collier et al., 1980)は，「手がかり再生のパラダイム」を用いて生後3カ月の乳児の記憶能力についての実験を行なった．1回に15分，2回の訓練を行った．乳児の寝ているベッドの上の天井からモビールを下げ，そのモビールと乳児の脚をひもで結びつけておくと，乳児はすぐに自分が脚を蹴る(キック)ことによってモビールが動くことがわかり，何度もキックしてモビールの動きを楽しむようになる．訓練直後に乳児がキックとモビールの動きの関係を学習したことを確かめた後，1日後，2日後，3日後，4日後に，モビールを手がかりにして乳児が学習したことを覚えているかどうかをテストした．訓練したときに使ったのと同じモビールであっても異なるモビールであっても，乳児は脚をさかんに動かした．しかし，今度は脚のひもはモビールに結びつけておかないため，いくら脚を動かしても，モビールは動かない．すると乳児は不満そうな表情をしたり泣きだしたりする．2週間経った後にはもう脚を動かさなくなることから，4日間程度は記憶を保持していられるということがわかった．しかし，学習1カ月後の再生実験の前日に実験者がモビールを動かして見せて再学習させると，翌日，ベッドに寝かされた乳児はモビールを見るとすぐに脚を動かした．これは，1カ月前に学習したことは活性化してやれば想起できることを示唆している．

　乳児が繰り返し経験する出来事は，特定の場所や時間についての情報が省かれており，馴染み深い出来事の手順や流れについての一般的な事象記憶(event memory)，事象の展開や手順の推移についての知識の枠組みであるスクリプト(script)やスキーマ(schema)として体制化されるようになる．2歳半頃までに形成されるこれらの一般的な出来事に関する記憶の枠組みによって，子どもはこれから先何が起こるかを予測したり，出来事の流れを理解したり，原因から結果を予測すること(結果から原因に遡って可逆的に推測するのは幼児期の終わりになってから可能になる)ができるようになる(内田, 1985)．

## 自己意識の社会的起源

　出生直後から乳児は身近な大人に内的状態を情動の表出によって知らせる．乳児は最初期から原初的な情動，恐れ（脅かす刺激が与えられたとき），怒り（行動を中断させられたとき），愛（気持ちをやわらげる刺激が与えられたとき）を表情や泣き声を伴わせて表出する(Watson, 1930)．母親も乳児の情動には敏感である．4週児の母親は乳児の表情をかなり正確に見分けており，乳児が表現していると評定した情動は，興味99％，喜び95％，驚き74％，恐れ58％，悲しみ34％であった(Johnson et al., 1982)．イザード(Izard et al., 1980)は大学生や看護婦に乳児の表情を解釈させたところ一貫しているのは興味や喜び，悲しみであり，一貫していないものは，怒り，嫌悪，恥などであったという．母親でなくても，乳児の基本的な情動には敏感であることがわかる．これを基盤にして乳児の表出する情動は欲求を知らせる道具的価値づけがなされ，情動のからんだやり取りが成立するようになる．

　乳児は自分では移動能力はなくても，欲求を情動表出によって他者に知らせ，そのサインを大人の側でも見分けて，乳児の欲求をかわって叶えようとする．乳児の側でも相手の行動や情動を知覚し，他者と相互作用することによって原初的な自己意識が芽生えてくる．これが「社会的自己」(Tomasello, 1995)の基礎になり，自己概念の成立へとつながっていく．トマセロは生後9〜12カ月にかけて乳児の外界や他人との関係のもち方に劇的な変化が起こり，乳児が他者の意図に気づきはじめるのがきっかけになって社会的自己が成立するようになると述べている．板倉(1998)は，「1歳の誕生日を前にした乳児は，他の人が"心理的にどういう状態にあるのか"ということの結果としての振る舞いを理解するようになる」と述べており，他者の振る舞いの理解の徴候として，「共同注意(joint attention)」「社会的参照(social referencing)」「模倣学習(imitative learning)」をあげている．

　共同注意とは，他者の視線を追視して同じ対象を見る行為のことである．また，社会的参照とは，自分が新奇な物（あるいは出来事）を目の前にしたときに，

他者(愛着の成立している身近な人,しばしば母親)はこれをどう捉えているかを知ろうとして他者の表情を見て,自分の振る舞いを決めようとすることである.また,他者が新奇なものにどのように振る舞っているかを見て,自分も模倣するようになる.

**共同注意**

他者の理解の出発は,その人がどこを見ているかをとらえ,そこからその人が何に注意しているかを見きわめる(Schaffe & Bruner, 1975)ことである.6カ月を過ぎるころから乳児は他人の視線の変化に応じて自分の視線を変える(Butterworth, 1995)ことが知られている.これは「共同注視(visual joint attention)」と呼ばれる現象であり,母子が同じ対象を見ることを指している.

これについて先駆的な研究を行ったブルーナー(Bruner, 1983)は,共同注意の発達過程について,視線の共有から考えの共同注意(ideational attention)にいたるまでの発達過程を次のように推測している.まず,共同注意が成立するための条件は,他者を主体として,つまり人の行為を目標を達成するものとしてとらえること,さらに恣意的な記号が物事の関係を代表するものであることを理解することの2つである.これら2つを統合し,まわりの対象を表すように人は身振りやことばを使うのだということがわかるようになると,考えの共同注意への移行の準備が整うことになる.まだことばが話せない1歳児であっても,人が何かを提示したときは見せようとしていることがわかるし,他者の注意を喚起するためには指さしや,音声を伴わせればよいことがしだいにわかるようになっていく.これが言語の獲得の基盤を提供することになる.共同注意の成立によって初期の語彙の学習が起こるようになるのである.

バロン゠コーエン(Baron-Cohen, 1995)によれば,共同注意には,①人の視線を理解する,②指さしの方向を見て自分でも指さしができる,③物を他者に提示する,などが含まれているという.共同注意は,このように,他者と注意を共有することであるが,この行動が起こり,他者と注意を共有することで子どもの認識過程には何が生じているのであろうか.トマセロ(Tomasello, 1995)は,

1歳台では，他者も自分と同じようなものとして捉えているが，しだいに，他人は自分と違うことをする人として認識するようになるという発達の方向を指摘している．無藤(1997)は，共同注意には単に他者に対して相互的に注意を向け合うだけではなく，もう1つの物について各々が注意を向け，かつ注意を向けていることについて了解しあうことまでが含まれるという．それによって共同的空間が成り立ち，間主観的に了解された世界が成立する．このようにして共同注意は社会的協同への出発点になるものと捉えている．

### 社会的参照

大人との愛着関係が形成されるようになると，子どもは養育者のそばにいたがるようになる．愛着を形成した人といると機嫌がよく遊ぶが，遊んでいる間も養育者の姿を見たり声を聞こうとする様子が観察される．この頃になると大人の反応に乳児は敏感に反応するようになり，キャンポスら(Campos & Stenberg, 1981)らが「社会的参照(social referencing)」と呼んだ行動が生じる．見知らぬ出来事や人に遭遇したとき，それをどのように解釈し，どのように対応したらよいかを決めるのに養育者の反応をうかがうのである．

キャンポスらは「視覚的断崖」(断崖に見えるように透明なアクリル板の半分にはすぐ下に，残り半分はその1メートル半くらい下に格子模様を貼り，段差が錯覚されるようになっている)装置の一方の端に1歳児を座らせ，他方の端に母親を立たせた．乳児は母親に向かって途中まで這っていくが，見かけ上の断崖の縁まで来ると這うのをやめてしまう．触覚は危険ではないと知らせているのに，視覚は「止まれ」と命じているのである．このとき，母親にさまざまな表情をしてもらい，乳児がアクリル板を渡るかどうかを観察した．母親がおびえた顔をした場合，17人の乳児全員が断崖を渡らず，母親がニコニコすると，19人中15人が渡った．怒りの表情のときには乳児の11％が渡ったにすぎず，興味深げな表情をすると75％が危険がないと判断した．また悲しそうな表情をすると32％の乳児が渡ったが，その表情は楽しそうではなかったという．また，見知らぬ人が部屋に入ってきたときに，母親がよそよそしく「こ

んにちは」と言ったときには8カ月半の乳児はほほえむのをやめ苛立ちはじめ，心拍数も増加して明らかに緊張している徴候を示した．母親が笑顔で挨拶して，歓迎の身ぶりをしたときには，乳児の心拍数は平常通りになり，笑顔が戻ったのである．

　これらの一連の実験は，感情が外界の知覚や行動の「社会的調整役」を果たしていることを示唆している．また他人の感情の理解はかなり早期から開始され，他者の感情を自分の行動の調整の手がかりにしているという点は興味深い．乳幼児期を通じて，物と関わり，人とのやり取りを繰り返すうちに，出来事の系列についての記憶，自己概念などが形成され，子どもの内面世界は広がっていく．乳児期の終わりに迎える非常に大きな発達の里程標は象徴機能の発生である．

## 2　象徴機能の発生過程

### 象徴機能の発生

　乳児期の終わりには子どもは目で見，耳で聞く現在の世界だけでなく，自分自身で経験を頭の中に「表象(representation)」として再現し，思い描くことができるようになる．人や物との感覚運動的な関わりの中で，その関わり方が内面化されはじめてイメージが発生し，それにもとづいて模倣学習が起こり，象徴的な行動が開始されるようになる．たとえば，小石を食べ物に見立てたり，積木を自動車に見立てて遊ぶ「見立て遊び」やドレッサーの前で母親の手のしぐさを思いだして髪をとく真似，「延滞模倣」(モデルが眼前にないときの模倣で，モデルをまねる即時模倣とは区別される)が見られるようになる．これらの行動は頭の中に過去の経験についてのイメージを描くことができるようになったということを示唆している．

　このとき，小石，しぐさは食べ物やお母さんの仕草の代用として使われている．しかも，頭の中には実際の自動車や食べ物，お母さんの姿についてのイメージが浮かんでいるはずである．積木を自動車に見立てて，「ブーブー」とい

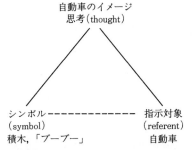
図1-2 意味の3角形(オグデン&リチャーズ, 1972).

う音声を発しながら遊んでいるときには，子どもの頭の中には，かつて自分が見たり，乗ったりした自動車のイメージが浮かんでいる．このときの子どもの音声や積木は自動車の代用品となっている．音声や積木は，自動車という指示対象を「意味するもの」，すなわちシンボル(象徴)である．自動車は「意味されるもの」であり，これらは頭の中のイメージに媒介されて結びつけられている(図1-2)．

　シンボルは言語を含め，記号や事物，動作などである．これらは経験や学習によって指示対象と連合しなければシンボルとしては使えない．象徴機能とは，思考やイメージを介してシンボルと指示対象との関係を間接的に表す働きのことである．

　シンボルは次の特徴をもっている．(1)意味するもの(積木)と意味されるもの(自動車)の間には何ら関係はない．(2)意味し，意味されるものの関係は本人が恣意的につくりだしたものである．(3)意味されるものが眼前になくても意味するものを使って意味されるものを自由に操作できるようになる．操作が現在目の前にあるものに限られず，過去の経験も操作できるようになる．言語はシンボルの中で最も洗練されたものであり，特殊なものである．他のシンボルとの相違は，言語は恣意的に意味を表すのではなく，同じ言語圏に属する者たちの協約性にもとづいて意味が共有されている．シンボルを持つようになると，シンボルの形式でものを考え，自分(たち)の行動を組織化できるようになる．「シンボル」ということばは，「共に(シン)＋投げ込む(ボル)」という語源

から出たもので，ギリシャ語では「割符」を意味したという．割符とは，1つのものを2つに割って一方を自分，他方を相手が持ち，それを合わせ照合することによって仲間の証をたてるものであるから，シンボルを共有することは間主観的に世界を共有することにつながる．

乳児が外界に働きかけることを通して，象徴機能が発生し，内面世界をもつようになると，人とのつながりを媒介にしたコミュニケーションが始まる．コミュニケーションの手段は，身ぶりに始まり，これに別のルートで発達してきた音声やことばが加わってコミュニケーション行動が成立するようになる．

### 3項関係の成立——指さし行動の発達

乳児の共同注意，さらに，社会的参照が観察されるころと同じころに，人とコミュニケーションをするための身ぶりが出現するようになる．身ぶりの中でもとりわけ「指さし」行動は興味深い．指さしの出現は，乳児の世界のとらえかたが質的に変化した徴表となる．指さしは，他者のいる場面で観察される．しかし最初は外界の「もの」と「自己」との「2項関係」ができ，さらに，9カ月頃から，それを意味づける他者がいることに気づいたり，他者が働きかけることによって，乳児の視点に他者が入ってくるようになる．この段階で，自分-もの-他者との「3項関係」が成立するようになる．

板倉(1998)は2項関係から3項関係への移行についての概念枠組み(図1-3)にもとづき，自己概念がどのように成立していくかを次のようにまとめている．9カ月以前では乳児は物(a)あるいは人(b)だけに注意を向けることができ，物に注意を向けているときには人に気づかないし，人に注意を向けているときには物に気づかない．9カ月以降になると，これらが統合されて，人と物の両方に注意を向けることができるようになる．(c)は人が見ている視線の方向を追視し，その人と同じものを自分も見ようとして視線を動かす．大人の注意がどこにあるかがわかって自分の注意をコントロールしているのである．また，乳児は他人の注意が自分にも向うことも知るようになる．共同注意の対象は自己である(d)．自分に対する他者の注意をモニターしコントロールすることが始

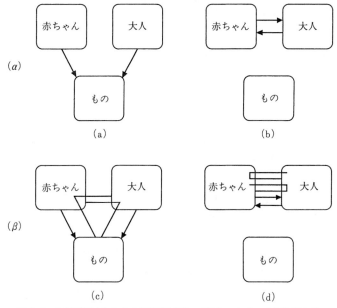

**図1-3** 2項関係(α)から3項関係(β)へ(板倉, 1998). (a)乳児と物とのかかわり(人は乳児の注意対象にない), (b)乳児と人のかかわり(物は乳児の注意対象にない), (c)共同注意, (d)自己知覚

まると自己概念が成立することになる．やがて，3,4歳になると自分自身の欲求や願望を知り，また他者の願望や欲求について知るようになる．「心の理論」(例えば，Bennett, 1993; 子安, 1997)を成立させるようになるのである.

　指さし行動も2項関係から3項関係への順に進んでいく．指さし行動は一度できあがると，乳児は対象を自分自身に対して指し示すのである．特に興味がひかれる光景を目にしたときなどに見られる．タオは，1歳半の長女の指さしを観察した．「その子は手をあげて人さし指で通りを指さした．その子どもの身振りは間違いなく自分自身にしか向けられていなかった．なぜなら，私は部屋の別の端に座っていてその子はながいこと私に背を向けたままだったから．つまり，その光景を自分で自分自身に指し示したのである．」(タオ，1976, 9頁より) 子どもが注意をひかれた光景を自分自身に指し示すということは，自分自身に対して2人称で語りかける，つまり，自己内対話が生じているというこ

表1-1 ナイサー(Neisser, 1995)の自己概念

| タイプ | 定義　［出現時期］ |
|---|---|
| 生態学的自己<br>(ecological self) | 視覚，聴覚，内受容感覚などによる物理的環境の知覚にもとづく自己　　　　［乳児期のかなり早い時期から知覚可能］ |
| 対人的自己<br>(interpersonal self) | 他者との社会的相互作用にもとづく自己．社会的相互交渉は，人に典型的なコミュニケーションの信号や情動的なラポール(音声，アイコンタクト，身体接触など)により特定される　　　　　　　　　　［乳児期のかなり早い時期から知覚可能］ |
| 概念的自己<br>(conceptual self) | 自分自身の特性に関する心的表象．個々人，文化間で変わる．言語機能が絡み，主に言語的情報によって獲得されるもの．自伝的記憶も軌を一にして発達しはじめる<br>　　　　　　　　　　　　　［2歳くらいから仮定可能になる］ |
| 時間的拡大自己<br>(temporally extended self) | 個人が知っており，語り，想起し，未来を映し出すような自分史(life story)であり概念的自己の出現によってその存在が仮定できる　　　　　　　　［3歳〜4歳にかけて出現する］ |
| 私的自己<br>(private self) | 子どもが主観的な経験を理解し，重んじるようになったとき，また他者とはそのような意識的経験を共有しえないことの意義に気づいたときに出現する自己である<br>　　　［筆者；メタ認知機能の出現によって出現する意識にもとづくので幼児期の終わり頃と想定できよう］ |

(板倉，1998を参考に作成)．

とである．人は1人でいるときにも，自分自身を対象に向かわせるために，自分自身を見るのに「他者の視点」を自分の中に同時にもつことができるようになる．

やまだ(1987)は長男の指さしの出現文脈を詳細に分析したところ，指さし行動は次の2つの段階を経て成立すると指摘している．第1段階は，環境の変化や，珍しいものを発見したときに「驚嘆・定位・再認」の表出として，その対象に向けられた指さしが出現する．第2段階は，人とのやりとりを楽しむような指さしや，自分ができないことを他人に代わってしてもらおうとする要求伝達の指さしが出現するという．このような指さしは，第1段階の指さしが出現して2週間ほど後に観察された．視点は2項関係から3項関係へと移動しているのである．

従来，指さしは把握運動から出現するとか，不完全な把握運動だと言われていたが，これは否定される．指さしは最初から何かを指し示す行動から始まるのである．そして指さしは視点の変化，世の中の捉え方が変化したことを意味

しているのである．一般に現象としてよく目につく要求を実現するための実用的な指さしは，視点の変化の副産物であるととらえることができよう．

**自伝的記憶**

表1-1には，自己概念の成立過程について示した．ことばが記憶機能に絡むようになり，自己概念は一段と整備されるようになる．ことばは自己についての言語的な捉えを可能にする．2歳半頃になると「わたし」「ぼく」などと自分を呼ぶことができるようになり，「私は女の子」「僕は男の子」というようなジェンダーの意識がはっきりと芽生え，洋服やおもちゃの好みもこの意識にあわせて選択したり，仕草や振る舞い方もそれに合わせようとする(内田, 1989)．また，自分だけでなく他人をも適切な名前で呼ぶことができるようになり，これは社会的な人間関係を広げる1つの方法となる．

言語の発達と軌を一にして3歳頃から自己に関する記憶である「自伝的記憶(autobiographical memory)」が発達してくる．自伝的記憶は，人や物と関わることを通して自己に関する記憶として蓄えられ，エピソード記憶の発達とともに，自己概念として体制化されていく．ハーター(Harter, 1998)は，自伝的記憶をエピソード記憶の1つの形態として位置づけているが，自己についての記憶は非常に個人的なものであり，個人にとって長期間にわたる重要性をもち，自分史(life story)の基盤となるものであると指摘している．ネルソン(Nelson, 1993)は自伝的記憶の最初の機能は言語を通して重要な他者を思いだすことであり，このことをきっかけにして社会的な絆が強まっていくと指摘している．

## 3 身ぶり，発声の統合から意味のあることばへ

**コミュニケーションパターンの形成**

文化人類学者のコーディルら(Caudill & Weinstein, 1969)は日米の母親の育児スタイルを観察し，生後3, 4カ月の乳児とその母親の間にそれぞれの文化に特有なコミュニケーションのスタイルが成立していることを報告している．彼らは

日米の中産階級の家庭各30組を対象に，タイムサンプリング法を用いて母子相互交渉を観察した．乳児の世話の内容や世話にかける時間は日米に差は見られない．しかし，米国の母親は乳児への働きかけが活発で，乳児が理解できると思っているかのように盛んにことばをかける．乳児が目覚めているときには乳児の反応にすばやく応ずるが，眠っているときには別室で別の仕事をする．日本の母親は，乳児が目覚めているときにはおんぶしたり抱いたり静かにあやすなどして身体接触を重視しているような働きかけが多く，ことばかけは少ない．眠っているときにもたえず身体接触をし，せっかく眠りかけた乳児を起こしてしまいがちで，乳児もむずかり声を発声することが多い．一方，米国の乳児は積極的な母親の働きかけに呼応するように，盛んに機嫌のよい発声をする．からだを活発に動かし，よく遊ぶ．これらのコミュニケーションパターンの違いは，日米の行動様式のステレオタイプの違い，自己主張が強く積極的な米人と，白黒をはっきりさせない日本人という国民的パーソナリティの違いとなんらかの形で関連しているかもしれないと推測している．

　ファーナルドら(Fernald & Morikawa, 1993)は日米の母子30組(6, 12, 19カ月児とその母各10組)の相互交渉を観察した．子どもにとって新奇なぬいぐるみや車などのおもちゃを導入したときの母子相互交渉を育児語(motherese)の観点から比較すると，米国の母親は子どもの注意を対象のラベルにむかわせ，ことばを教えることに重きをおいているかのように「これは何？」「これは犬ね」というように，対象の名称を慣用語で繰り返し発話する．これに対して日本の母親は社会的ルーチンや情緒的コミュニケーションに重きをおいているかのように「わんわんね，こんにちはって．かわいかわいしてね」というようなことばをかけ，擬態語，擬声語も多用するという．

　以上のように，日米いずれも，その育児スタイルは60年代と90年代で変化していると思われるにもかかわらず，母子相互交渉のコミュニケーション・パターンに一貫性が見られるのは興味深い．

　また同一文化内にあっても，個々の母子を詳細にみれば，その相互交渉にそれぞれの母子特有なコミュニケーション・パターンが形成されていくものと思

われる．その鍵となるのは愛着である．

### 愛着──コミュニケーションの基盤

　共同注意，社会的参照などの行動の出現と，この行動の背後にあって，何かを別のもので代用して表象として頭の中にもつことができるようになること，すなわち象徴機能の成立，は親子のやり取りを可能にする．これは最初は非言語的なものであり，目と目の接触，表情，身振りで意図を表現し，声のピッチやイントネーションに気分や感情を表させ，協同世界をつくるためのやり取りが始まる．そのやり取りを繰り返すうちに母子間には特別なつながり，愛着（attachment）の絆が成立し，母子に特有なコミュニケーションパターンが形成されるようになる．

　序章でふれたように，愛着（図0-2）は人間化への道を進むための機能的準備系（器官を形成するものではなくて関係性を表しているので「機能的」とした）として，言語だけでなく，認識，感情などの形成の土台を提供するものである．

　母子間に愛着が形成されたことの徴候は，母親が乳児のそばを離れようとすると「分離不安」を示すことである．なぜ愛着の対象が離れるときに分離不安が起こるのであろうか．これまでの伝統的な理論では，分離不安発生のメカニズムを連合学習の原理によって説明してきた．母親は乳児がお腹がすけば授乳し，おむつが濡れれば取り替えてくれる．母親の存在は乳児の快適状態と結びついている．逆に，母親の不在は乳児のこれらの欲求をタイミングよく満たしてくれないことを意味しており，乳児の不快と結びついている．だから，乳児は母親が去ろうとするときには，不快を予期して不安状況になると考えたのである．

　しかし，シャッファー（Schaffer, 1971）によると，乳児の分離不安の対象となるのは乳児と頻繁に社会的やり取りをし，楽しく遊んでくれる人であるという．生みの母であるかどうか，あるいは衣服の着脱やおむつの取り替えなどの世話をしてくれる人かどうかは重要な要因ではないのである．また，バウワー（Bower, 1977）によると双生児の一方が麻疹に罹り別室に移されたとき，両親が

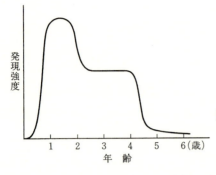

図 1-4 分離不安の発現強度と年齢との関係 (Bower, 1977). データは多くの研究から集められているので曲線は一般的な傾向を示すに過ぎない.

側にいるにもかかわらず残された乳児は分離不安を示したという．あるいは，第2次大戦中，強制収容所で生き延び，奇跡的に救出された乳児が別々のところに養子としてもらわれるために，他の子どもたちからひき離されたときに著しい分離不安を示したという報告(Freud & Dann, 1951)もある．

　これらの事実は，養育行動による快適状況がなくなることへの予期によって分離不安がもたらされるという考え方では説明できない．そこで，バウワー(Bower, 1977)は，伝統的な連合学習にかわって，「愛着形成についてのコミュニケーション仮説」を提起した．序章で見たように，乳児は，人の音声や表情に敏感であり，周囲の大人と相互交渉する準備ができている．通常はこの相互交渉は母親との間でなされる．もちろん初期は非言語的なやり取りである．分離不安がしばしば観察される生後7カ月頃までには，それぞれの母子に特有の，精緻な非言語的コミュニケーション・ルーチンが形成されていく．あうんの呼吸でやり取りが成立するようになる．この段階では，ルーチンを共有しない人とはやり取りができない．その人は，乳児が示す社会的身ぶりには応じてくれないからである．乳児はコミュニケーション・ルーチンを母親との間に形成してしまったが故に，かえって孤立することになる．

　バウワーは分離不安の事例研究を集め，その発現が暦年齢とどのような関係があるかモデル図(図1-4)を作成している．この図を見ると，分離不安の発現の変化は，言語発達の変化の時期とうまく対応しているように見える．母親とのコミュニケーション・ルーチンでやり取りしている間は分離不安を示すこと

が多いが，子どもが有意味語を急に話せるようになる「語彙爆発期」を迎える2歳台で減少し，文章が語れるようになる5歳台になると激減している．より公共的な言語の獲得によって分離不安が低減するという関係が読み取れる．これは，愛着のコミュニケーション仮説を支持している．すなわち，母親と乳児の間では，最初は非言語的なやり取りがなされ，2人の間にだけ通用する個人的・ルーチン的なやり取りが生じている．それが土台となって，言語が獲得されるようになると，母子の間だけの狭い個人的コミュニケーションは言語を共有する人なら誰にでも通用するような，より公共的なコミュニケーションに移行するようになる．言語・非言語にかかわらず，やり取りの機会がない子どもの場合は，生活年齢にふさわしいコミュニケーション技能を育むことができず，愛着も形成されないのである．

### 身ぶり語によるコミュニケーション

乳児期の終わり頃の意志伝達には，「指さし」や「だっこせがみ」「あいさつ」などの身ぶり語が使われ，しだいにこれにむずかり声や「ママ」というような催促を意味する有意味語が伴うようになる．

身ぶりは最初は「語」としてのはたらきをもっているわけではない．驚きや感情の表出として出現する．つまり，身ぶりは環境(内部環境・外部環境の両方を意味している)とのかかわりで出現してくるが，この身ぶりに対して身近な大人が，応答を与えてくれるという経験が介在してはじめて伝達の道具，すなわち「身ぶり語」として機能し始めるようである．

内田・秦野(1978)は生後1カ月から月に1度，(a)人手の少ない乳児院(保母1：乳児8)，(b)多い乳児院(保母1：乳児3)，(c)家庭児(長子，母1：乳児1)各2名ずつ，午前・午後あわせて5時間あたりの身ぶり語の出現頻度を比較した(図1-5)．身ぶり語の初出時期は7,8カ月で環境差はみられないが，その後，要求を伝達する身ぶり語が増えていくかどうかは環境によって違いがある．養育者との間に愛着関係が成立している人手の多い乳児院の乳児の出現頻度が最も高く，家庭児と人手の少ない乳児院では出現頻度は少なかった．

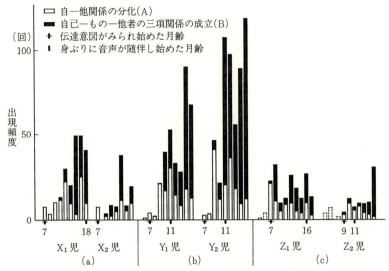

図1-5 乳児の身ぶり語の出現頻度(内田・秦野, 1978). (a)人手の少ない乳児院(保母1：乳児8), (b)人手の多い乳児院(保母1：乳児3), (c)家庭児(母1：乳児1). 15秒に1度のタイムサンプリング法により10分観察5分休止で, 午前・午後2時間半ずつ計5時間, 800単位あたりの出現頻度を示す. 身ぶり行動の分類基準は以下のとおり.
(A) 自─他関係の分化が見られる場合
「拒否」(口から吐き出す, 手で払いのける)
「要求」(目の前のものに手を伸ばして取ろうとする)
「あいさつ, 返事」(おじぎ, うなずき)
「注意喚起」(手を上げたり衣服を引っぱる)
「抱っこせがみ」(両手を前方に突き出したりその姿勢で体を上下にゆすったりする)
(B) 自己─もの─他者の3項関係が成立している場合
「要求」(他人にものを取ってほしい)
「指示」(ものを指して他人にその存在を知らせようとする＝叙述・指示的機能)
「呈示」(他人にものを提示して知らせる＝叙述・報告的機能)
「拒否」(他人から自分の持っているものを見られないように後ろ手に隠したり, 取り上げたりするなどの否定意志を示す)

家庭児と人手の少ない乳児院では, 共に身ぶりの出現頻度が低いが, このことの意味は異なっているようである. 家庭児の場合は, 母親が乳児の状態にたえず注意を払い, 子どもの要求にも敏感に応じるため身ぶりを必要とする場面が少ない. 複数保母制の乳児院では乳児が身ぶりをしても保母が気づかないた

め，身ぶりは伝達の道具としての機能が果たせない．そこで，身ぶりはしだいに抑えられるようになる．一方担当保母制の人手の多い乳児院では乳児の反応に保母が応えてくれるため身ぶりを頻繁に使って要求を表現するのである．

**発声行動の発達**

生後10～12週までは，クークーというクーイング（cooing）やゴロゴロと喉から発声されるようなガーグリング（gurgling）を発声する．1カ月頃からこれに喃語（babbling）が加わるようになる．しかし，これらは，第1次循環反応の一種であり，発語器官の運動と感覚の繰り返しが快感情をもたらすことにより生ずるもので，単なる音声遊びといってよい．こうした音声遊びは，睡眠やミルクも十分に足りており，生理的に満足状態にあるとき，乳児が落ち着いて「ゆとり」があるときに観察されることが多い．

3カ月頃になると，1人で発声遊びをしている場面で発する「独語的な喃語」と人のいる場面で発する「社会的な喃語」が分化しはじめ，喃語は社会的な機能を帯びるようになる．独語的喃語とは発声の強さやイントネーションに微妙な変化が見られ，相手に向かっているというコミュニケーション意図が感じられるようになる．

4カ月前後の喃語は，はっきり子音や母音が分化して聞き取れるようになる．この段階の喃語には，後の有意味語の形成に無関係な音韻も混ざっており，音韻の種類はどの文化圏でも共通である．たとえば，日本語にはlやrの音韻の区別はないが，この段階ではそれらの音が発声音に含まれている．このことからこの段階では，自動的, 自生的な発声であることがわかる．

生後6カ月頃からは，バ, バ, バ, とかアウ, アウ, アウというような，母音と子音の構成がはっきりと聞き取れるような「規準喃語（canonical babbling）」が発せられるようになる．江尻(1998)はこの時期の開始1カ月前に乳児は発声に伴って身体運動をするが，特に手の上下運動は規準喃語が出現した後急速に減衰する(図1-6)ことを見いだした．多分，発声器官と手の運動をコントロールする大脳運動野は隣接しているため，一方の運動が他方に伝播し，支え合っ

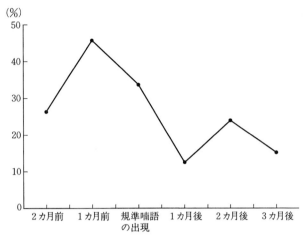
図 1-6　基準喃語出現前において音声にリズミカルな手の上下運動が同期する割合(江尻, 1998).

て運動が分化していくのであろう．発声行動をくりかえすことによって声道や喉腔の構造が変化して，母音や子音，鼻音，舌音など多様な音が発声されるようになり，人に向かっているという意志の感じられる社会的喃語と発声遊びとしての独語的な喃語とは音韻の種類も相違してくる．発声しているときの表情も，人に働きかけるような豊かな表情と自己に向かい発声遊びを楽しんでいるような表情というように，はっきり区別できるようになる．

　8 カ月頃から満 1 年ごろまでの間に，母語にあるシラブルや単語の特徴をそなえ，明らかにコミュニケーション意図のある音声パターンが観察されるようになる．まだ音韻の組み合せはでたらめで意味はわからないが，イントネーションやストレスは母語そっくりなので，まるでおしゃべりをしているように聞こえる．これはジャーゴン(jargoning)と呼ばれる．隣室で聞いているとまるで日本語を話しているかのようなイントネーションの発声である．この頃には乳児は母語にない音韻を発声しなくなる．

　満 1 歳になるまでには，同じ状況に特定の音声を結びつけて発声するようになる．食事場面で「ンマンマ」，母を見て「ママ」，父親に対して「パパ」などである．たとえば，10 カ月の男児が，バギーの背にぶらさがっているバッグ

の中に入ったジュースが欲しいときには，後ろを振り向いてバッグの方に手を伸ばし，母親を見ながら「ダーダー」と発声した．母親はすぐに彼がなにをほしがっているかを理解し，ジュースを飲ませてあげた(Dore, 1978)．

しだいに，社会的な意味を担う有意味語が獲得されるようになるが，それはどのような過程を経て実現されるかを以下に見てみよう．

### 意味のあることばの獲得へ

有意味語を獲得する過程に生ずる「般用(generalization)」という現象がある．般用とは自分の手持ちのことばで他の名前を知らない対象を呼ぶ現象を指している．たとえば「ボール」ということばが言えるようになった子どもが海岸でウニをみつけたがその名前を知らない．そこで「ボール」と呼んだ．しかし，家のボールならばすぐに拾いあげるのに，ウニに対しては拾おうとはしなかった(ヘッブ，1972/1975)．

この行動はこの子どもがウニにボールとの共通特徴を見つけたが，同時に差異も知覚したということを示唆している．この現象は，語彙を拡大するときの原則の1つを示しているだけでなく，私たちの心が，新しい情報を古い，既知の情報に関連づけて導入するという傾向をもっており，私たちが住む世界について知覚し，学び，考える1つのやり方，いわゆる帰納的なやり方，類推の仕方を反映しているのである．

岡本(Okamoto, 1962)は N 児について「ニャンニャン」という語が記号として成立し，般用され，限定されていく過程を報告している(表1-2)が，これにもとづいて有意味語がどのように獲得され，記号として確立していくかについて見ておこう．

第3段階でニャンニャンが特定の対象に結びつけられるようになった後，第4段階で，ニャンニャンが四足獣一般と毛の材質へという2つの共通特徴にもとづいて般用されるようになる．自発的・選択的に内部に構成した類似性に従ってこの般用が生じている点にことばの原型を見ることができる．また，この般用は家人が「ニャンニャン」というのに応じていつでも確実にそれを模倣で

表 1-2 「ニャンニャン」の記号化過程（Okamoto, 1962 を参考に作成）．

| 段階 | CA 年月 | N児の「発声」と（対象または状況） | 発声行動の特徴 |
|---|---|---|---|
| 1 | 0: 7 | 「ニャンニャン」「ニャーン」（快的状態での喃語） | 哺乳とか熟睡の後の，気分が快適な状態であるとき（生理的要求が満たされたとき）「ニャーン」または「ニャンニャン」が喃語として反復される． |
| 2 | 0: 8 | 「ニャンニャン」「ナンナン」（珍しいものやうれしいものを見つけて喜んで）（種々の対象に対して） | 「ニャンニャン」または「ナンナン」を自分の注意を引きつける嬉しいモノや新奇なモノ（好きなおもちゃや美しい箱など）を見つけた際の喜びやそれをつかみたい要求の表出として発し始める．内的状態の表出であるという点では第1段階のそれと同じ．しかし，音声が外的な対象（いまだ特定のモノとは結びつかず，いろいろ多様なモノではあるが）によって引き起こされている点が重要． |
| 3 | 0: 9 | 「ニャンニャン」<br>（桃太郎絵本の白犬）←（白毛の玩具のスピッツ） | 特定の音声ニャンニャンが自分が前から愛玩していた「玩具の白い毛製のスピッツ」と「桃太郎の絵本の中の白い犬」という特定対象に結びつけられる． |
| 4 | 0:10<br>0:11<br>1: 0 | 「ニャンニャン」<br>　（動物のスピッツ）<br>（猫）←（犬一般）<br>（虎）（ライオン）（白熊）　（白毛のパフ）→（紐のふさ（黒））<br>（白い毛糸・毛布）→（白い壁）<br>（白毛のついた靴） | 「ニャンニャン」の移調的般用が開始され，再び種々の対象や状況に対して発声される．すなわち玩具のニャンニャンは，スピッツから四足獣一般への般化方向と，スピッツの毛の材質を基礎とした般化方向へと拡大される． |
| 5 | 1: 1<br>1: 2<br>1: 4<br>1: 5<br>1: 6 | 「ナーン」（猫）「ナンナン」（犬）<br>「モー」（牛）<br>「ドン」（自宅の犬の名ロン）<br>「ゾー」（象）<br>「バンビンチャン」（バンビー）<br>「ウンマ」（馬）<br>「グンチャン」（熊） | 成人語を含む種々の動物や乗り物の名前が使用できるようになり「ニャンニャン」の使用範囲は縮小され，スピッツの毛の材質的類同性の系統に限定される． |
| 6 | 1: 7<br>1: 8 | 「クロニャンニャン」<br>　（黒白ブチの犬）<br>「ネコ」（猫）「ワンワン」（犬）<br>「オーキニャンニャン」<br>　（大きい白犬）<br>「クマニャンニャン」<br>　（ぬいぐるみの熊）<br>「シュピッツ」<br>　（実物のスピッツ）<br>ブチ（近所のスピッツの名） | 「ニャンニャングック」<br>　（白毛の靴）<br><br>「ニャンニャンチョッキ」<br>　（白毛糸のチョッキ） | 二語文使用が始まり，「ニャンニャン」の四足的類同性の系統は対象表示的機能をもち，材質的類同性の系統は状態表示機能をもつようになる． |
| 7 | 1: 9<br>1:10<br>1:11 | 「ブチノヤネブチニアゲルワ」<br>　（ブチのだからブチにやろう─白毛の靴を持って）<br>「ワンワンデショウ」（戸外の犬の鳴声を聞いて）<br>「オーキイワンワンワンワンユワヘンワ」<br>　（大きい犬が鳴かずに通るのを見て）<br>（隣人よりケーキをもらって）<br>N児「ダレガクレタノ？」<br>母　「しのはらさん」<br>N児「ワンワンイルシノハラサン？」 | （絵本のロバをさして）<br>N児「コレ　ナニウマ？」<br>母　「ろばさん」<br>N児「ロバウマ？」 | ここでは「ニャンニャン」は殆ど姿を消し，それに代わって慣用語「ワンワン」が理解・使用両面で記号として用いられ，実物が目の前に存在しない場合にも，語として働き，会話の中で完全に言語的伝達の役割を果たすようになる． |

き，発音面においては，この音声素材を自由に駆使しうる機能が確立されてからこの般用が生じている点が注目される．

第5段階で「ニャンニャン」で一括していた対象の個々の名前が獲得されることにより，「ニャンニャン」の使用範囲が縮小していく．成人語や慣用語の使用はもちろん外からの訓練にもよるが，問題はこのような訓練が以前から行なわれながら，この段階に至ってなぜ効果をもち，急激に成人語の使用が可能になるかである．この点について岡本は，前段階で共通特徴をもつさまざまな対象にこの音声を般用したという経験を繰り返したことによって，子どもは，しだいに自分の音声を外界を表現する手段に用いるという基本的な言語的な「構え(set)」を獲得し，自分の音声と外界との代表的対応関係を発見したためではないかと指摘している．こうして子どもは物との対応関係を自分で構成しながら周りの大人とのやり取りに支えられてことばの世界を拡大していく．

### ことば――人間化の基盤

乳児を取りまく環境は，そのままでは乳児を発達させるきっかけを提供することはない．大人とのやり取りを媒介にして，環境も発達になんらかの機能を果たすことができるようになる．

子どもが外界を認識する手段や意志を疎通する手段を獲得する基盤として身近大人との愛着を核とする非言語的なやり取りが不可欠であることを指摘してきた．ほほえんでもほほえみ返してくれる人のいない乳児，笑ってもいっしょに笑ってくれる人のいない乳児や，身ぶりをしかけてもそれに応えてくれる人のいない乳児，さらに，発声に対してことばを返してくれる人のいない乳児は，「時間的拡大自己」や「私的自己」(Neisser, 1993)を形成することはできない．知的にも社会的にも順調な発達を遂げることはできないのである．彼らは，人と意志を疎通させたいと願い，ことばを手段にして人とやりとりする準備が十分にできているのに，その能力を開花させる機会を奪われてしまうのである．

ヴィゴツキー(1932/1967)は，まず社会的なものから個人的なものが派生すると推測している．すなわち，個体発生の過程では「自分への言語は，最初は他

人への社会的な言語機能が分化することで発生する．子どもに外から持ち込まれる漸次的社会化ではなく，子どもの内面的社会性を基礎に発生する漸次的個性化が，子どもの発達の大道なのである」(ヴィゴツキー 1967，下, 186 頁) と指摘している．生まれたばかりでは人間の候補生に過ぎなかった子どもは，周囲の大人とのやり取りを通して，ことばを獲得し，それを手段にして人間化への過程を歩んでいくことができるのである．

# 第Ⅱ章
# 言語の獲得──何がことばの学習に制約を与えるか


　言語は物理的世界についての認識と人間的世界での発達を橋渡しするものである．コミュニケーションの手段は言語に限られているわけではないが，人間の言語はその柔軟性とその及ぶ範囲からみて，他に比較するものがないといってよい．また，言語は思考，認知，情動などの諸機能と関わり，人の行動を支配するものとなる．この言語がどのように獲得されるのか，その獲得に制約を与えているのは何かについて考察する．

## 1　言語獲得の特殊性はどこにあるか

**複雑な言語の学習が簡単なのはなぜか**

　人間の言語は複雑で恣意的である．にもかかわらず，世界中の普通の子どもは生後5,6年という短期間のうちに，母語の流暢な話し手になってしまう．複雑な言語の体系をこのような短い期間で獲得してしまうことは驚異であり，他の認知技能の獲得とは違った，言語に固有な獲得過程があるということをうかがわせる．また，母語話者になるのに，特別な訓練を必要とするわけではなく，通常の社会的なやり取りに参加できる環境さえ保証されていれば，どの子どもも一定の順序で，同じような一連の段階を経て言語を獲得していく．
　文法規則の獲得に限って言えば合理的で一貫した規則を短期間に身につけ，しかもそれらの規則が使えるようになっていく順序はどの子どももだいたい同じらしい．教科書通りに教師が教えていく場合のように，理想的な順序で言語のモデルを提供する環境に住んでいるとしたら，子どもの言語獲得の順序に規則性があるのは環境が提供する言語刺激が一様で子どもの経験が一様であるからだと言えよう．しかし，世界中いたるところで理想的な順に言語刺激が与え

られるとは思えない．実際には，経験によって獲得できるものには限度がある．そうだとすれば，言語獲得に規則性があるのは，成熟の生物学的な過程が規則的に生ずるためであると推測される．

**訓練・強化・模倣が果たす役割は小さい**

さらに，言語については，強化や訓練によってその獲得が促進されるということを示す事実が驚くほど乏しい．

「訓練」「強化」「模倣」という一般的な行動の学習を説明する概念では，言語獲得を十分に説明できないことについて概観してみよう．

(1) 訓練の効果；ルリア(Luria & Yudovich, 1959)らは，言語遅滞の双生児に対して言語を回復させるための治療教育を行った．遅滞の原因は，2人だけで通用する身ぶり語だけでやり取りがすんでしまう状況にあると考え，まず2人を引き離し，それぞれを身ぶり語が使えないような子どもたちの別の集団に入れた．そして，一方の子どもに対してだけ，ことばで伝達し，正しい文法的な文を使い，語彙を拡張するための言語訓練を実施した．訓練直後は，訓練を受けた子どもの方は訓練の効果が著しく，自立的な文法をもつコミュニケーションが可能になり，訓練を受けなかった子どもは行動密着言語しか話せなかった．ところが10カ月もすると遅れた子どもが追いついてしまい，2人の差はほとんど見られなくなった．短期的には訓練の効果があるが，長期的には訓練効果があがらなかった．この結果は，ゲゼルらが実施した1卵性双生児の一方に訓練(階段登り，排泄，歩行など成熟の要因が大きいとされる領域)を行った古典的な研究(Gesell et al., 1934)で見いだされた訓練のパターンと類似している．

カズデン(Cazden's unpublished paper; Miller, 1981 より)は，デイケア・センターに収容されている労働者階級の2歳半児を対象にして，幼児が単語を羅列する電文体のような発話をするたびに，それに省略されていると思われる単語を付加して完全な文にして繰り返してやるという「拡張法」訓練を行ったところ，この群はあまり効果はあがらず，何も訓練しない統制群と差はなかった．むしろ，子どもと一緒に絵本を見ながらおしゃべりする群の方が3カ月後の言語運

**表2-1 母親はどんなときに承認(強化)をあたえるか**

(a) 承認をあたえるのは発話の意味内容に対してである．

---
(1) Adam(子ども)： Draw a boot paper.
　　Adamの母親： That's right. Draw a boot on the paper.
(2) Eve(子ども)： Mama isn't boy, he a girl.
　　Eveの母親： That's right.
(3) Sarah(子ども)： Her curl my hair.
　　Sarahの母親： Um hmm.
---

(b) 承認をあたえない場合は内容的に不的確な場合である．

---
(4) Adam(子ども)： And Walt Disney comes on Tuesday.
　　Adamの母親： No, he does not.
(5) Eve(子ども)： What the guy idea.
　　Eveの母親： No, that's not right. Wise idea.
(6) Sarah(子ども)： There's the animal farmhouse.
　　Sarahの母親： No, that's a lighthouse.
---

(c) 文法の訓練をする場合もあるが，訓練の効果はない．

---
(7) 子ども： Nobody don't like me.
　　母親： No, say nobody like_s_ me.
　　子ども： Nobody don't like me.
　　(同じやり取りが8回繰り返される)
　　母親： No, now listen carefully; say "nobody likes me."
　　子ども： Oh! Nobody don't likes me.
---

(a)の(1)(2)(3)の発話のいずれもが文法的には不適格な文である．にもかかわらず，母親は発話内容を承認している．つまり，母親は文法に注意を払っているのではなく，その発話が文脈に適合しているかどうかに注意を払っているのである．

(b)は，(a)と対照的に，子どもは文法的に適格な発話をしている．しかし，母親は，内容的に正しくない発話なら，承認をあたえない．だからといって，子どもは，文法が訂正されたとは思わないのである．

では，母親は文法的に不適格な文をまったく訂正しないかというと(c)のようなやり取りも観察されている．しかし，いくら母親が，まるで日本の英語教師のように否定主語の動詞は肯定形にすることを教え込もうとしても，子どもには通じず，「あっそうか！」と言いながら，実際には母親の意図のようには直していないのである．このように「訓練」が効を奏さない例もある．(発話例は，ブラウン(Brown, 1973)の資料から大津(1989)が取り出したものに基づき作成)

用についてのテストで好成績をあげたのである．

　(2) **強化の役割**；子どもの発話に対する承認や禁止のことばは，一種の「強化」と考えられるが，大人が子どもの発話に承認を与えた時と与えなかった時の発話ならびに発話文脈を分析した資料（前ページ表2-1）からは，親が子どもの発話の文法的な誤りを矯正するということはまれであることがわかった．たとえば，ミッキーマウスの絵を見て「あれは，ポパイの絵だよ(That's Popeye's.)」と文法的に正しい表現を使っても「ちがう(No.)」と否定し，「あれ，ミッキイ(That Mickey.)」と文法的に誤った文でも，「そう(Yes.)」と答えている．このように，親は，子どものメッセージの内容を聞いているのであって，文法のような言語形式に注意しているのではないのである．ただし，子どもが社会的にタブーとされることばや下品な，汚いことばを使ったときには注意を与えることはあるが，これは子どもの言語発達がより進んだ段階のことで，5歳くらいになってからである．

　(3) **模倣の影響**；子どもは模倣によって語彙を増やしていく．結局，周囲の人々が話すことばを子どもが話すようになるという事実から見ると模倣が果している役割が大きいことがわかる．

　しかし，文法の獲得という面では模倣はほとんど役に立たないようである．もし，模倣によって新しい言語形式を習得するという仮説が正しいのなら，模倣は漸進的に生ずるはずである．すなわち，自分が運用できる言語形式よりも，一段と進んだ段階の表現を真似るはずだが，子どもが模倣した発話の文法の成熟度を調べると，彼らの日常の自発的な発話の文法の成熟度と同じか，より低かったということがアーヴァン＝トリップ(Ervin-Tripp, 1964)らによって確認されている．

　また，自分自身が発話した表現を繰り返させようとしても，複雑な文だと逐語的な反復は無理だし，別のことに注意が向けられているときには，どんなに単純な構文でも繰り返せないのである(表2-2)．そもそも，模倣するようにと言われた文は，その文が発話された文脈を離れては実用的な意味を持たないし，子どもの伝えたい事柄を表現しているわけでもない．したがって模倣は子ども

**表 2-2　自分の発話すらも模倣できない**

(1) 29 カ月の男児が食事のとき次のように発話した．

> "If you finish your eggs all up, Daddy,
>     you can have your coffee, Daddy."
> (卵食べちゃったら，パパ，コーヒー飲んでもいいよ)

(2) 直後に「いま言ったこと，もう1度言ってごらん」と言われたら，次のように言った．

> "After you finish your eggs all up
>     then you can have your coffee, Daddy."
> (卵ぜんぶ食べちゃったあとでコーヒー飲んでもいいよ，パパ)

(3) 10 分後，子どもが別のことに興味を持っているときに，自分が最初に言ったはずの(1)の文を聞かされて，まねするように言われると次のように言った．

> "You can have coffee, Daddy, after."
> (コーヒー飲んでいいよ，パパ，あとで)

　自分の発話でも文脈が適切でないと，模倣に失敗する．
　子どもがうまく模倣できないのは，子どもがそのとき言いたいと思ったり，伝達したい内容にピッタリの表現を模倣するように言われるわけではないからだということを示唆する例である．また，模倣が話すことを学習するのに有効な方法ではないということも物語っている．（発話例は，Miller, 1981）

が話すことを学ぶのに有効な方法ではないと言えよう．言語を獲得するときの原理は「食事の後で歯をみがく」「自転車に乗る」とか，「車を運転する」といった，いわゆる習慣や一般的な行動の学習の原理とは別物と考えられる．

### どうやって統語規則を学ぶのか

　言語を使うためには，語彙の目録とそれらに対応する概念や意味，さらに語彙を配列して概念相互の関係をつくりだす文法(統語規則)を獲得しなくてはならない．母親が母語を流暢に話す場合でも，幼い子どもに文法を説明してやるとは考えられない．子ども自身が社会的なやり取りに参加する中で接する複雑

であいまいな自然言語から，その背後にある規則性(文法)を自発的に抽出して，文法仮説を生成し，その仮説に即した文を創造して，言語行動を完成させていくのだと考えるしかない．

生後1年はコミュニケーションと発声は別々の経路で進んでいくが，2年目にはいるとこれらの流れは1つになっていく．子どもはコミュニケーションのために発声を協応させることができるようになる．1年の終りには発声に意味が伴うようになる．

初期の1語発話はさまざまな意味をもつ．「ママ」は「ママがいる」「ママきてちょうだい」だったり，「マンマ(食べ物)ほしい」であったりする．そこで，1語発話の時期を「1語文期」と呼ぶ場合もある．

2語文は15～18カ月で現れ，初めは2語の間に短い休止があるが次第になめらかに続けて発音できるようになる．「平均発話長(MLU)」(語や助詞などの意味単位の数で「パパのカバン」は3語と数える)は言語発達の指標となる．ただし，発話を制限しているのは語の数ではなく文法の複雑さであるらしい．

特に日本語では助詞の習得が問題となる．助詞を口にするのは早い子どもで1歳後半，多くの子どもは2歳台である．「の」「は」「が」「も」を初めとして主要な助詞のほとんどは2歳台から使われる．

助詞の般用も多く，名詞と名詞をつなげるときの規則が般用されて，形容詞とつなげるときにも，「シロイノお花(白いお花)」のように，形容詞にすべてノを付けるような誤りにかなり長い間固執する子どももいる．大人に教えられたことのないはずのことまで「知っている」のである．

2歳台では，「わんわんガいたよ」「パパノかばん」「ママハおっきした．ぼくモおっきした」などと正しく使えるというのは，場面状況への直観が働いて，出来事の関係や物の所属関係などを理解しはじめたためだと思われる．

助詞は，「わんわんヨ」というような終助詞，「ぼくガもってきた」のような格助詞，「ソイデ」というような接続助詞，一番遅れるのが「すこしグライ」「ちょっとシカ」「ぼくデモ」のような副助詞の順番に獲得され，使用される．しかし，子どもは助詞を一挙に使えるようになって，助詞の獲得順序ははっき

りしないことも多い．

　「は」と「が」の使い分けを含め幼児期の終わりまでには一応助詞を正しく使いこなせるようになると言ってよい．また他人の誤りを正しく修正して言い直すこともできるようになる．大人の発話に決して出てこないような子どもの誤用は英語圏にもあり，過去表現をするときどんな動詞にも -ed をつけたり，複数を表現するのにすべての名詞に -s をつけるというような誤りをする．しかし，これまた子どもはこの言い方に一定期間固執したあとは正しく使えるようになる．

　大人の発話目録にない表現を使う例は上のような助詞の誤用の他にもたくさん見られる．例えば，筆者の友人の子どもは1歳2カ月ごろから，降りるときも上るときもすべて「のんの」1語で表現していた．母親は状況を手がかりにどちらを望んでいるかを理解し，これを修正することはなかったが，1歳5カ月で初めて降りるときに「おんり」と正しく使い，以後間違えることはなかったという．また，「ぶーぶー」「マンマ」というように音を重ねるという規則を般用して，「ヨンヨ（本を読んでほしいとき）」「ジンジン（にんじん）」「リンリン（りんご）」等のように，色々な語彙に拡張して使う時期があった．

　これらは，文法規則の獲得が大人の発話を手がかりに自発的に自分なりの規則を生成して適用していくことによって生ずるものであることを示唆している．しかも短期間のうちに規則を正しく使えるようになるということから，文法の獲得は，単に連合学習や環境からの入力にだけ依存する学習によるのではないということ，つまり，大人の発話を模倣することによってではなく，何らかの制約や原理にもとづく生成的な学習によって達成されるものであるということを想定せざるをえない．

　生成文法論者のチョムスキー(1972)は，子どもが貧弱で劣悪な入力から文法獲得ができるのは，あるいはまた，表面的には異なる構造をもつ第2言語の文法を獲得できるのは，人には「普遍文法(Universal Grammar, UG)」が生得的に備わっているためだと考える．「正常な言語使用が可能になるためには，非常に抽象的な性質の精神操作が必要である．複雑な，錯綜した規則体系を話し手,

聞き手は駆使できなくてはならない．さらに，言語の知識は劣悪な，制限されたデータを基盤に習得されること，いったん習得された言語の規則性のもつ普遍性は，知能や個人の経験における大幅な差異から独立していることが観察によってわかる」(チョムスキー, p. 103) という．大津(1989)は普遍文法の特徴として「モジュール性」をあげている．これはある体系が等質的な内部構造を持ったいくつかの下位構造(モジュール)に分割可能で，かつその下位構造間に相互作用があるものである．このようなモジュール性を備えた普遍文法が生得的なものなのか，また，他の認知機能から独立しているものなのかどうかは論者によって議論がわかれるようであるが，いずれにしても，文法の効率のよい獲得が起こるためには，このような言語の規則性を生成する原理の存在を想定せざるをえないのであろう．

## 2 子どもはことばの意味をどうやって知るのか

### 語彙の獲得

　語彙の獲得も急速に起こる．生後16〜20カ月にかけて，語彙爆発と呼ばれる時期がある．この時期に語彙が爆発的に増えるのである．また，語彙検査からの推定によると，平均的な知能の6歳児は1日につき約22語の新語を学んでいる(Miller, 1981)という．誰もこんなにたくさんの語彙を教えるわけではない．子どもは，周りの大人や仲間と言語的なやり取りをし，テレビを見たり絵本を読み聞かせられたりするなかで，どんどん吸収していく．

　あることばの背景にはそれぞれの語があらわす対象の像だけでなく，それが関連している非常に豊富な諸結合や諸関係が含み込まれている．例えば「イヌ」ということばを使うときには，犬の表象だけでなく，同じ動物カテゴリーの仲間である，「ネコ」「ウマ」「ウシ」「ブタ」などの表象をも活性化させる．カテゴリーの形成が進むことによって，それに含まれる表象は豊かになり，さらに，ことばを習得したときの文脈から喚起される情動的経験——「快適な」「暖かな」「可愛い」など，ひとことで定義できないような言語感覚までも意味

の中に含まれるようになる．

　このような複雑な意味を子どもが速やかに帰納し，語彙を獲得していくことを考えると，子どもはことばの意味についての仮説の範囲を狭める原理としてなんらかの制約をもっていると想定される．

　その1つが，「対照原理(contrast principle)」とよばれるものである．クラーク(Clark, 1991)は子どもがことばの意味を推論するときにこの対照原理が働いていると指摘している．この原理は，子どもはあることばには完全に意味が重複する同義語はないという信念をもっているとするものである．子どもは未知のことばを聞いてその意味を推論するときに，すでに知っていることばの意味を付与しようとせず，別の意味をもつカテゴリーを探そうとする．今井(1997)によれば，子どもが未知のことばの意味を推論するとき，概念の中でまだ名前のつけられていない場所(「心的語彙の辞書」)の空白部分を探すのである．

### クワインによる「ガヴァガーイ問題」を解決する

　私たちが言語を知らないある伝統社会の原住民がうさぎを見て，「ガヴァガーイ」という音声を発した．その発声の意味は，「うさぎ」という全体を指しているのかもしれないし，「ふわふわした真っ白い」といううさぎを覆う毛の状態を言っているのかもしれない．あるいは「長い耳」を指しているのかもしれないし，「ぴょんぴょん走っている」という動作についての発声かもしれない．私たちはどうやってこの「ガヴァガーイ」の意味を特定するのであろうか．これを特定するには，黒い色を見せて「ガヴァガーイ？」と問いかけて相手の反応を見たり，眠っているうさぎを見せて「ガヴァガーイ？」と聞けばよいかもしれない．クワイン(Quine, 1960)が投げかけたこの疑問は，言語発達途上の子どもも直面するものであろう．では，子どもはどうやってこの問題を解いているのだろうか？

　この「ガヴァガーイ問題」を解決するには，そのとき浮かぶ名詞の意味についての仮説をしぼりこまなければならない．したがって，子どもは以下のようなさまざまな原理や制約をもっていると考えられている．

第1に,「事物全体制約(whole object bias)」である.この制約は,未知のことばを聞いたとき,子どもはそれを事物の部分や属性ではなく事物の全体を指示すると考える,というものである.マークマンら(Markman & Wachtel, 1988)は,未知の物体を見せて未知のことばの意味を子どもがどのように解釈するかを検討した.3歳児にとって未知の物体(例,氷ばさみ)を見せて "See? It's pewter" と言ってピューター(pewter とは錫・鉛の合金)という未知の単語を導入した.ピューターは不可算名詞であり,実際には材質を表しているのであるが,「ピューターって何?」と聞くと「氷をはさむの」というように機能について答える場合が多く,色や触覚などについて答える子どもはわずかであった.また,別の材質でできた氷ばさみを見せると,これもピューターであると言ったことから,子どもたちは「ピューター」を材質名としてではなく「氷ばさみ」のことと解釈していることがわかった.

　第2に,「相互排他性制約(mutual exclusivity bias)」が仮定されている.この制約は,子どもは未知のことばは基礎レベルのカテゴリーの名前であり,1つの事物は1つの名前しかもたないと解釈する,というものである.針生(1991)は,3歳児にとって未知の事物(リップミラー)と既知の事物(りんご)を見せ,「メリーはおなかがすいています.ヘクをとって」と言うと,3歳児は文脈情報を無視して,名前を知らないリップミラーの方を選んだ.5歳児になると,文脈情報を手がかりにして,りんごの方を選択できる.これはこの制約が強く働く時期とそれを使わなくなる時期があることを示唆するものである.この制約は語彙獲得初期の基礎レベルのカテゴリー名(例,机,椅子など)を学習する場合に有効であるが,上位レベルのカテゴリー名(例,家具)や固有名詞を獲得する段階になると妨害的に働く可能性がある.いつこの制約を適用し,いつ抑制するかはコントロールされなくてはならない(針生, 1996).これがいつ,どういう条件のもとでコントロールされるようになるのかは興味深い問題である.2歳児であっても文脈が違えば,ある男の人が「お父さん」とも「漁師さん」とも呼ばれるというように,ひとつの事物が複数の名前をもつことを容易に受け入れるという知見(Clark & Svaib, 1997)もある.

第3に仮定されている制約は「分類学的(事物カテゴリー)制約(taxonomic bias)」である．これは，子どもがあることばを聞いたとき，そのことばは指示対象だけを指す固有名詞ではなく，その事物が属するカテゴリーを指示している普通名詞であると解釈して，そのカテゴリーの他の成員にまで自発的に拡張する，というものである．この制約は，第1の事物全体制約との組み合せで，事物を指示することばと分類学的カテゴリー(成員は同じ機能を共有している)とを対応づける制約である．マークマンら(Markman & Hutchinson, 1984)は4歳児に標準刺激(例,犬のカード)に対して選択刺激(骨・猫の2枚のカード)から1枚を選択させた．「他のをさがしてちょうだい(Find another one.)」(統制群)という教示では子どもは連想関係にもとづいて骨を選択したが，「これはダックスよ．別のダックスを探してくれない？(This is a dax. Can you find another dax ?)」(名詞群)という教示では猫の方を選択した．このことから子どもは連想関係にもとづいた分類を好むが，daxという名詞が指示する対象は分類学的カテゴリーであることを知っているためだと結論づけている．ただし，分類学的カテゴリーが何かについては詳しくは述べてはいない．

　ウッドワード(Woodward, 1992, 博士論文で未刊のため，今井(1997)の紹介にもとづく)は生後18カ月の乳児にビデオで2つの対照的な情景を見せた．1つは濁流にもまれる岩のようなダイナミックな映像，他は乳児の知らない静止物体である．乳児は，ダイナミックな動きのある方を注視する時間が長いが，映像を見ているときにことばを聞かせると，知覚的には目立たない静止物体の方に視線を移すという．すなわち，未知のことばを知覚的には必ずしも目立つものではない未知の静止物体に対応させようとする．このことは，有意味語獲得の初期から分類学的カテゴリーの制約が働いていることを示唆する証拠であるとウッドワードは解釈している．たしかにこれは興味深い知見であるが，別の解釈も導き出せよう．ダイナミックな映像の動きと音声のリズムのミスマッチにより定位反射がひき起され，乳児は静止画像の方に視線を移した可能性がある．そもそも，こんなに早くから概念的分類学的カテゴリーの制約が働くのであろうか．検討の余地があるように思われる．

## 形状類似バイアス(shape bias)

ここで,「分類学的カテゴリー」について考えてみると,カテゴリーが形成されるには一定の時間がかかると考えられる.経験の少ない言語獲得初期の子どもが語の意味を推測するときには,最初は目に見える形や色,触ったときの感触などが手がかりにしているという可能性は否定できないであろう.

I章に述べたN児の「ニャンニャン」(Okamoto, 1962)の意味は知覚(形状と感触)・情動的類似性にもとづいて般用されていった.クラーク(Clark, 1973)は,"moon" という名詞が「ケーキ」や「窓の円形の模様」「(文字の)O」などに般用されたことを報告している.またゲントナー(Gentner, 1982)は形と機能の異なる2つの人工物それぞれの名前を教えたあとで,見かけは似ているが機能は他の人工物と同じというような,知覚的次元と分類学的次元の両方にまたがるような特徴をもった人工物に子どもがどんな名前をつけるかを調べたところ,子どもは機能よりも見かけに注目して名前をつけるということを見いだしている.

マークマンらが使った実験材料は知覚的次元(色や形)と分類学的次元(機能)が交差している.標準刺激は黒い左向きの「ダックスフント」で選択刺激は「骨」(連想の次元)と黒い左向きの「猫」(分類学的次元だけでなく,色や形の知覚的次元も標準刺激と共通)であるとき,子どもが「猫」を選んでも,この選択が分類学的次元に注目したことによるものだと直ちに特定することはできない.

そこで,今井ら(今井, 1997; Imai, Gentner & Uchida, 1994; 内田・今井, 1996)は,刺激の構成の仕方を除き,基本的にはマークマンらの手続きに準じて,恐竜のパペットにことばを教えるという場面を設定して,日米の幼児に選択課題を行わせた.マークマンらとの違いは選択刺激の種類で,連想的次元,カテゴリー的次元と,新たに知覚的(形状)次元の3枚(絵カード例.図2-1)を用意した.各条件の教示に従って,標準刺激(a)と関連する絵を選択刺激(b)(c)(d)から1枚選択させた.

米人3,5歳児にはマークマンらと全く同じ名詞群と統制群をつくり,同一の教示を与えた.日本人3,4,5歳児には「これはフェプよ.他にもフェプって呼

(a)

(b)　　　　　　　(c)　　　　　　　(d)

図 2-1　実験で用いた材料例．(a)標準刺激，(b)連想刺激，(c)カテゴリー刺激，(d)形状刺激

ばれるものがある？」(名詞群)，「この中でこれといっしょになるのはどれ？」(統制群)の 2 群の他に，知覚的手がかりで分類することの多くなると想定される助数詞群「恐竜のことばでは，これは 1 フェプ，2 フェプって数えるの，この中でどれを 1 フェプ，2 フェプって数えるかしら？」を加えた．助数詞群を加えたのは，日本語の助数詞は幼児期を通して獲得されていくものであること，助数詞をつけるときには，細長いものは「本」というように，刺激の形状を考慮しなくてはならず，知覚的次元への注意は減衰しないことを証明できると予想されたためである．米人 3 歳児，5 歳児とも知覚的次元での選択が多く(図 2-2a)，日本人は低年齢ほど知覚的次元での選択が多く，加齢に応じてカテゴリー的次元での選択が増えていくことが確認された．統制群においては連想関係にもとづく選択が加齢とともに増え，連想関係の形成にも，一定の経験が必要であることが確認された．また助数詞群では，5 歳児になっても知覚的次元にもとづく選択が多かった(図 2-2b)．これは，薄くて平らな対象物は「枚」をつけ，細長い対象物は「本」をつける，動物でも大きいものは「匹」でなくて

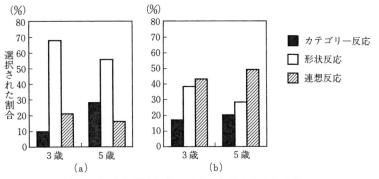

図 2-2a 形状類似性とカテゴリーを対立させた実験の結果．(a) 名詞ラベル群，(b) 統制群の比較（米人幼児）(Imai, Gentner, & Uchida, 1994).

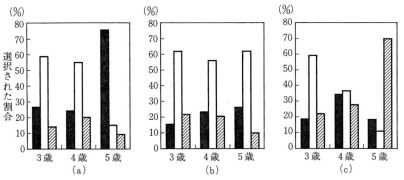

図 2-2b 形状類似性とカテゴリーを対立させた実験の結果．(a) 名詞ラベル群，(b) 助数詞群，(c) 統制群の比較（日本人幼児）(内田・今井, 1996a).

「頭」というように，子どもが5歳後半までに獲得する助数詞の付与ルールに，知覚的次元にもとづくものが多い(内田, 1997)ということを反映しているのかもしれない．だから初期には素朴に知覚的次元で反応し，5歳頃になると自覚的に知覚的次元で反応するのであろう．

以上から，有意味語を獲得しはじめる初期には，子どもの語彙の意味は知覚的類似性(特に形状)にもとづいて帰納され，しだいに概念的類似性に移行していくことが確認され，語彙獲得初期には「形状類似バイアス」が制約として働いていると推測することが妥当であると思われる．

## 3 やり取りに参加することを通してことばを学ぶ

**制約と経験の関係**

　前節にのべた制約の強さは品詞によって異なる．動詞の獲得においては名詞獲得よりも弱いことが知られている．助数詞の獲得においては経験の役割が重要である．品詞によって制約の強さが異なるということは，これらの制約はすべて品詞に共通するというより，個々の品詞によって異なるものと考えた方がよい．また別の性質をもった制約が各文法クラスに応じて働いていると考えられるかもしれない．

　また同じ対象でも，その対象とどういうかかわりをするかによって注目の次元は異なるのである．先に見たように，低年齢のうちから形状類似バイアスは意味推測の手がかりに使われている．とはいえ，形状類似バイアスは意味を推測する手がかりとしていつも優勢とは限らないのである．小林(Kobayashi, 1997)は，2歳児を対象にして卵の形に注目させるため「転がす」動作を伴わせた場合とガラスという材質に注目させるために「透かして見る」動作を伴わせた場合を比較したところ，形に注目する動作を見た子どもたちは材質は違っても卵形を選び，材質に注目させた場合は形は無視して材質が同じピラミッド形を選んだ．この結果は，2歳児は意味を推測するときに動作の情報も使えることを示している．このように形状類似バイアスは，年齢が低ければいつでも注目されるわけではなく，それが働くかどうかは，かかわる対象のどの次元に注意を向けるかによって規定されるものであると考えられる．どの制約が働くか，どの程度強く働くかは，子どもの言語発達段階の違いに応じて異なるものと考えられる．つまり，子どもの語彙のレパートリーの量と質，カテゴリー知識の形成の度合，情報処理容量など他の認知機能の発達の程度に応じて異なるものと思われる．これらの制約は，外界に働きかけ事物を操作する経験によって認知的カテゴリーが形成されることにより生成される可能性が考えられ，経験の役割をぬきに，制約を論じることはできないと思われる．

**生活世界における経験の役割**

ことばを獲得するためには言語の通常の社会的やり取りの環境におかれることが不可欠である．生物学的基盤の成熟(序章)や前節で議論した制約の役割は重要であるが，生活経験の役割，やり取りの実践の要因の役割を考慮に入れなければ言語獲得という課題を充分に解明することはできないだろう．子どもが獲得する言語は生後一定期間に触れる言語経験によって決まるという事実は，言語獲得に経験や学習が決定的な役割を果たしていることを示している．ことばはそれが使用される文脈に埋め込まれ，生活経験と結びついてはじめて生きたことばとして使いこなせるようになるのである．

あることばはそのことばが指示する対象そのものを表示するだけでなく，それが関連している非常に豊富な諸結合や諸関係をも含み込んでいる．たとえば，「イヌ」ということばには，犬の個別特徴だけでなく，その他の犬や犬一般が属している「動物」カテゴリーの表象までもが含まれている．その表象には哺乳動物という分類学的次元だけではなく，大きさや形態のような知覚的次元，動き方や習性といった機能的次元などの複数の次元が含まれている．そこで，私たちがある対象を「イヌ」と呼ぶためにはその豊かな表象の中から犬の類と他の類を分ける特定の次元に着目できなくてはならない．

助数詞を使う場合も同様のことが起こっていると考えられる．たとえば，日本語では，犬には「匹」，ライオンには「頭」と助数詞を使い分けるが，この使い分けをするためには，犬やライオンが属する動物カテゴリーが含む豊かな表象の中から〈大きさ〉の次元に着目できなくてはならない．このような弁別次元の抽出は，ある指示対象にある助数詞を付けて数えているのを聞くという経験を通して可能になるのである(内田・今井，1996b；内田，1997)．

ものを数えるとき，英語では可算か不可算かの2つのカテゴリーしかないが，日本語の助数詞は約70程度のカテゴリーがある(図2-3)．カテゴリー分けの基準も複雑で，人,動物,非生物の区別があり，さらにそれぞれの領域で細分化される．動物の頭,匹,羽などは分類学的基準で区別され，さらに，頭と匹は大き

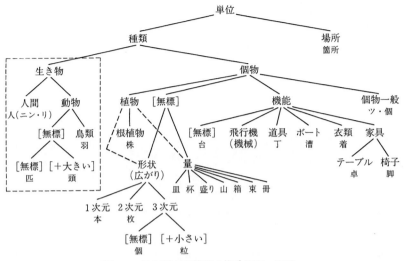

図 2-3　日本語の助数詞の体系 (内田, 1997).

さの基準でも分けられるなど助数詞付与基準は錯綜している．また，助数詞のカテゴリーは境界の曖昧な放射状のカテゴリー(Lakoff, 1987)になりがちである．典型事例(例，鉛筆は「本」)の基準ははっきりしているが，非典型事例(例，ホームランや電話の通話も「本」)の基準は慣用的であり，大人でもなぜそのカテゴリーに入るのかについて説明することは難しい．ウサギを「羽」，チョウを「頭」と数えるのは，機械的な連合学習によって覚えるしかないだろう．このような例外の多い規則を子どもはどうやって学習するのであろうか．

### 助数詞の獲得過程

言語獲得の過程で，認知的意味カテゴリーを形成してから文法的クラスに対応づけて統語的知識を獲得するのか，それとも，文法的クラスを先に獲得してから認知的意味カテゴリーを形成するのであろうか．この問題を助数詞について言いかえると，助数詞を付与する対象のカテゴリーを形成してから助数詞付与のルールを獲得するのか，その逆に付与ルールを先に獲得してからそれが付与される対象の認知的意味カテゴリーを形成するのかという問いになる．英語

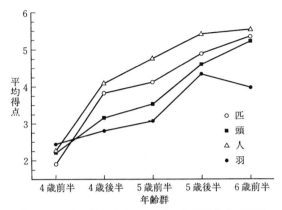

図 2-4　日本の子ども(MAX=6)の助数詞タイプ別修正得点(内田・今井,1996b).

を話す子どもは2歳前半までにだいたい個物は可算名詞,物質は不可算名詞という意味的ルールをもち,個物,物質の典型事例はそのルールを適用できるが,典型的事例でないときには慣習性が重要であるため経験が必要になる(Clark, 1991).このことは,可算か不可算かの区別は子どもの側の自生的ルールの生成と環境からの入力の双方に頼って獲得が進むことを示唆している.助数詞も同じような獲得過程をたどるのではないだろうか.

　内田ら(内田・今井,1996b;内田,1997)は日本や中国の幼児が生物助数詞をどのように獲得していくのかについて「エラー検出法」のパラダイムを使って調べた.パペットに生き物を数えさせるという想定で,パペットの数え方が誤っていた場合,①その誤りに気づくか,②正しい助数詞に訂正できるかについて調べ,誤りを指摘した場合は,③なぜ誤っていると思うかという理由を説明してもらった.

　その結果,同じカテゴリー内では,典型的なものほど早くから獲得されること,また,人間についての助数詞の獲得は早く,匹,頭,羽の順に獲得されること(図2-4),5歳後半からなぜある助数詞を使うのかについての理由づけができるようになり,質問されれば助数詞付与ルールを自覚して使えるようになることが示唆された(図2-5a).

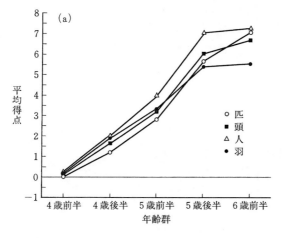
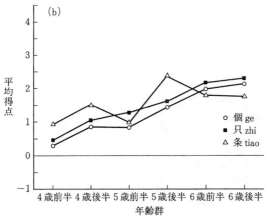

図 2-5 (a)日本の子ども(MAX=8)と(b)中国の子ども(MAX=6)の理由づけの得点(内田, 1997).

　生物のカテゴリー範囲が日本語ほど明確でなく，カテゴリーの重なりが大きく，その境界が複雑である中国語の助数詞(例，川，道，魚，蛇などを「条」という助数詞を付けて数える)の習得は，カテゴリーの構造が明快な日本語に比べて遅れるし，意味基準の説明も十分にできない(図 2-5b)．これは，助数詞の付与の基準やカテゴリーについての知識を形成するまでに経験からの入力が必要であることを示唆している．

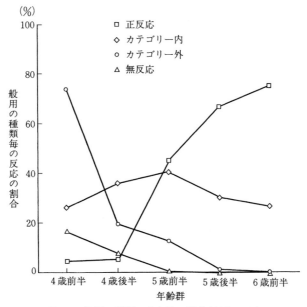

図 2-6　般用の種類：生き物の場合 (内田, 1997).

**般用現象の出現**

　助数詞使用における誤りのパターンを分析すると，4～5歳にかけて，般用が頻繁に起っていることがわかる．「羽」で数えていたダチョウなど大型の鳥類は「頭」と数え直すため，羽の成績が下がっている．大きさという基準を使った般用が起こったためである．般用の種類(図2-6)をみると，加齢とともに対象に応じた助数詞の正しい使用が増加していく．また生き物というカテゴリー内での誤りが多く，生物カテゴリー外での誤用(ツやコをつける)はなくなる．すなわち4歳頃までは，先に示した図2-3の中で，非生物につける助数詞を使っているが，4歳後半から生物カテゴリー内の助数詞に収斂してくるし，5歳頃からは，系統樹の左「無標」(一般的な助数詞)への般用が多くなる．この過程で，他の次元，外界からの入力との関係で分類学的次元や大きさの次元も着目しはじめることによって助数詞の分化が生ずるのであろう．

　以上から，助数詞の獲得過程は次の3段階からなる．第1段階では数えると

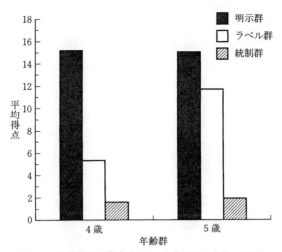

図2-7 転移課題の得点(MAX=16)(内田・今井, 1996b).

きには何かことばをつけるらしいと気づき,「ツ」「コ」をつけたりする.第2段階で助数詞付与のルールの生成・分化が見られはじめる.その際まず,「人」「匹」など,身近に数えたり数えるのを聞く経験が多いものから,分化しはじめる.第3段階で助数詞をある意味基準にしたがって体系的につけようとする.この段階ではなぜある助数詞をつけるのか理由を問われると答えられ,付与ルールが自覚化できるようになる.

**訓練で助数詞付与ルールを形成することができるか**

パペットがクジラを「頭」をつけて数えると,I. K.(6歳1カ月)は「イルカはクジラの仲間だよ."頭"っていうのは馬みたいに脚があるものだから大きくても"頭"とは言わないの」と異議申し立てをした.子どもたちの理由づけのプロトコルを分析すると,この発話例と同じように,助数詞の付与のルールは子どもが自発的に生成したようであり,慣用とは異なるルールが多かった.そこで,いつごろから助数詞付与ルールが自発的に生成されるのかを確かめるため,訓練実験を行った.

動物はすべて「匹」で数えており,大小の基準をあてはめて大きいものは

「頭」をつけて数えることができない段階にある4,5歳児を対象にして訓練を行った．3つの群を設定したが「ルール明示群」では「大きいときは"頭"で小さいときには"匹"で数える」ことをはっきりと教える．さらに，大人が大小という大きさの基準を使って正しく「匹」と「頭」を使い分けて見せるだけでルールは教えない「ラベル群」とモデルも示さずルールも教えない「統制群」を設けた．訓練に用いた対象とは別の対象を数えさせる転移課題で，それぞれの群の子どもがどのように数えるかを調べたところ，5歳後半から，ルールを明示的に説明されなくても，大人が数え分けるのを見るだけで，付与ルールを帰納的に推論できることがわかった(図2-7)．

以上から，助数詞の獲得は認知領域一般の知覚的類似バイアスに対する敏感性が基礎となり，環境からの入力とのすりあわせによって付与ルールが抽出され，使用実践を通して精緻化するものと考えられる．付与ルールが抽出されても，それは入力に矛盾して働く名詞獲得の制約のように強固なものではなく，入力とルールが矛盾するときには入力を優先するヒューリスティックス(発見法)がある(Uchida & Imai, in press)のではあるまいか．このような柔軟な内的原理がないと助数詞のような例外の多い品詞の獲得は非常に難しくなるであろう．

### 環境からの言語入力の役割

仲(仲，1995; Naka, in press)は2歳児と母親の食卓での対話を1年間ビデオに収録して，調べている．どのような助数詞が使われるかを見ると母親は父親とは21種類の助数詞を用いているのに，子どもとは「回」「個」「つ」の3種の助数詞を用いただけであった．これは，母親が大人とは対象に応じて助数詞を使い分けているのに，子どもには恐らく子どもが獲得しているのと同じ水準の助数詞のレベルに合わせて調整している可能性を示唆している．

そこで母親の言語入力の性質について検討するために，2,3,4歳児の母子を対象にして，母子で事物を数える場面を設定して母親がどのような助数詞を使うか，大人相手の場面と比較した．

母親は幼いうちは子どもの使う「コ」「ツ」のような一般的助数詞で応じて

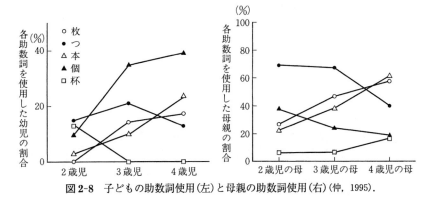

図 2-8　子どもの助数詞使用(左)と母親の助数詞使用(右)(仲, 1995).

いるが，加齢とともに特殊な助数詞で答えるようになる．また子どもの発話を言い換えて，正しい助数詞をつけて数え直す場合を調べたところ次の4種のパターンが観察された(図2-8).

①数→数＋一般助数詞(子どもが数だけで数えると母親は数に一般的な助数詞「つ」「個」などをつけ足す)

②数→数＋特殊助数詞(子どもが数だけで数えると，対象に応じて「本」「回」などの特殊助数詞をつける)

③「個・つ」→「本」「枚」(子どもが一般的な「個」「つ」をつけて数えると正しい特殊助数詞「本」「枚」へと言い換える)

④誤った「本」「枚」→正しい特殊助数詞(子どもが誤って「本」や「枚」をつけると対象に応じた特殊助数詞へと言い換える)

の4種であった．4歳児が使う助数詞の多様性が最も高い．また，母親が使う助数詞は子どもの年齢，子どもの助数詞獲得のレベルに合わせて変化している．

　母親は自分のことばづかいを意識するしないにかかわらずに，子どものレベルよりも少しだけ上位のレベルの入力を与えていることがうかがわれる．この結果からは，言語発達は子ども主導で成し遂げられていくものであること，しかし，言語獲得の初期から，子どもは，環境から多くの，そして適切な言語入力を得ていることが示唆される．こうしたやり取りの中で大人は子どものレベ

ルを敏感に察知し，意識せずに自分のことばの使用を調節している．

**遺伝も環境も**

以上のように，言語獲得には生物学的(IV章参照)・認知的な内部要因と生活世界から与えられる環境要因が影響を与えていることがわかる．これらの要因のそれぞれが単独に働くだけでは，子どもはことばを学習することはできない．また最終的な産物としての言語は，これらの要因の単なる加算や乗算によりつくり出されるのでもない．子どもの言語発達に見られる普遍的な規則性は単一の神経組織によっているのではなく，おそらく言語を学習する人間の神経システムのきわめて抽象的な能力に由来しているのであろうと推測される．人間の発達において遺伝が規定するのか，それとも環境が規定するのかという論争が繰り返されて，たどり着いた結論は，遺伝の主要な働きの1つは特定の種類の学習をする生得的な能力，つまり人間は言語をあやつることができる能力をもって誕生するという意味での規定性を想定するというものである．人間の脳は進化の過程で言語を短期間のうちに獲得するという特殊な能力を身につけたのである．経験はこの潜在能力を起動させ，特殊化や豊富化するように寄与する．どうやって特殊化や豊富化が起こるのか，言語の獲得の詳細なメカニズムをめぐって，さまざまな領域からの挑戦がなされている．

# 第Ⅲ章
# 会話行動の発達──他者との会話・自己内の対話

　子どもは母，父や同胞と，やがて仲間や保育者と相互交渉を楽しみながら，情報を収集し，それらの価値を内面化する．その一方で自己を外面化し，適応していく．適応というのは，自分を周りに合わせるのではなく，自分自身を発見し，主体性を確立し，それを保ちつつ世界の中で位置づけることを指している．ここでは他者との会話，自分自身との対話の発達に焦点をあわせ，コミュニケーションの手段としてのことば，考える手段としてのことばの発達過程を考察する．対人関係をつくりあげるときに失敗するときや成功するときの会話の情報処理過程を踏まえ，ディスコース（談話）構造の異なる文化への適応の問題を考える．

## 1　人とのやり取りのことばの発達

### 会話行動の発達
　子どもは身近な大人と言語や非言語情報をやり取りしながら多くを学んでいく．乳児期には，子どもは家族を中心とした人々との相互交渉を経験し，その経験からさまざまなことを学ぶ．直接教えられるわけではないが，大人の持つさまざまな特性，しゃべりかた，振舞いかた，自分を含めた他人へのかかわり方などを習得する．その後の対人関係はこのような乳児期の対人関係で学んだ知識を基盤にして広がっていく．
　Ⅰ章で述べたように，満1歳頃の乳児であってもいつもいっしょにいる双子同士，また同胞との間に身ぶりのやり取りが見られる．やり取りを通してお互いがお互いに対する愛着を形成し，2人が引き離されると分離不安を示す．また，人手が少ない乳児院に収容され，保育者からのことばかけが少ない乳児で

あっても，7, 8カ月になると乳児は近くのベッドの乳児をみて微笑み合い，手を伸ばし合う．11カ月頃には，相手の運動や喃語を模倣し合うようになる．人とやり取りする機会がずっと多い家庭児の場合は，お互いに微笑みあったり，模倣しはじめるのは4, 5カ月頃と早い(内田・秦野，1978)．

　目を見交わしたり，物を提示したりと，もっぱら身ぶりでやり取りしている段階から，身ぶりに音声やことばが伴うようになるのはスムーズである．しかし，ことばを獲得したての頃は，大人の話しかけに対して適切に言語反応できないので，「大人→子ども」という一方向型に終わることが多い．ことばが発達するにつれ，「大人→子ども→大人→子ども……」と発話の番(ターン)を順番に交替することによって会話が成立するようになる．このように会話がスムーズに進行するようになると発話の順番とりのルール(Sacks, Schegloff & Jefferson, 1974)が働くようになる．その過程を子どもの遊びの中の会話からみてみよう．

　表3-1には1歳半児が何種類かのおもちゃがおいてあるプレイルームで遊んでいるときの会話の流れを示した．子ども同士の関係はまだ不安定で，大人の助けがないと番の交替がうまくいかず，遊びも途切れてしまいがちである．「お茶を入れて飲む」という型にはまったやりとり(ルーチン)が2人の子どもの間で共有され，お茶器セットを使って「お茶をきゅうすで茶碗に注ぐ→茶碗でお茶を飲む」という行動系列が繰り返されていく．この流れに，しばしば「催促」部分が付け加えられている．初期はこのように単純で日常の決まりきった手順や行動系列についての知識である「スクリプト」の一部が利用され，型にはまったやりとりが再現される．また，語彙も豊かではないので，動作や笑顔のようなジェスチャーが相互作用の中で重要な役割を果たしている．動作とことばは一体化しており，動作につられてことばが発せられるような場合もある．また，遊び続けるためには，そばに大人がいて注意を喚起するとか，時には子どもに代わって答えてやることなどが必要である．

　2歳半頃になると遊びに自然な流れができてくる．1歳半と同様に日常のスクリプトが利用されているが，内容項目や手順が豊富化する．また，複数のテ

表 3-1　幼児初期(1歳半児)のごっこ遊び(内田・無藤, 1982).

```
例1    M（女児；1歳6カ月）           E（男児；1歳5カ月）
 ○ジャー（お茶を入れる．2回→母へ）
                                  ●ジャー, ジャー, ジャー（催促）
 ○ジャー（Eの茶碗に入れる）
                                  ●（飲むまねをして, さし出す）
 ○オチャ, ウー（と入れる）
                                  ●（飲むまねをして, さし出す）
 ○ウー（と入れる）
                                  ●（茶碗を出し）ウー（と催促）
 ○ウー（と入れる）
                                  ●（飲む）
 ○（飲む）
                                  ●ジャー（催促）
 ○ジャー（入れてやる→母へ）
 ○（飲む）          （同時に）    ●（飲む）
 ○（何度も入れる）
 ○オイチイ？
                                  ●（ニッコリ笑う）
例2    M                           E
 ○オチャ, オチャ, オチャ
   （と茶碗をさし出す）
                                  ●ドーゾ（と注ぐまね）
 ○ドーモ
```

ーマの組合せも観察されるようになる．表 3-2 の例では「朝のできごと」「洗濯機」「レコード・コンサート」「夜の場面」「朝になって起きること」をめぐって展開され，いくつかのエピソードが組み込まれるようになる．また，状況を作り出すのにことばがかなり重要な役割を演ずるようになり，ことばだけを聞いていても何が起こっているかを推測できるようになる(内田・無藤, 1982).

**会話を成立させるための認知機能**

　会話が成り立つためには，自分が発話をつくりだし，その発話に対する相手の発話を理解し，それに発話を返すことができなくてはならない．これには語彙を獲得していなくてはならない．さらに以下に述べるさまざまな認知機能を動員することが必要である．まず，自分の感情や意志を伝達するには，相手は本来自分とは違う人間であることを意識しながら，相手の性質や状況に合致したメッセージを作り出し，自分の言いたいことが伝わっているかどうかをたえ

表 3-2　幼児中期(3歳児)のごっこ遊び(内田・無藤, 1982).

| Y〈女児―3歳1カ月〉 | F〈男児―3歳2カ月〉 |
|---|---|
| ○ほーらい，寝なさい．夜だよー．(ドアをあけてやる) | ●夜．(家のなかに入って寝る) |
| ○まだー，ヤ，朝じゃないから，子どもさま．ね，わかった？子どもさま　大人だけおきてるの．もう少ししたら，大人も寝るの．(独語)(外で寝る) | |
| | ●…は？ |
| ○ア？　まだ夜，まだ夜． | ●まだ夜？ |
| ○まだ夜． | ●もう，いーい？ |
| ○まだ夜． | ●もう． |
| ○朝，もーいいよ．(おきる) | ●(家から出てくる) |
| ○テンジンキ(センタクキ？)動いたから | ●アー？ |
| ○ヘンジンキ，ゆー，とまったから，ねー，いこ，きた． | ●ン？ |
| ○けどねー，とまっちゃったら，また寝ようか． | ●ン． |
| ○ねー，また上がって，おふろから． | ●ンー． |
| ○おふろのね，おふとんなの，みんなこっちと，こっちと，こっちと，こっちと，こっちと，こっちと，こっちと，こっちゃー，こっちと．(床のあちこちを指でさす) | |
| ○はい，ごろんて寝なさい． | ●(床に寝る) |
| ○ごろん，見て．(ささやき) | |
| ○まだ，夜，ね，入るよー．(家のなかに入る) | |
| ○寝なさい，まだー．まだな，寝なさいよー，寝なさい． | ●(Bがドアをしめる) |
| ○アー，イヤ，アー，もう． | |
| ○いま待ってよ，センメンキ動かない． | ●待ってる． |
| ○ン？ | ●待ってるよ． |
| ○ン？ | ●ンー． |
| ○はい，ア，おきたかい？(家から出る)洗たく機とまってるよ．洗たく機とまっちゃった． | |
| ○もう1回，レコードコンサートするの．こんどはね，ももえちゃんの． | ●ももえちゃんの． |
| ○ももえちゃんのだなー，じゃあ，わたしこっち，こんどは，ね，こうするの，ねーわかった？(また入る) | |
| ○ゴカン，あなたは2回，アン，ン？ | ●もっとねむんなちゃい． |
| ○はい，朝？ | ●チャチャ．もう，寝なちゃい．<br>●朝．<br>●朝チューの，朝． |
| ○ア，おなかいっぱいねー朝はともだちさーん，文男くんだーい． | |

ずモニターすることが必要である．これを「役割取得(role taking)能力」(メタ認知機能の1種)と呼ぶが，コミュニケーション場面ではこの役割取得能力が必要になってくる．

フラベル(Flavell, 1974)は役割取得能力として次の5つをあげている．①相手が自分とは異なる存在であることに気づく，②相手の特徴を分析する必要を感じる，③相手の受けとめ方を予測する，④分析された相手の特徴についての意識を持ち続ける，⑤相手の特徴に適合的な伝達の仕方ができる，という5つの能力である．

幼児期の子どもの世界の認識は，自己中心的であり自分からの見えに拘束されやすい．この特徴は役割取得にも現れてくるため，相手の立場に立って相手がどんな情報を必要としているかを判断して伝達することはなかなか難しいのである．話し手が受け手を考慮していないような表現をする場合としては，第1に，相手の存在を認知していない場合，第2に，相手を念頭にいれてはいるが，相手の性質や状況がよくわからなくてどんな情報が要求されているか理解できない場合，第3に，相手が要求している情報や相手の願望がわかっていても，どのように表現したらよいかわからないという3つの場合が考えられる．長ずるにしたがって問題は第1から第3へと移行する．

グルックスバーグら(Glucksburg, Kraus, & Weinsberg, 1966)の情報伝達実験では，2人の子どもがついたてをはさんで座り，相手の表情やしぐさ，手元に何を持っているかを見えないようにして，自分がことばの説明だけから相手が何を選んだかを当てさせるという事態を設定しているが，このような事態では，5,6歳児すら第3のレベル，つまり伝達目標にあわせて表現をつくり出すことが難しいことが見いだされた．

**会話の機能――共同での問題解決**

ハリデイ(Halliday, 1973)は，発話をつくりだし情報を伝達・共有するために表3-3に示したような発話を支える言語機能がかかわっていると指摘している．ハリデイは自分の子どもの会話を観察したところ，これら7つの機能のうち，

表 3-3　会話の機能(Halliday, 1973 を参考に作成).

| ①道具的機能 | 「私は〜を欲する」機能．言語は言語使用者が自分の欲しているものや自分の望んでいる他者の援助を受けられるようにする． |
|---|---|
| ②支配的機能 | 「○○して」とか「○○してはだめ」などの発話に見られるように他人の行動を調整し支配する機能である． |
| ③相互作用的機能 | 「我と汝」の関係を表現する機能．挨拶や，相手を認め合っていることを伝える発話． |
| ④個人的機能 | 自己認知，自己表現に関わる表現．例えば個人の興味，喜び，嫌悪等に関する表現．「ここに私がいる」のを知らせる機能． |
| ⑤発見的機能 | 「私に教えて」の機能．世界についての情報を手に入れる表現． |
| ⑥想像的機能 | 歌，物語，神話，科学など，現実の世界を越えて「今，ここ」を越えるための表現． |
| ⑦告知的機能 | 他人が持っていない情報を他者に伝達したり，他者からの「発見的」質問に答えたりして情報を伝達する機能． |

　生後10カ月半頃までにすでに，要求を表す「道具的機能」，特定の人に向かって何かをして欲しいことを表す「支配的機能」，挨拶や他者を認めたことを示す「相互作用的機能」，興味を引かれたことを示したり，嫌悪を表現する「個人的機能」の4種が認められたと報告している．

　これらの諸機能は問題解決場面ではっきり捉えることができる．4歳児と保育者の会話(80〜81ページの表3-4)には，ハリデイの分類の諸機能が複合して現れている．言語というものが，自分の欲求を伝え(表3-3の①②)，目の前の現在――今，ここ――の限定を離れて，隔たった場所やことがらについて話すことができ，予期したり，抽象したり，虚偽を言ったり(④⑥⑦)する力を与えるものであることを示唆している．また，発話の意味内容を追って行くと，さやかは自分の描いてもらいたいと思っている「ユニコーン」がどんなものか懸命に説明しようとしている(①⑤)．いわゆるウマとどこが違うかを相手にわかってもらう(②)ために，さまざま情報を与えている．さやかが「羽がある」という情報をもたらしたとき，保育者は「ペガサス」を思いつく．さやかの言っている「ユニコ」とは一角獣をアニメ化したものなので，両者の頭の中の「ユニコーンの像」は必ずしも一致していないかもしれない．しかし，この長いやりとり(③)の末，一応の解決にたどり着いた．

　このように会話を通して共同の問題解決が進行した．問題を提出し，聞き手

がそれを解きながら一応の解決が得られた．この会話の中でさやかの「走ってんじゃない．立ってるって言ったでしょ．」という発話は問題解決の軌道から逸脱している．さやかの頭の中に「馬が立っている」というイメージが浮かんでいるが，これについても既に言及しているはずという思い違いをしたことが会話の進行が妨げられた原因である．

　会話が進行するためには，内容が適切であり，発話の番（ターン）の交替がスムーズに行われることが必要である．これについては，グライス(Grice, 1975)が4つの公準という形で定式化している．①「量の公準」；必要十分な情報を提供する，②「質の公準」；真実を述べる，③「関係の公準」；相手の発話に関係あることを言う，④「様態の公準」；簡潔で秩序だった表現をするの4点である．

　グライスのあげたこれらの公準には人が知識を獲得したり情報を理解するときの心的過程が反映されているものと考えられる．すなわち，これらは，既知のなじみのあるものに入力を関係づけようとする帰納的推論の枠組みを会話のルールと読みかえたものともみなせよう．人は帰納的推論の枠組みに準拠しながら会話を進行させている．したがって，会話の番の交替がスムーズにいくためには，前の番は後の番と関係づけられること，そのためには，新しい情報は2番目に，また相手の知っていることに関係づけて導入されることが必要なのである．

## 2　自分自身との会話──考える手段としてのことば

### 自分自身との会話──独語

　砂場などで遊んでいる子どもたちを観察すると，身ぶりや状況に依存しながらお互いに協力的な社会的な相互作用を行っている．しかし，一方で，ひとり遊びや絵を描いているような場面，いっしょに遊んでいるように見えても，個々の子どもが別々の遊びをしているような場面で，他人に向けられているのではなく自分自身との会話，独語も見られる．

表 3-4 ユニコーンをめぐる

| 保育者 | さやか |
|---|---|
| | ●馬をつくって. |
| (馬を描き始める) | |
| | ●角のある馬描いて. |
| ○えー？！（しばらく沈黙）<br>これじゃないの？　角. | |
| | ●ユニコーンて普通の馬みたいなんだけど，たてがみがなくて，角があるの．それでふしぎな力を持ってるの. |
| ○キリンみたいなの？ | |
| | ●ユニコとかあるでしょ？ |
| ○知らない．教えて．<br>（この間，ほかの子どもが手助けを求めにくる．緊急を要する場合だったので，そちらをまずかたづけてから，保育者の机にもどってくる）<br>○あなたの馬，どうなるかよくわからないんだけど，あなた，ここに描いてみて．（さきに馬を描いた紙を手わたす）どっかのご本にあるといいんだけど．（独語風につぶやく） | |
| | ●でていないよ．くうそうのどうぶつだもの. |
| ○じゃあ，さっきの馬に角，描いてみてよ．そしたらどんなだかわかるでしょ？ | |
| | ●耳がなくて，つるっとしてるの．（描こうとはせず，口で説明しようとする） |
| ○あらおもしろいわね．こうかな？　こういうの？（小さな紙片に試しに小さく描き始める） | |
| | (黙って保育者の手元を見ている) |
| ○こういうの？　角．（紙に試しに描いた馬に，2本角を描き込む） | |
| | ●2本もないのよ. |
| ○1本？ | |
| | ●うん. |

　独語の機能をめぐってピアジェとヴィゴツキーの間で交わされた古い論争（ヴィゴツキー，1932/1967）がある．ピアジェは幼稚園の自由遊び場面での子どもたちの会話を丁寧に記録して分析した結果，他人とのコミュニケーションを目的とした社会的言語活動（適応的報告，批判，命令，要求，答えなど）のほかに，伝達を目的にしているのではない非社会的言語活動（反復，独語，集団内独語）があることを見いだした．この非社会的言語活動には，この時期の子どもの知性（自己中心性）が反映されているとして，「自己中心語」と名づけた．そして，この自己

会話(4歳児)(内田, 1986).

○1本，こんなかな？（1本角で足をパッと開いた馬をもう1つ描く）

●走ってんじゃない．立ってるのって言ったでしょ？（このことばは一度も言ってないにもかかわらず，主張した）

○これじゃあだめ？（一番最初に描いた馬に1本角を描き加える．これは足を閉じて立っている）

○ああ，ペガサス？

●羽があるの．

（沈黙．"ペガサス"を知らないらしい．黙って考えている．しばらくして）
●目をつむると，しわがあるの．

○よく見てるのね．（ともう1度羽を描き込むスペースのある紙に，1本角で立ち止まっている馬を描き直す）じゃあ，その馬，羽があるのね？
（さやか，この間自分のひき出しのところへクレヨンを取りに行く．ちょっとほかの子どもとおしゃべりしたあと，保育者の机のところにもどってくる）

●ユニコーンは？

○描いたわよ．それどうでしょう．（描き直した馬，ただしまだ羽は描き込んでない）

●うん？（とその馬を見て）あと，羽？

○羽，あとでつける？
（保育者の頭のなかには，羽は別に画用紙でつくって，切り抜いた馬にセロテープでつけてもよいとの考えがあった．しかし，このときには，さやかはまだその提案を受け入れるまでにはなっていなかった．3学期ごろからは，鳥をつくると別の紙で2枚羽をつくり，胴体にセロテープでつけ，持って歩くと，羽がはばたいて見えるものをクラスの子どもたちはつくるようになっていく）

○（サッサッと馬に羽を描き加える）

●いい．（と拒否する）

●（それを見て，満足そうにうなずく）

　中心語は，就学前期では自発語のうちのかなり多くの割合を占めるが7,8歳を境に急速に減少していくことがわかった．そこでピアジェは，自己中心語は思考・言語活動が社会化されるにつれて次第になくなっていく過渡的なものであると考えた．すなわち，個人的言語(自己中心語)が社会化され，社会的言語(会話など)へと発展していくものと考えたのである．

　独語の出現場面の特徴は子どもが何か困難なことに出会った場合や問題を解決したり行為を計画したりする場合であること，また完全な文ではなく断片的

なことばであることが多い．そこでヴィゴツキーは，独語は問題解決のための考えるためのことばがその内面化が不完全なため外に現れたものとみなしている．ことばはもともと社会的な伝達の手段として獲得され，自己中心語の多くみられる5,6歳の頃に枝分かれして，一方は伝達の手段となる外言としてますます洗練され，他方は思考の手段として内言に発展すると捉えたのである．後にピアジェもこのヴィゴツキーの考え方を受け入れた．

### 言語と認識の関係

言語と認識の関係については，かつて「サピア-ホワーフの仮説」(Whorf, 1956, ピンカー, 1995)として定式化されている．この仮説は，①言語共同体が異なれば外界は異なった形で概念化される(言語相対性仮説)と，②言語が認知の差異をつくりだす(言語学的決定論)の2つの命題からなる．この仮説を検証しようとした研究，たとえば色名が色の認識を規定しているということを証明しようとした一連の研究はその証明にことごとく失敗した．実験結果は言語相対性仮説から想定されるのとは逆の関係，つまり色の認識の仕方の方が色名を決めていることを示していたのである．

抽象概念，たとえば「和」「甘え」「義理人情」など日本文化に特有な人間関係を指すための概念は，ことばがあってこそ認識の対象たりえる．この意味で言語が認識を規定することもあるが，多くの場合はII章でも述べたように，言語と認識のどちらか一方が他の働きを規定するというような極端な関係ではなく，両者は密接に絡みあい相互作用しながら働くものと考えられる．しかし，人は考えにゆきづまり，困難に直面すると自然にことばを伴わせながら考えるようになる．口に出して考えることにより，認識過程が意識化されやすくなり考えのつまづきの原因を取り除くことが容易になるのである．

言語と認識の関係については，指さしやことばなどのシンボルは外界の認識の手段として発生し，その副産物として伝達の役割をも担うようになったという仮説(序章・第I章)と併せると次のように考えることができる．発生の過程では，言語の認識機能から言語による交信機能への分化が速やかに生じるため，

それぞれは別々の起源をもつように見なせるのだと．しかし両者の相互作用はヴィゴツキーが想定したよりずっと早くから生じているのではあるまいか．どちらかが一方的に他方を規定するというものではなく，領域の特性に応じて両者の力関係のバランスがくずれ，どちらかが優勢になるのではなかろうか．

### 認知を体制化し自己を調整する機能

ことばには課題の性質をはっきりさせたり，多様な刺激の中から課題を解くのに必要な情報を浮き立たせる体制を作る働きがある．図は地よりも目立っている．飛行機の絵(図)を見せると子どもは背景の空の色(地)には気づかず，飛行機だけを見ている．しかし，「プロペラ機は天気が悪いと飛び立てない」という文脈情報を与えると，3, 4歳児でも，知覚的に背景に沈む空の色に注目できるようになる(Luria, 1961)．これは，ことばが対象に対して定位機能を持ち，対象の知覚の再構成をし，物理的に弱い要素を目立たせる働きをもっていることを示唆している．刺激対象はことばによって体制化され，意識的にコントロール(統制，制御)できるようになる．

ルリア(Luria, 1961)はことばの機能の変化によって，行動の統制が可能になっていく過程を次のような実験によって明らかにした．ルリアは子どもを光が見える窓のついた装置の前に座らせ，手にゴム球を握らせて，子どもが「光がついたらボールを2回押す」という教示通りにゴム球を押すことができるかどうか調べた．その結果(次ページ図3-1)3, 4歳の子どもは教示に従えず，主観的意図とは関わりなくでたらめに何度もゴム球を押してしまう(a)．そこで，大人が「押せ・押せ」と声をかけたり，自分で「押せ・押せ」(b)とか「イチ・ニ」(c)など，2単位のかけ声をかけながら遂行すると，2度押しに成功するようになる．さらに「今度は黙って2度押してごらん」(d)と言うと2度押しができなくなる．この段階で「フタツ」という1単位のかけ声をかけさせながらゴム球押しをさせると(e)，1度押ししかできない．このことは，行動統制にことばの音刺激的側面が働いているに過ぎないということを示している．この段階では「ヒトツ」も「フタツ」も同じように機能しているのである．ことば

(a) 教示「光がついたらボールを2度押しなさい」(試行8, 9, 10には「3度押しなさい」)

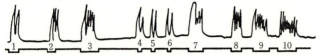

試行後「なんど押したの？」と聞くと　　「なんど押したの？」と聞くと
　　　子どもは「2度」とこたえる　　　　子どもは「3度」とこたえる

(b) 1. 教示「光がついたら "押せ, 押せ！" とかけ声を　(b) 2. 教示「光がついたら "1, 2"
　　　　かけながらボールを2度押しなさい」　　　　　　　　とかけ声をかけながら
　　　　　　　　　　　　　　　　　　　　　　　　　　　　ボールを2度押しなさい」

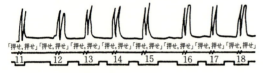 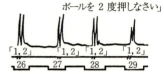

(c) 教示「光がついたら黙ったままで　　(d) 教示「光がついたら "ふたつ" と言いながら
　　　　ボールを2度押しなさい」　　　　　　　　ボールを2度押しなさい」

試行後「いくつ押したの？」と聞くと　　試行後「いくつ押したの？」と聞くと
　　　子どもは「2度」とこたえる　　　　　　　子どもは「2度」とこたえる

図 3-1　言語の行動統制機能(Luria, 1964を参考に作成).

の意味的側面が働いて，「ヒトツ」に対して1度押し，「フタツ」に対して2度押しができるようになるのは5歳後半すぎのことである．ことばの行動統制機能はモニター機能やメタ認知機能の発達と軌を一にして獲得される．

**他律から自律へ**

　ことばの行動統制機能は，2つの質的転換期を経て獲得されることがわかる．第1に，他人のことばによって行動が統制される他律的段階から自分自身のことばが自分の行動を統制する自律的段階へ，第2に，ことばの音刺激的側面が行動統制に関わる段階から意味的側面が機能する段階への転換である．

　ことばは最初，動作を発動させる機能を持つが，やがて3〜5歳後半頃にかけて次第に意味が優勢になり始めると，ことばは内言機能を持つようになり，

モニター機能，やがてメタ認知機能と深い関わりを持つようになる．こうなると，もはや声に出してことばを言わなくても，ことばの意味を思い浮かべるだけで，自分の意志にしたがって行動を制止したり，目標と矛盾する欲求を抑制したり，やりたくなくても目標達成のために，あえて行うということもできるようになる．

　子ども自身のことばが頭の中で行動を統制できるようになることと，自分で自らの意志と行動を決定するという自律性の確立には密接な関連があるものと思われる．こうして，言語は思考や認知などの知的機能を支えるだけでなく，自我や意志力の中核的な担い手としての役割を果たすようになるのである．

## 3　会話の構造の違いに適応する

### 「二重拘束」によるコミュニケーションの障害

　会話場面での雰囲気，相手との関係性，相手の発話などに埋め込まれている感情などが事実を歪めることがある．次に述べる「二重拘束」の事態でのコミュニケーションは分裂病的症状を引き起こすことすらある．

　否定的感情が込められた発話は誤解されやすいし，発話意図が否定的なものとして受け取られる．発話の意図と発話の内容とがずれているとき，発話の内容と発話の声の調子(ピッチ)が呼応していないとき，発話意図を汲み取ることが難しくなるのである．子どもが母親にお菓子をねだったとき，母親が怖い顔をして，威圧感の感じられる声の調子で「あげるわよ」と言ったら，子どもは手をひっこめてしまうだろう．相手が問いかけてきたとき，相手の表情や口調が答えを出させないような感情を伴っていると感じられるときには，答えは言えないだろう．相手は「話せ」と言っているのか「話すな」と言っているのかわからないので発話できなくなる，いわゆる二重拘束(ダブル・バインディング)と呼ばれる状況におかれるためである．

　幼い頃からダブル・バインディング的コミュニケーションにさらされる機会が多いと会話の文脈を的確に把握する能力が損なわれ，コミュニケーション障

**表 3-5** 材料文(青木, 1993).

| 肯定的材料文 | 否定的材料文 |
|---|---|
| 皆が揃うのは/本当に久しぶりね/とても嬉しいわ/いろいろ用意があるから/手伝ってちょうだい/今日は天気もいいし/気持ちが良いわね/そういえば, お花を買ってきたのよ/どこに飾りましょうか/花なんかあると/うきうきするわね/なにもかも予定どおりにいくなんて/珍しいわね/でもきっとうまくいくんじゃないかと/思ってたの/楽しみにしていたかいがあって/よかったわ/さあ, 支度を始めましょう/そろそろ時間だわ/ | 折角久しぶりに皆が揃うはずだったのに/がっかりだわ/もう全部用意してあるのよ/おまけに雨まで降ってくるし/おちこんじゃうわね/そういえばお花を買ってきたのよ/必要なかったね/なんだかお花を見てると/空しいわ/どうして駄目になっちゃうのかしら, いつも/今度もそうじゃないかとは/思っていたのよ/楽しみにしていたのに/悲しいわ/もう片付けてしまいましょう/こうしていても仕方ないわ/ |

/はアイデアユニット(動作主＋述語)の区切りを表わす

害や対人関係の障害を起こしやすいと考えられている．また分裂病の患者の家族には二重拘束的コミュニケーションが多く見られるという．

　青木(1993)は，大学生を対象に再生実験のパラダイムを用いてコミュニケーション障害が発生する条件について探っている．文章(表3-5)の内容と声のピッチとがミスマッチを起こすように，つまり，肯定的内容を否定的口調で，否定的内容を肯定的口調で読み上げた場合，情報の記憶の成績は低くなり，被験者が情報を歪めて理解することを見いだした．肯定的な表現「きっとうまくいくんじゃないかと思ったの」を「こんなにうまくいくと思わなかった」とか「うまくいくと思ったけどそうはいかない」「なかなか物事はうまくいくものではない」など不安や否定的な感情を込めた表現に歪めて想起した．また，文章を読み上げるのを聞きながらどう感じたかについての感情評定をさせたところ，ミスマッチの事態，特に，肯定的な文章が否定的口調で読み上げられるのを聞いたときに最も葛藤状況が大きかった．

　口調の方がことばそのものよりも感情を伝えやすいこと，また，肯定的な情動よりも否定的情動の方が伝わりやすい(荘厳, 1986)ことから，肯定的内容を否定的口調で言われた場合に葛藤が最も高くなるためと思われる．「どうもうまく伝わっていない」とか「相手はこういっているけど反対のことを意味してい

るんじゃないか」というような葛藤状況によって会話行動が拘束されてしまうのである．これは，発話に伴う手がかりをどう理解するかが聞き手の重要な課題となることを意味している．聞き手はたえず，このような話し手の言外の手がかりをモニターしながら，会話過程を制御しているのである．

**会話におけるモニタリング**

　会話の制御は聞き手と話し手の双方の間で行われている．モニタリングの手がかりは進行中の会話の中だけで生じているわけではなく，会話の相手の特性や話し手と聞き手の間の過去からの関係性がモニタリングの媒体になる．

　会話の相手がどのようにしてモニタリング媒体となるのか．もちろん相手と自分との心理的距離が会話行動を規定しているが，特に，相手の「聞き方」が会話行動の制御の鍵を握っているものと思われる．日米の会話行動を比較したクランシー(Clancy, 1982)によると，米国人にとっては，会話では情報伝達や意見の調整に力点が置かれることが多いが，日本人のそれは相手とよい人間関係を作り上げる方に主眼があるため，常に話し手が聞き手の態度に注意を払っており，同意や相づちを求めることが多くなるという．ときには相手の相づちや表情を見て，自分の意見を変えてしまう場合すらあるのである．

　意見を主張し合い，議論を戦わせる場合には，戦略として意図的に発話権を奪い，ともかく，相手を説得するための策を練りながら進めようとする．しかし，日常の会話においては，聞き手の役割が特に重要になる．あくまでも聞き手の状態に想像をめぐらせ，聞き手しだいで論点や結論までも修正してしまうことが起こりやすい．このような会話では，聞き手は情報に不明な点があるときには質問したり，いぶかしそうな表情をして見せる．そこで話し手はあわててことばを補ったり，自分なりの解釈や理由づけを加えることになる．実際の会話において，発話に伴う手がかりを読み取ることは会話に参加するもの同士が解決しなくてはならない問題である．

**言外の意を読み取る**

　発話の中には意図が字義通りに受け取れないもの，間接的言語行為がある．言外の意を汲み取って，それにそって行動できるかどうかは，よい人間関係の鍵を握る．

　窓際に座っている人に向かって，商談の途中で相手が突然，「今日は暑いですね」と発話したとする．この場合は真実を述べ，自分の発話と関係のあることを述べているはずだから，字義通りに受け取って「そうですね」と相づちをうつだけでは不十分である．聞き手は，立ち上がって窓を開ける行為やエアコンのスイッチを入れる行為にまで及ばなくてはならない．この場合は，聞き手は言外の意味，すなわち，発話内容と発話意図の両方を考慮に入れなくては窓をあけるという振舞いにまでいたらないだろう．

　サール(Searl, 1975)は，発話行為が成立するための要素として，発話内容と発話意図の2つを挙げ，これら2つの要素を組み合わせて「適切性条件」と呼び，この条件が満たされるときに発話の理解が成立するとした．この適切性条件は，①命題内容(発話の命題内容が満たすべき条件)，②準備条件(発話者および聞き手,場面,状況設定に関する条件)，③誠実条件(発話者の意図に関する条件)，④本質条件(発話によって生じる行為の遂行義務に関する条件)の4種に分類される．

　仲・無藤(1983)は間接的要求がどのようにつくられるか検討し，サールの準備条件や誠実条件をさらに詳細化している．大学生に語学の授業で辞書が必要だが忘れてきたという状況を説明しておき，そのような状況でどのような要求表現が可能かを書きだしてもらった．その表現は以下の項目への言及に分かれることがわかった．①話し手の目標；辞書を手に入れたい(例「辞書を見たいんだけど」)，②話し手の状況；話し手は辞書をもっていない(例「辞書，忘れちゃった」)，③聞き手の行動に対する話し手の期待；話し手は辞書を貸してくれると自分は期待している(例「辞書，貸してもらいたい」)，④聞き手の状況；聞き手は辞書をもっている(例「辞書もってるよね」)，⑤聞き手の協力；聞き手は話し手に辞書を貸すことに協力してくれる(例「辞書，貸してくれるかな」)．

　会話への熟達は，相手の立場を汲んで発話することができるかどうかである．

これを逆手にとって，自分にとって利益をもたらすことが目標であるような交渉の場面では，しばしば，相手への協力，会話の公準をあえて破る場合がある．それによって会話に不均衡が生じる．その1つは会話に見られる性差の問題である．

### 会話に見られる性差——権力具現装置か？

　男女の性別役割にそった会話行動の非対称性が見られるという知見は多く報告されている(井出, 1978; 1982)．女性は敬語や丁寧語をよく使うし，付加疑問によって相手の同意を求めたり，間接的要求表現を使ったりすることも多い．これらの表現は会話の場面で女性が脇役に回るとか，自信がないため，あるいは失敗を恐れて断定的表現を避ける傾向が現れたもの(Lakoff, 1975)とも指摘されている．

　1人が話している途中で他人が割り込んで発話の順番を奪ってしまったり，話し手が同意を求めたり発話の番の交替を合図しても沈黙を続けてこれに応じないといった形で順番とりのルールが破られるとき，協力的な会話は進行しなくなる．このようなルール違反は男女の会話場面で男性に特に多いという指摘がある．男性は「割り込み」や「沈黙」などをして，順番取りのルールを破り，会話権を奪ってしまう．その結果女性の方があいづちが多く聞き役に回ることになる(Zimmerman & West, 1975; West & Zimmerman, 1977; Fishman, 1978; 江原・山崎・好井, 1984)．

　江原(1986)は，男性は女性に対して多く割り込みをし，女性はそれに応じていつの間にか聞き手の役割を取らされてしまっていると考えられることから，形式的に男女が平等に話し合いに参加できたとしても，女性の意見が意志決定に反映されにくい構造になっていると指摘している．そうなっていることに気づかないでいることから会話は「権力を具現する装置」になっているのではないかと推測している．

　はたして会話は権力を具現するための装置であろうか．会話のことばに現れるのは性差だけではなく社会的地位，年齢や職階の上下などもある．たしかに

性差は会話行動を制御する手がかりの1つではあるが，唯一のものではなく通常は年齢や地位などが会話行動の制御の手がかりとして重要なのではあるまいか．また，自分にとって重要な問題に関しての交渉や，自分が得意の分野のことが話題になっている場面でも，性差に関係なく主張するのではなかろうか．

内田(1993;1997)はこれらの予測を確かめるため，認知能力がほぼ等しい男女，女性同士，男性同士のペアをつくり，社説や写真誌の記事を読んで結論を導くという場面を設定して会話を分析した．その結果，「割り込み」は一連の先行知見と同様，男性に多く見られたが，これは，内観に照らすと先行の知見のように会話の主導権を取ろうとする傾向を示しているというよりは，会話技能が洗練されていないために出現する行動であると推測された．しかし，女性に多いとされていた「沈黙の修復」は男性に多く出現し，「相手が退屈しないよう気をつける」という内観も男性に多いということ，男性には「異性との会話に緊張を感じるが同性同士は気楽である」という内観を報告するものが多く，男性の方が女性よりも相手との距離を保って会話をしていることがうかがわれた．また性役割意識との関係をみたところ，自分に自信がある「自信型」(両性具有の女性，男性度の高い男性)は相手に配慮して会話進行的役割を取る．いつでも自己主張ができるので相手の意見を十分に聞くゆとりがあるのである．また，女性にとって関連の深い話題については女性同士のペアが最も生産的かつ現実的な結論を導くようなよい討論を行っていることがわかった．

これらをまとめると，第1に，会話の非対称は社会的地位や年齢などの「社会的関係」が具現化された場合に生ずるものである．性差も社会的関係を表示する要因の1つとして機能することがある．これは伝統的性役割観と重なった場合にクローズアップされるのであろう．第2に，会話行動は社会的関係についての認知によって意識的に制御されている．第3に，会話行動は会話の場における参加者の目標やトピックへの関心，既有知識の程度，説得の技能への熟達度，自分の説得の技能に対する自信の程度などによって状況依存的に変わるものである．第4に，話し手は平等に会話に参加しているという意識ではなく，自己は相手にどうみられるか，相手との社会的関係を保っているか，説得の技

能にどのくらい熟達しているかなどに照らして，たえず自己の会話行動をモニターしている．だからこそ社会的関係の不均衡な者同士の会話ではしばしば一方の思惑通りに会話が運ばれてしまうことがあるのである．

**証言の信用性はあるか**

浜田(1986)は1974年に兵庫県西宮市で起こった事件，のちに「甲山事件」*と言われた事件に，特別弁護人として裁判に立会い，園児の供述を分析した．その結果検察官が最大の有罪証拠とした園児の供述の虚偽性が判明したと述べている．しかもこの供述は，実際に事件が起こってから17日を経て，あるいは，3年も経ってから採られたものであった．

* 「甲山事件」とは1974年3月に知的障害児施設「甲山学園」(1981年に廃園，当時兵庫県西宮市にあった)の2人の園児が青葉寮裏浄化槽から溺死体で発見された事件．死亡した2人を連れ出すのを見たという園児2人の証言で保母が殺人罪に問われたが，証言の信用性は低いと神戸地裁で2度目の無罪判決が言い渡され，1999年9月大阪高裁は検察側の控訴を棄却，検察側が上告を断念．10月に無罪が確定した．

仲(1989)は，大人を対象にして実際のある事件のシミュレーションを行い3カ月後の目撃証言の信用性について検討している．あえて目撃者に目につくように犯人役の実験者は包帯をして店員の注意をひくようにしたり，商品購入伝票や受領書などのやり取りを行ったにもかかわらず，接客という日常業務の記憶はあいまいであること，3カ月もたてばその日常業務との区別がつきにくくなることを確認した．山本ら(1997)も幼児を対象にして同様の結果を報告している．大人も子どもも時間が経つほど記憶はうすれていく．記憶がうすれている場合は曖昧な記憶を補うために日常記憶との混同は起こりやすくなり，被暗示性も高まる．仲(1998)は(1)権力や期待，脅かしなど社会的圧力をかけられた場合，(2)時間が経ったために体験したことを忘れてしまった場合に被暗示性が高まることを指摘している．

甲山事件の裁判での供述は，検事，裁判官，弁護人のような大人で社会的地位の高い人との会話を通して採られたものである．しかもこの会話は事件からかなりの時間を経てなされたという点にも注目しなくてはならない．上述した被

表3-6 子どもの目撃証言の信用性(甲山事件での供述)(大橋，1998にもとづいて作成).

C；供述者　B；弁護人　S；裁判官

例1　同一質問の反復で回答を引き出す
B　最初の廊下の入口の境のところから見たときその人の顔は見えたの？
C　……
B　最初に見えたときだよ
C　いいえ，見えなかった

例2　択一式クローズド・クエスチョンへと切り替え，選択肢の一方を強制的に選択させる
B　そのうしろの人とP君との間やけどな，これは体がひっつくぐらいかな？
C　……
S　ひっつくぐらいかそうでないかでまず答えてください
C　……
B　体がひっつくぐらいかそうでないかでまず答えてください
C　……ひっつくぐらい

例3　回答不能から回答可能への変更
B　さっき男子トイレから玄関通って女子棟の方へ行ったって言ってくれたね
C　はい
B　その時，君が歩いていって，男子棟廊下とか玄関とか女子棟とか誰かおりましたか？
C　いいえ
B　女子棟の廊下には誰かいたのかな？
C　……(1分15秒)
B　質問分かってますね
C　はい
S　質問分からなかったらもう1度言ってちょうだいと言いなさい
C　はい
B　女子棟の廊下に誰かいたのかな
C　……P君とQ先生いた
B　それは，君見たわけやね
C　はい

　暗示性が高まる条件を2つとも備えているのである．表3-6の会話のプロトコル例からは社会的圧力のかかる事態で確認の繰り返し，巧妙な質問の繰り返しなどにより供述の内容が変容していく過程が読み取れよう．会話場面では協力原理が働き，相手の質問に関連のある発話をすること，真実を述べること，発言を明瞭にして必要十分な情報を与えようとしている．だから通常私たちは答えがすでにわかっているときには質問を繰り返さない．相手が同じ質問を繰り

返した場合は,「さっきと同じように答えてはいけない」とか「自分の答えが間違っていたのだ」と考えたり,さらに,質問者の期待を察知して,それに応じようとして他の答えを探そうとする.答えはなんらかの思惑に導かれて歪んでいく.供述場面の会話でも全く同じ原理が働いている.

目撃証言というのは現在の語りに生み出された「過去」である.しかもこの証言は尋問者や取調官とのコミュニケーション行為を媒介にして引き出され,検察や判事などの前で語られ,解釈されて初めて目撃証言となるのである.このコミュニケーション行為において,会話のルールが働き,事実とは一致しない物語が共同構成されていくのである.

### ディスコースの違いに慣れる

さらに手持ちの会話ルールやルーチンが通用しないときコミュニケーションがうまくとれなくなる.子どもが小学校へ入学したときにこの問題に直面するケースが多い.小学校では子どもが日常使っていた生活言語が通用しないためである.岡本(1985)は子どもが「1次的ことば」から「2次的ことば」へと移行するのは困難な課題だと述べている.

しかし困難なのは,ことばの様式の違いに馴れるということだけでなく,学びの様式の違いに馴れるという課題も重なっている点にある.子どもは,それまでの生活の中で培ってきた「自発的な」学びから,時間割や教科書,教師によって組織されていく「強制的な」学びへと変化する「学びの変化」「文化の相違」に直面し,これを乗り越えなくてはならない.

高木(1987)は入学後4-5月にかけて,子どもの学校文化への適応を「言語適応」の観点から捉えるために,教室内の教師と子ども,子ども同士の相互作用を観察した.教室内での言語適応については「はっきりと話したり,よい聞き方ができるようにする」という1項で片づけられ,そのために何が大切か,どうすればよいかといったことには必ずしも目が向けられていない.しかし,高木が観察した結果,この項目の実現にとっては,初期の慣らし期間に教室で起こっていることが重要であることに気がついた.教師は,共有の場での発言の

仕方と聞き方に関する上の項目を必ずしも自覚してそうしているのではないらしい．しかし，自覚的ではなくても，次のような試みが，新しいコミュニケーション様式に慣れるのに効を奏しているのである．たとえば，教師は子どもたちが共有の場できちんと発言したり，友だちの話をきちんと聞いたりすることを最初はあまり厳格に言わずに授業を進めている．また，1人1人の言いたい気持ちをそのまま取り上げ，個別的に教室内を回って声をかけている．その間，他の子どもたちはお互いに勝手なおしゃべりをしているが，それも許している．「"みなさん"と先生が呼びかけたときは，"みな"という名前の子どもではなく，私を含めて私たちに対して呼びかけているんだ」という意識が生ずるためには，「一緒に聞きたい，話したい仲間づくり」がその第一歩なのかもしれない．

　1対1の会話と1対多のコミュニケーションでは話し手の役割はまるで違う．個人的な会話では，ことばが足りなければ相手が質問したり，ことばを補ったりしてくれるが，1対多の場面では聞き手の反応を想定して，発話のプランから遂行まですべて1人でやらなくてはならない．自分で自-他の関係を捉えなおし，「抽象化された聞き手」を内在化させなければならないのである．こういった1対多のコミュニケーション様式と幼児期に慣れ親しんだ会話とのギャップはかなり大きいはずだ．これを1人で乗り越えることは恐らく「苦しく困難な仕事」に違いない．小学校に入学したからといって「聞き手にわかるように話そう」というような意識が自然発生的に出てくるとは考えられない．これは実際に聞き手の役割をとる活動に参加することによって，また自分も世界を共有しようとする仲間の1人だという意識が芽生えるなかで育っていくものであろう．

　ディスコースの違いを乗り越える

　言語も文法も共有する同じ言語圏内にあってもディスコースの構造が異なると適応に困難があるのに，異言語文化圏での違いに適応するのは一層たいへんであると考えられる．1980年代を通してアメリカに学ぶ日本人派遣社員の少

なからぬ子弟がアメリカ人教師から「学習障害児」「知的障害の疑いがある」と判断され，日米双方の関係者を困惑させた（カニングハム，1988）ことは記憶に新しい．

渡邊（Watanabe, 1998）は，日本人の子どもの不適応の原因が単なる言語構造の違いだけでなく，教室でのディスコースの組み立て方の違いにあるのではないかと推測している．この推測を確かめるため，渡邊は，日米の小学校の教室でのディスコースを比較したところ，歴史の教え方に顕著な違いが認められたという．日本では過去の出来事を時系列的で教えるのに対して，米国の教師はいったん時系列で学習した出来事を因果関係に置き替える訓練に授業の大半を費やしている．子どもの質問もそれに対応して，日本では「何を（what）？」が，米国では「どうして（why）？」が多かったという．また，歴史の指導法では日本では「順番・過程・状況」に重点が置かれるのに対して，米国では「目標・意志・行動」に力点が置かれるようになっていく．時系列では最初に何が起こり，それがどう次の出来事を関連するかというつながりと状況の把握に重点が置かれ原因と結果の関係は明確にはされない．それに対して因果律の様式では，原因と結果とその因果的つながりを重視するのである．この教授法の違いが，子どもの言語や認知，行動様式や人間関係の違いをもたらしていると報告している．

6年生の子どもたち（11歳児）に4コマ漫画を見せて読み取ってもらい，文章に書いてもらうという物語産出のパラダイムを用いて，時系列と因果律という2つの論理様式の違いが，どのような順番で話したり書いたりするかに影響を与え，認知や論理を組み立てる方法の違いに影響を与えているか，さらに，行動様式に影響を及ぼしているかについて検討した．日本の子どもの93％が時系列で出来事を書いていくのに対して，アメリカの35％はまず出来事の総まとめや評価や感想を記したのちに，それらのまとめや感想をもつにいたった理由として「これこれが起こったから」というように出来事の流れを記述している．また一連の絵から読み取れるコメントを比較したところ，日本の子どもは道徳的・社会的規範を書くものが多かったのに対して，米国の子どもは出来事

と出来事の関係を因果律で説明することが多かったという．

　同じ言語圏においてもディスコースの違いを乗り越えるという課題は子どもにとって「まことに苦しく困難な仕事」(岡本, 1985)である．ましてや，異言語文化圏で第2言語を獲得する場合には，単に第2言語を獲得するという課題だけでなく，ディスコースの組み立て方の違いを習得するという課題にも直面することになる．これは「いっそう苦しく困難な仕事」になると思われる．しかし，それを「楽しくやりがいのある仕事」へと変えていくためには，子どもがディスコースの違いに困惑しているという現実をよくわきまえ，子どもの不安や困惑を少しでも軽減するためのなんらかの手助けや特別の措置が必要であると思われる．

# 第Ⅳ章
# 第2言語の学習──言語獲得に「臨界期」はあるか

　子どもは言語獲得が速い．特別な手だてを講じなくても自然と現地語に慣れてしまうと言われている．思春期以後失語症に罹ると回復が難しいとか思春期以前に第2言語の習得を始めれば母語話者並に習得できるという知見は言語獲得に生物学的成熟の制約が働いていることを示唆している．そこで「言語獲得の臨界期仮説」が唱えられ，臨界期を越えての言語獲得は難しいと言われるようになった．臨界期前の子どもの第2言語の学習は本当に容易なのか，また，異言語文化への適応は子どもにとって容易な課題なのかについて検討する．

## 1　言語学習の臨界期

### 言語獲得の臨界期仮説

　大人よりも一般に子どもの方がことばの獲得が速いという現象は経験的にはよく知られていることである．海外勤務の家族の中で，現地のことばに同化するのが1番早いのは，家族の中で1番幼い子どもであったりする．このように，言語発達は，他の技能の学習と異なる様相を呈している．すなわち，思考や認知機能の発達，技能の学習と違って，発達の限られた期間に学習のピークがあり，あとは減衰していくところにその特徴がある．図4-1aは表に現れた行動（顕現行動）の達成のピークが年齢のある時期に限られることを示している．つまり，言語学習能力は乳幼児期〜思春期にかけてピークとなり，後は減衰していく．このようなパターンは言語獲得に「臨界期」があるとの想定を導いた．心理学において「臨界期」という用語は成熟の限られた期間に学習がピークになり，この期間を過ぎると同じ環境にさらされても学習能力は減衰してしまうという現象を指すものとして用いている．「臨界期」という用語のもつ，学習

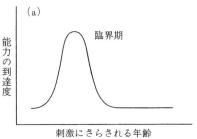
図 4-1a　顕現行動の達成パターン
(Newport, 1990).

の急激な増加と減衰というニュアンスを嫌って「敏感期」をあてる研究者も多いが，どちらもある時期ある刺激対象に敏感になって一時的に学習が進んでも敏感性がすぐに衰えるために，それ以後学習が困難になるという点では同じである．

　レネバーグ(Lenneberg, 1967)は，脳に損傷を受け失語症にかかった患者の症例を，言語の回復という点から検討したところ，失語症に罹った年齢が幼ければ幼いほど言語を回復でき，このため幼児初期の場合はほとんど後遺症が残らないことを見いだした．ところが，11, 12歳のいわゆる思春期以降に失語症に罹った場合は，後遺症は罹患後3年たっても残存し，失語症からの回復は不可能であった．彼はこの知見にもとづいて，「言語獲得の臨界期仮説(the critical period hypothesis)」を提唱した．この仮説では，生物学的な成熟メカニズムも顕現行動と同じパターンをとって減衰していくと考えられている(図4-1b)．しかし，この仮説は失語症患者の言語回復の経過のデータにもとづき導かれたものであり，正常な言語学習の成熟的変化に関する仮説とするには，証拠が不十分である．

　V章で取り上げる発達の初期の一定期間，社会的・言語的・文化的刺激を剥奪された子どもたち，社会的隔離児たちのケースの中には13歳7カ月で救出されたジェニーのケースも含まれている．これは臨界期を越えてから言語獲得を開始したケースであり，臨界期を過ぎてからも言語は発生するかどうかを検討する試金石となる．もし言語刺激や社会・文化的刺激が奪われた状況で生き

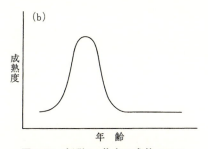 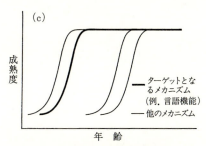

図4-1b 仮説1;基底の成熟メカニズムと顕現行動パターンの同型説(Newport, 1990を改変).

図4-1c 仮説2;基底の成熟メカニズムの競合説(Newport, 1990を改変).

延びた子どもたちが言語を獲得できるとしたら，チョムスキーが想定したように普遍文法ＵＧ(Ⅱ章)が生得的に装備されている(大津，1989)ことになるからである．

しかし，これらの刺激を剝奪された子どもの言語回復経過に焦点をあわせた報告はそれほど多くはない．また言語遅滞の実態をつかむには報告が不十分である場合もある．また，ほとんどのケースでは，言語遅滞の原因が複合しているため，言語獲得の基底の成熟メカニズムについての確たる議論をすることは難しいように思われる．

### 言語獲得に「臨界期」はあるか

言語を剝奪する実験は人道上許されないため，母語(第1言語)の習得について臨界期の存在を実証することは難かしいが，第2言語の学習ならば，この問題を克服して正常な言語学習の成熟的変化について検討することができる．

ジョンソンら(Johnson & Newport, 1989)は，中国や韓国からアメリカに移住した子どもや大人(いずれも中国語や韓国語を第1言語とする者)で，アメリカ移住後に英語を第2言語として育ち，平均10年，最低5年は毎日英語にふれているイリノイ大学の学生または教職員を対象にして，第2言語としての英語の習得について調べた．経済的背景は同質であり，十分英語にふれている人々である．ただし，アメリカ移住時の年齢は3〜39歳とまちまちな46名を対象に

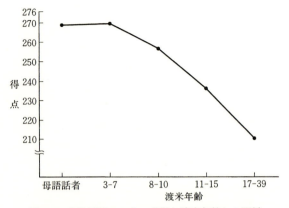

**図 4-2** 文法聴取テストの成績と渡米年齢との関係
($r=-0.77$, $p<0.01$) (Johnson & Newport, 1989).

した.なお,統制群として 23 名の母語話者のアメリカ人と比較した.

被験者には 276 個の単純な英語の文法,統語規則(語順,疑問形式,冠詞,代名詞,動詞の時制の一致,複数形など)についての聞き取りテストを行った.テープレコーダーに普通の会話よりもゆっくりした速さで録音された文を聞かせて正誤判断を求めた.文の半分は誤りで,残りはあっており,正しいものと誤っているものがバラバラな順になるように配列されたものを聞き取らせた.

その結果,第 1 に,英語を母国語並に聞き取れたのは 3~7 歳までに移住した人々であり,渡米年齢が 11,12 歳頃を過ぎると聞き取りの成績が低くなるという結果が得られた.英語の習得年齢(アメリカへの移住年齢)と英語の最終的な到達度(習熟度)との間には強い負の相関が認められた(図 4-2; $r=-0.77$).しかも公的教育による英語経験の有無は関係なく,何歳で英語に触れたかという年齢の要因のみが効いていることがわかった.第 2 に,思春期以前に渡米した場合は,到着年齢とテストの成績の間に強い負の相関($r=-0.87$)があったが思春期以後は個人差が大きく相関は有意ではなかった($r=-0.16$).第 3 に,文法規則によって成績は異なり,語順と現在進行形には渡米年齢による差はなかったが,他の規則では渡米年齢による差があり,渡米年齢が思春期を超えると,複数形と冠詞の習得が特に困難であることがわかったのである.

次に，第1言語と統語規則は同じであるがアクセントや音韻規則の異なる方言への同化においても年齢の要因が問題になるであろうか．北村(1952)は，第2次大戦中に京浜地区から福島県白河市に疎開し，調査時まで白河市に住んでいる児童・生徒約500名を対象にして，白河弁の音韻規則(①「イ」と「エ」の混同，②有声化;「カキ」→「カギ」と聞こえる，③音節「リ」の摩擦音化，④無声化;「センベイ」→「センペイ」と聞こえる)とアクセント(例．箸と橋の区別がない)への同化の程度を調査した．結果は，疎開時の年齢が高いほど，京浜地区の言語を保存している度合が高く，7,8～13,14歳の間に音韻体系やアクセント体系が固まること，アクセントは音韻規則よりも同化が早いことがわかった．また，性差も顕著で，女児の方が1歳程度男児に比べて同化が早く，固まるのも早かった．さらに，方言への同化には両親の出身地が影響を与え，両親とも白河出身が同化の程度が最も高く，次に，母親が白河出身，父親が白河出身と続き，両親とも京浜出身の場合が同化の程度が最も低かった．この知見にもとづき，北村は思春期までの言語環境や言語教育の役割が言語の獲得の基礎をなしていると指摘し，小学校時代の国語教育の重要性を指摘している．

　以上は，第2言語の学習や母語と構造は同じだが発音の異なる方言への同化に年齢の要因が強く関連していることを示しており，臨界期仮説が支持されると言ってよい．少なくとも，テストされた言語領域，聞き取り能力によって測定される統語規則，産出テストによって測定される音韻規則やアクセント，イントネーション(文レベルのメロディ)の領域については臨界期が想定できるものと考えられる．

　先に述べたように，ふつうは言語獲得における年齢や親の影響などを検討することは難しい．しかし，耳の聞こえない子どもたちが獲得する手話は年齢の要因を検討できる希な場合である．

## 聾児の身ぶり語の習得

　ニューポート(Newport, 1990; 1991)は先天的に耳が聞こえない人々，あるいはことばを習得する以前からなんらかの事情で耳が聞こえなくなった人々で，第

1言語がアメリカ手話である大人を対象にして言語獲得における年齢の要因について検討した．

対象は35〜70歳の成人で，いずれも最低30年以上は手話を毎日使っている30名を，手話への接触を開始した年齢により，①両親が聾で生まれつき手話使用者，②両親は健聴で，4〜6歳で聾学校に入り，手話を学習しはじめた中期学習者，③両親は健聴で，最初は口話教育を受け，12歳過ぎから手話を使い始めた後期学習者の3つの群に分けた．

ビデオを利用して色々な文法構造をもつ手話の理解と産出能力をテストしたところ，語順の習得はどの年齢から手話を始めたとしてもほぼ完全に習得されていることがわかった．しかし，統語規則（例．動詞の時制の一致，アスペクト，つまり，現在進行形とか過去形の表現の仕方，複数形の作り方，派生語の表現など様々な文法規則について）の習得については思春期を過ぎて使い始めた後期学習者が最も成績が低かった．

どの被験者も30年以上の手話の使用歴がありながら，使用年数とは相関はなく，あくまでも何歳頃から習得し始めたかが重要で，習得年齢が高くなると文法を完全には習得することはできなかった．このことは母語（手話）習得にも「臨界期」があることを示唆している．

## 2 言語獲得の臨界期に対する制約

**基底の成熟メカニズムは何か**

第1言語でも第2言語でも習得年齢の効果があり，成熟初期の状態で習得したものの方が，成熟後期に言語習得したものよりも最終的な言語の習熟度が高いことを示している．年齢の効果の現れ方は，まず，思春期以後はほぼ直線的に減少していき，大人になると平坦になる．第1言語だけでなく，第2言語もそうだということは，幼少期に1つの言語を習得していても他の言語を習得するときには成熟の影響を免れないということを意味している．

全く同じ環境が与えられても，人間以外の種は言語を自発的に学習すること

はできない．同じ刺激が与えられても学ぶ対象が種によって異なるということは，言語獲得には生物学的な制約が存在することの強い証拠であると考えられる．ニューポート(Newport, 1990)は，生物学的制約については次の2つの説明が可能であると述べている．

第1の説明は，学習の基底をなす成熟のメカニズムそれ自体が一定期間増大し，やがて減衰ないし消失するというもの(前出図4-1b)である．この基底の成熟メカニズムによって学習現象(行動上の変化)も同じ関数関係を顕現することになる．第2の説明は，学習の基底の成熟メカニズムは加齢によっては減衰しないとするもの(図4-1c)である．この場合は，学習現象が減衰ないし消失するのは，他のメカニズムの成熟度が増し，それとの競合が起こった結果として顕現パターンが減衰すると考えるのである．

### 3つの言語野

第1の説明では，学習のメカニズム自体も思春期を過ぎると減衰すると考える．それは大脳のコントロール機能の局在化との関係で説明できる．

失語症は，発症因となった脳の損傷部位がどこであるかによって失語症状のタイプが分けられることから，脳のどの部位が言語のどの側面のコントロールをするかについての手がかりを与えてくれる．このようにして特定された発話や理解を司る主な言語野と補助言語領野を図4-3に示す．

まず，成人の大多数(約86.5%)においては，言語機能は脳の左半球によって統制されている．図4-3において発語運動のプログラミングと言語表出は左脳の外側溝前部A「ブローカの中枢」によって，また聞き取りと言語理解は外側溝後部B「ウェルニッケの中枢」によってコントロールされている．これら2つを連結し，それぞれの部位の機能を相互にコントロールするのがCである．さらに，言語活動の種類に応じて，たとえば書き取り，色彩命名，読み取り，事物の命名などの際に補足領野が協同して働いている．

失語症はこれらの言語中枢が損傷を受けたときに起こる症状であり，人のことばは理解できるのに自分では話せない「運動性失語」，自発語はあるのに理

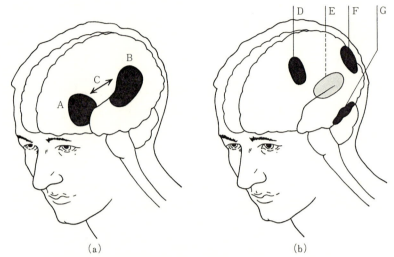

図 4-3 (a)脳の言語野と(b)補足言語領野.（ダイヤグラムグループ，1983 を参考にして作成). A;前言語野(ブローカの中枢，第 3 前頭回脚部にあり言語表出の制御を司る), B;後言語野(ウェルニッケの中枢，第 1 側頭回後部にあり言語理解を司る), C;2 つの言語野の連結部, D;書き取り, E;色彩命名, F;読み取り, G;命名.

解が損なわれる「感覚性失語」などの症状が起こる．表 4-1 に，脳の損傷部位と失語症状の特徴の対応を整理して示した．

　このように左半球は言語をコントロールしているが，右半球も言語機能を司ることができる．もし，発達初期に左半球が損傷を受けると，通常の分担が逆転する．半球の優位性は生得的なのかもしれない．しかし，その徴候が子どもに現れてくるには時間がかかる．4,5 歳になるまでは半球の優位性が生じているというはっきりした徴候は認められないものの，左半球は右半球に対して初めからわずかに成熟の度合が進んでいる(Geschwind & Galaburda, 1984).

　乳児が泣いたり，喃語を発声したりするために，構音器官をコントロールすることが必要になったとき，わずかに成熟が進んでいる左半球に言語野が一側化するようになったらしい．そして，いったん発話に関してどちらかの半球が優位になると，音声を聞いたり，理解したりするのに含まれる認知過程も自然

表4-1 失語症の類型と主な言語症状(重野, 1980).

| 失語類型 | 主な言語症状 話し言葉の特徴 滑らかさ | プロソディ | 理解力 | 復唱 | その他 |
|---|---|---|---|---|---|
| 運動性失語症<br>(ブローカ失語,<br>構音失行) | 非流暢で発話量少なくぎこちない | 障害 | おおむね良 | 障害 | 表出面の障害が理解面の障害より高度に障害される. 書字障害の程度はさまざま, 仮名文字の障害が漢字より目立つ. |
| 全失語<br>(中度の<br>expressive<br>receptive type<br>を含む) | | 障害 | 障害 | 障害 | すべての言語様式が一様に高度に障害される. 有意味な発話は稀. 残話あり. 単語の黙読では漢字が仮名よりよい. |
| 感覚性失語症<br>(ウェルニッケ<br>失語, 語聾) | 流暢で発話情報量では少ないが発話量が多いが | | 良 | 障害 | 障害 | 語音, 語義理解の障害が顕著. 話しことばでは音性, 語性錯語がみられる. 書字障害も顕著. |
| 伝導失語 | | | おおむね良 | 良 | 障害 | 復唱, 話しことばに音性錯語がみられる. 書字では仮名の字性錯書をみる. 非流暢の場合もある. |
| 健忘失語 | | | 良 | 良 | 良 | 語想起障害が主症状であり迂言, 語性錯語をみる. 語の再認は良好. 書字, 読みの障害伴う. 語想起障害の高度の場合はかならずしも流暢ではない. |
| 超皮質性感覚失語<br>(混合型を含む) | | | 良 | 障害 | 良 | 復唱は良好で時に反響言語をみる. 音読, 書き取りは仮名文字が良好であるが意味理解伴わない. |
| 超皮質性運動失語 | 口数少なく著しくないが | | 障害 | 正常 | 良 | 発話の発動性欠除を主症状とする. |

にどちらかの半球に局在していく. 正確な空間操作の技能が発達する6, 7歳になると, 左半球はもう言語のためにかなり手いっぱいになっており, 空間操作の機能はおもに残された右半球によってコントロールされるようになる. したがって, 通常の発達においては, 両方の半球はともに, 11, 12歳頃までに特殊

化が完成していくのである．それ以後に左半球が損傷を受けると，発話や言語理解に恒久的な障害が生じることになる．右半球はもはや言語の機能を代わって引き受けることはできないからである．

以上のように，言語を使い，学習するのに応じて，大脳のコントロール系が大脳の各部位で司られるようになり，しだいに機能の局在化が見られるようになる．したがって，言語獲得の臨界期とは，言語のコントロール機能が左脳に一側化して受け持たれるようになり，さらに，各側面のコントロール機能系が分化して大脳の各部分に局在化するようになるに伴って言語学習能力が減衰するまでの期間(Lenneberg, 1967)を指しているのである．

### 少容量が多学習を保証する

従来受け入れられてきたレネバーグの「言語獲得臨界期仮説」にかわり，「少容量多学習(less capacity is more learning)仮説」(図4-1b)がニューポート(Newport, 1990; 1991)によって提起された．

この仮説は，認知能力，情報処理能力が増大するために，成長とともに言語を学習する能力は低下してしまうという説である．この立場に立つと言語固有の生得的制約が存在するかどうか，脳機能の局在化が何歳に完成するかについては問わなくてよいことになる．

ニューポートはあらゆる能力は増大するはずであると考える．言語学習能力もその例外ではなく成長とともに増大する．しかし，それに関連した能力(情報処理能力)が成熟するにともない，成長しつつある言語学習能力と競合するようになる．その競合の結果，言語学習能力が減衰してしまうのではないかと推測している．

この仮説にのっとって考えると，情報処理能力が制限されている幼児期は，かえって言語学習に都合がよいというのである．母語であっても第2言語であっても，年齢が高くなってから学習した後期学習者がおかす誤りのタイプを見ると，形態素の分析をしそこなっている(動詞のアスペクトや複数形がきちんと使い分けられないなど)ことによる誤りが多い．しかし，早くから言語を習得した

表4-2 強く発音される音韻を取り出す(母，田口悦津子の記録による)．

夜，母親が M(2歳4カ月，男児)を寝かしつけながら，
母　明日，お母さんといっしょに吉祥寺におかいものに行こうね
　　Mは暗がりでむっくり起き上がって，
M　お母さん，あしたヒコウジョウね
母　え，ヒコウジョウ？　どうして，ヒコウジョウ？
M　おかいもの
母　ああ，おかいものね，キチジョウジにいくのね
M　ウン
　　翌朝 M が起きたときに，
M　お母さん，きょうね，チュウシャジョウ
母　チュウシャジョウ？　どうして，チュウシャジョウ？
M　おかいもの
母　そうね，キチジョウジにおかいものにいくのね

注)　子どもの発話のキチジョウジ，ヒコウジョウ，チュウシャジョウのジョウは母親のキチジョウジのジョウとほぼ同じアクセントで発話されている．

場合は，その言語構造を適切に分析することができる．初期には，形態素の一部分のみが産出される，付加される形態素は年齢とともに次第に増加していく傾向を示す．

　子どもと大人の学習の違いは言語入力を知覚，貯蔵するときの方法の違いによってもたらされるものであり，貯蔵された言語について分析するときの違いによるものではないと考えられる．たとえば，大人は情報処理容量が大きいため，"walking" という単語全体を保持するが，子どもは容量が小さいので，発音が強調され，"walk" だけを保持することになる．このときには，"ing" の保持に失敗することになるが，"walking" という単語が語幹の "walk" と形態素の "ing" とに分割して表象されることから，最終的には "ing" も獲得されることになるというのである．表4-2には2歳児が母親のキチジョウジの発話から「ジョウ」部分が記憶に残って取り出される例を示した．

　このような語幹から形態素へという言語入力の取り込み方は，情報処理能力が限定されている段階の子どもが言語学習のような要素分析を含む課題に取りくむ際にはかえって利点になる．大人は複雑な言語刺激を提示されたとき，刺

激全体を知覚し，形態素の分析をしようとするが，子どもは刺激の一部分しか知覚，貯蔵しないので，かえって心的な計算が楽になるのである．この点についてニューポートは次のように例証している．たとえば，今，a, b, c の3つの要素からなる単語が，形態素(意味を担う単位) x, y, z の3つをもっているとしよう．この単語の意味を確定するためには，49通りの解析が必要になる．a の要素がもつ意味としては x, y, z, xy, yz, zx, xyz の7通りの可能性としてはある．b, c, ab, bc, ca, abc についてもそれぞれ7通りずつあるから，組み合せは全部で，$7 \times 7$ の49通りもの計算をしなくてはならないことになる．そこで，ニューポートは大人が形態素の学習に失敗してしまう理由は，大人は1度にたくさんの要素を入力できてしまうがゆえに，オーバーフローになるためではないかと推測している．

### 入力情報のフィルター

子どもは注意のスパン(情報処理容量)が限られているため，1度に貯蔵される単語や意味の構成要素は限られている．最初に聞いたときには，⟨a⟩と⟨xy⟩しか入力しない．2回目は⟨bc⟩と⟨z⟩だけを入力するという具合なのである．この入力の仕方には2つの利点がある．第1に，形態と意味の要素の選択がランダムだとしてもなされうる計算は大幅に減少されることになる．

第2に，限定された能力の学習者が限られた計算手段によって発見できるだけの限定された単位に注目することになり，それが，偶然，実際の意味の構成要素に対応しているなら，学習者にとっては実に都合がよい．実際そうしたことが起こるらしい．子どもに未知言語を聞かせて再生プロトコルを見ると子どもが特定の形態素に注目したり，意味と無関係の要素を無視することがわかった．手話の再生でも同様のことが起こり，再生された断片は意味の構成要素と一致する確率が高いという (Newport, 1990)．人間の言語は，おそらく，限られた情報処理能力や学習能力の制約のもとでも短期間で学習しやすいような構造的な原則を進化させてきたと考えられるので，形態素にうまく注意が焦点化しやすいように設計されてきたのであろう．

少容量多学習仮説は言語学習の問題だけではなく，人間の発達や学習を考える上で示唆的である．一般に多くの能力はシグモイド曲線(図4-1cのパターン)を描いて増大する．しかし，能力が増大した結果，領域によっては競合が起こることがありうる．この競合は情報を正確にかつ多く取り込むという点から見ると，短期的には弱点でもあるが長期的にみれば利点になる．とりわけ初期の学習にとっては，情報を単純なものに分割する取り込みは都合がよい．このシステムにおいては，初期の認知的制約が，体制化されるべきデータを減じ，分割するような選択的フィルターの役割を果たしているものと思われる．

### いずれの仮説が妥当か

言語の獲得を説明するのに，言語機能の局在化との関連で説明するか，あるいは情報処理能力との関連で説明する仮説を採用するか，両方の仮説の統合によって説明するかについては，未だ決着はついていない．しかし，どちらにしても，私たちの生活にとって不可欠であり人間の証とも言えることばの獲得は脳機能の成熟という生物学的基礎に強く制約を受けていることは確かであろう．

もちろん，子どもの言語発達に見られる普遍的な規則性は単一の神経組織によっているのではなく，おそらく，その規則性は，人間の神経システムのきわめて抽象的な能力に由来しているのであろうと考えられる．人間の発達において遺伝が規定するか，それとも環境が規定するのか，つまり人間の発達を規定する要因として遺伝と環境とどちらが重要かについて，何世紀もの論争がなされたが，遺伝の主要な働きの1つは特定の種類の学習をする生得的な能力にあるという認識に落ち着いたのである．言語はその1つであり，まさに人間の脳は，進化の過程で，言語を短期間に獲得するという特殊な能力を身につけたと言ってよいだろう．

## 3 第2言語学習に「適時」はあるか?

**言語教育の第2言語に対する影響**

臨界期の仮説を検討する知見の多くは到達度を問題にして行われたものである．また文法や音韻規則の習得など特定の言語領域を聞き取りの正確さから論じたものが多い．臨界期を過ぎる前の段階にある子どもたちの第2言語習得過程を言語産出の面から見ることが必要であろう．

カミンズ(Cummins, 1977; 1981; 1984)は，バイリンガルの2つのことばは別個のチャンネルがあるが，深層部分において共有部分をもっており，両者が影響しあいながら発達するという「2言語共有説」を提唱している．また，さまざまな言語環境でこの仮説を支持するデータが出されつつある．カミンズ・中島(1985)は，トロント在住の小学校2,3年生(年少)と5,6年生(年長)のうちから，英語・日本語能力を測定した得点にもとづき，男女比，入国年齢，カナダ在住歴を考慮して選出した59名を対象にして，文章理解・語彙・文章記憶・批判的読解など様々な角度から英語・日本語の読み書きの能力，英語・日本語の会話力などをテストした．あわせて言語環境アンケート調査を実施した．その結果，日本語と英語では音声構造，文法構造，表記法など表層面での違いは大きいが，深層構造では関連しあっており，特に学力と関係深い言語能力では第1言語の力が第2言語に大きく寄与していることを見いだし，上述したカミンズの仮説を支持する知見を得た．年少児は会話力や発音面では優れているものの，学力言語の習得では年長児の方が優れていることに加えて，日本語の維持の度合も高いということを見いだした．さらに，母語話者並に話せるか，聞き取れるかという点を除けば，高学年になってから学習することがその後の学力言語の伸長にとっては望ましいことも示唆されると報告している．これは言語の全領域で臨界期があるわけではないことを示唆しており，ジョンソンら(Johnson & Newport, 1989)の言語領域に見られる一般的な「臨界期」の議論との食い違いを見せている．

この食い違いはジョンソンらが第2言語の最終的な到達度を問題にし，聞き取りテストによる理解面のみを測定したことから生じた可能性がある．北村(1952)やOyama(1976)の知見を踏まえると，音韻規則の習得は成熟の影響を受け，聞き取りの得点は高くなると考えられるからである．

　さらに，中島(1998)は，英語圏に入った子どもの年齢の要因が母語話者の学年平均に近づく度合にどの程度影響するのかについて検討した結果，「7歳～9歳」の間に海外に出た子どもがいちばん伸び率がよく，「3歳以前」「3歳～6歳」の伸びはそれほど大きくはなく，「10歳～12歳」の間に海外に出た子どもの場合は，期待される英語学力の水準が高いためか，「7歳～9歳」児よりも学年平均に近づくのにより時間がかかる，と指摘している．英語で日常の学校生活をするのに必要な会話力習得に平均2年，授業についていくために必要な読み書き能力の習得に5年かかること，英語の読み書き能力を習得する過程にある子どもはだんだん日本語で表現するのに不自由を感じるようになり，かといって英語力もまだ十分ではないことを見いだしている．特に年少児は母語としての日本語も第2言語の英語も十分ではないセミリンガル状態にあり，一時的にせよ心理的なストレスやフラストレーションをどうくぐり抜けるかが問題であり，とりわけ，言語でものを考える，抽象的な思考力の発達が遅れるのも問題であると指摘している．

　中島らの知見では，入国年齢が高い方が，第2言語の習得においても有利であるという点が注目される．これは，学力言語としての読み書き，さらに話すという学校における言語教育の重要性を示唆している．さらに子どもをとりまく社会文化的環境の影響の重要性を指摘している点でも，渡米年齢の要因のみが達成度を左右するというジョンソンらの知見と食い違っている．ジョンソンらの被験者の環境が等質であったため学習・生活環境の要因の寄与が現われにくかった可能性がある．したがって，教育年数だけを指標にするのではなく，学習・生活環境の中味をきめ細かく知る必要がある．

### 第2言語の学習過程

内田(1997, 1999)は，カリフォルニア州の幼稚園幼児(3歳半～5歳半)，小学生1～5年生を対象にして，言語獲得過程について調査と文化への適応過程の短期縦断観察を行った．その結果，園児の適応には時間がかかり，入園2カ月過ぎから保育者が話しかける簡単な教示や幼稚園での活動の流れを理解することを見出した．ことばの自発的な産出は遅く，6カ月後から「ありがとう(Thank you.)」「もういらない(No more.)」「ジャケットをちょうだい(Jacket, please.)」「おしっこ(Pipie.)」「いや(No!)」などルーチン的表現を大人に対して使い始める．この間，異言語の子ども同士の相互交渉はほとんど起こらなかった．入園10カ月を経て初めて積木遊びや，ブロック遊びなどことばを使わなくてもよい遊びをいっしょにするようになったが，ごっこ遊びや絵本を見るなど言語が必要な遊びを異言語の子ども同士で行うことは見られなかった．

幼児であっても，新しい言語圏の幼稚園に入園し，そこで，保育者に自分の意志を伝えて，わかってもらえるようになるまで，また，自発的な活動に取り組み，伸び伸びと振舞えるようになるまでにかなりの時間がかかることが示唆された．言語的コミュニケーションの獲得にはさらに時間がかかり，また学習経験の質が問題になるものと思われる．

### 意図的学習の役割

幼児の親たちは子どもたちに英語を習得してほしいとは思っていても，子ども番組やアニメーションのビデオを見せたり，英語の歌のテープを聞かせる程度で，家庭では両親とも母語を話している．子どもが小学生になると，英語学習に対する親の態度は一変し，各小学校に併設されている補習クラス(ESL; English as a Second Language, 1日に1時間程度)に子どもを参加させたり，英語の家庭教師を頼むようになる．両親が子どもの宿題に辞書を片手につきっきりで助けることも珍しくはない．3歳半で渡米し，ずっと現地の幼稚園や小学校で学んできた5年生の男児は「会話は問題ないよ．でも作文の時間に，きちんとした文を書かなくてはならなくなると，the をつけるべきかどうか，複数形はな

んだったかなんていろいろ考えちゃう．何かこっちの子は直観でそういうのがわかるらしいね．でも僕には難しいんだ．意識しなくちゃ出てこないから」と述べていた．こうしたエピソードからも，キンダーガルテン(幼稚園と小学校の間に6歳児が入学する学校)以上の英語学習ではかなり自覚的かつ組織的に学習が進められていくことがわかった．このような実態を知るほど，言語教育，特に読み書き能力の獲得が重要であるというカミンズらの指摘が妥当であると思われる．

家庭教師や補習校の教師は，「子どもたちは，冠詞がでたらめだったり，抜け落ちることがあり，動詞の過去形も正しくない．これらの誤りは言語遅滞児と同様なので，これらの面を意図して教育している」と述べており，教授過程でも必要に迫られて形態素や文法の教育に力を入れるカリキュラムを実施していた．

### 言語産出能力

内田は，英語母語話者(幼児)(平均4歳8カ月，レンジ3歳6カ月～4歳11カ月)，第2言語学習者(幼児，韓国語4名，中国語3名，日本語2名，ファルシ語1名)，第2言語学習者(小学生・全て日本人)を対象にして，語彙検査を実施した．この他，参考までにバイリンガルにとって最も理想的とされる1人1言語(one parent one language)環境の英語優位の3～8歳児3名も加えた．

図4-4に示すように，母語話者が最も正答数が多く，第2言語学習者の小学生がこれに次ぎ，幼児の正答数は4割にすぎないことがわかる．また語彙の領域別に見ると，公園のように英語を使う頻度が高いと想定される領域の語彙については習得率が高く，家庭や店など母語を使っている領域の語彙の成績は低かった．また，注目されるのは複数形で答えるべき課題で幼児の反応のすべて，児童の反応の半数が複数形の -s や -es が脱落させていることである(図4-5)．英語母語話者が3,4歳までに不定冠詞や複数形を習得すること(Brown, 1987；Marastos, 1976)に照らして際だった違いである．第2言語学習者の母語のいずれもが，数量名詞・物質名詞の区別をしない言語であることから，母語の文法

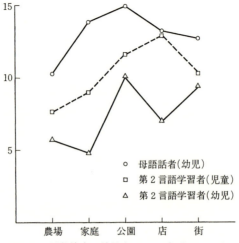

図 4-4 語彙検査の結果(MAX＝20)(内田, 1997).

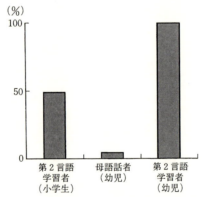

図 4-5 複数を示す -s, -es が脱落する割合
(有意差；L2 幼児 > L2 児童 ≫ L1 幼児，
≫：$p<0.01$，>：$p<0.05$)(内田, 1997).

が干渉しているものと推測される．なお，英語優位のバイリンガルの子どもたち 3 名には，日本語に英語の文法が般用されるという逆の現象，例えば，〈箸〉に対して「オハシーズ」(項目以外)，〈木〉に対して「キーズ」というような日本語に英語の文法が般用されるという現象が見られたことはこの推測を裏付けるものである．

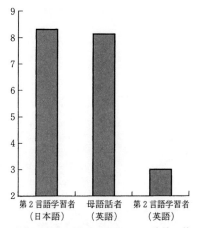

図 4-6　幼児の数の再認：母語による計数，第 2 言語による計数 (MAX＝10) (内田, 1997).

### 数 (単数・複数) に対する敏感性

　第 2 言語学習者が単数・複数の区別に敏感でないことが示唆されたが，単数・複数への敏感性が母語の文法構造により干渉されているかどうかを確認するため，数の記憶を再認テストによって調査した．図 4-6 に示したように，母語で数えた場合は日本語であっても英語であってもほとんど再認できたが，第 2 言語学習者で英語で数えた子どもたちの再認数は有意に少なかった．「One, two, two …(長いポーズ)… dolphin(s 無し).」というような数え方からみても，英単語を想起し，英語に置き換えることに認知的処理資源 (resource) が使い果たされてしまい，数を記憶することができなかったものと思われる．また英語であれ，日本語であれ母語で数えれば成績が高くなることから，数への敏感性や数の認知は言語の文法の影響を受けないことが示唆された．

　単数と複数を厳密に区分けしない言語をもつオーストラリア原住民のアボリジニでは以上とは逆に，数の記憶成績が悪いということと併せると，数の単数複数への敏感性に影響を与えるのは，統語システムではなく，文化のもつ数認知のシステムであり，そのシステムのもとでの数の認知が媒介となって，数詞

表4-3 物語の発話プロトコル例(内田, 1999).

課題：メイヤー著「かえるくんどこにいるの？」の字のない絵本を一通り見てから口頭で物語をつくる

教示：Uchida "This is a story. Please make a story and tell me it."

Sonia(女児, 4歳6カ月, 韓国人)
実験日：1997.4.11.
2歳で渡米. 1996年9月に幼稚園に入園
〔L2 幼児〕

[1] Boy and doggie looking frog in water.
[2] Doggy…froggie came out. No froggie.
[3] Boy, doggie find no froggie.
[4] No froggie.
[5] Froggie no.
[6] Boy said, "Froggie!",
[7] He said "Froggie", he could find not froggie.
[8] Glass! (with gesture of the both hands opening.)
[9] He said froggie in fly-house. He went to water.
[10] Smell he smell. He can not find froggie.
[11] Doggie drop bee-house. He in tree, he can not find froggie.
[12] Owl covered. Doggie run. He scared.
[13] He saw deer.
[14] Big owl.
[15] Deers come out.
[16] He run, …(a long pose)…run.
[17] He to water.
[18] He find hall.
[19] He find no froggie.
[20] He sleeping on tree.
[21] Jump it.
[22] Froggie.
[23] Baby froggie.
[24] He have froggie now.

Laura(女児, 4歳6カ月, 米人)
実験日：1997.5.2.
母語話者. 1996年9月に幼稚園に入園
〔L1 幼児〕

[1] There is a frog in the bottle.
[2] And he got out.
[3] Oh my God!
[4] They are looking for the frog.
[5] No, there is not. So they look for from the window.
[6] The dog fell from the window.
[7] The boy got angry with him, because the dog broke the bottle.
[8] And he called the frog.
[9] The boy called the frog again.
[10] A mole got out from the hole. The dog, "Woof." to the tree.
[11] And the bee-nest fell down, and the bees get out from it. The boy climbed up the tree.
[12] There, an owl comes out. And the bees chased the dog.
[13] And there was a rock.
[14] The boy climbed up the rock, and called the frog again.
[15] The big deer got out.
[16] And she chased the dog.
[17] The boy fell from the deer off.
[18] They fell in the water.
[19] The dog on the head. And he hears the frog.
[20] The boy said "Shhhhh!"
[21] Then they climed on the log.
[22] The Frogs get out there.
[23] The baby frogs came out.
[24] The boy go back his home, carring a frog. And the dog was floating. The end!

Mari（女児，6歳6カ月，日本人）
実験日：1997. 4. 14.
5歳で渡米，すぐにキンダーガーテンへ，1996年9月から小学校に入学．小学1年生．
〔L2 児童〕

[1] This was night, and this is my frog, and this is my pet.
[2] And it's night I need to go sleep, and Froggie went to something. Somebody's house or something.
[3] "Oh, my froggie, where are you?"
[4] And, "This shoes, come here don't (?), Froggie where are you?"
[5] "Where are you my little Froggie?"
[6] "Auch".
[7] I dropped it my doggie. "Oh you dear dog broke this (hm) bottle!"
[8] "My Froggie, where are you?"
[9] "Oh woof, woof ooo woof!" "What is in this hole?"
[10] "You think, is this mouse? This is no breaks, skunk!" (Holding her nose)
[11] "Woof!" "Oh no." My doggie jumped this bee-house.
"In this house? This tree house?."
[12] "Who, who!" "Ohooo, help, help!"
[13] "Stop it, owl, don't touch me!"
[14] "Oh this is good tree."
[15] And it is a······ (M: "I don't know what this is". U: "deer.") It was deer.
[16] "Ahaaa! Don't, Doggie, don't run!"
[17] Go that side, "Ahaaa! Stop it! Help, somebody!"
[18] "Gruck, Gruck" (Whisperin; correct pronounciation "Groak")
"Ew, this is mud," (U: This is mad? M: Mud, hm, hm.)
[19] "Oh, What this hear (or here) something?" "Gruck Gruck!"
[20] "Shhhh, there is a frog in this tree." (Whispering)
[21] "Oh my Froggie where duh······, where are you?"
"I was know you were right there."
[22] My froggie come over this house.
[23] "Oh, there are you my Froggie. I was finding you."
[24] "Thank you for thisi froggie over here···right here. He is happy, but I need to go home and play with my Frog." ······ (U: The end?) Hm hm, the end.

Hana（女児，8歳7カ月，英人）実験日：1997. 6. 17.
母と日本語で父と英語で会話する．英語が優位．
米国の幼稚園，キンダーガーテン，小学校に入学．小学2年生．〔1人1言語児童〕

[1] Once there was a boy and he had a frog who lived in a jar.
[2] And one night when the boy went to sleep, the frog crawled out of the jar.
[3] And when they woke up the next morning, he wasn't in the jar any more.
[4] So the boy looked for him, he looked under a hat. And the dog looked in a bottle.
[5] And they looked outside and shouted his name.
[6] And the dog fell out the window.
[7] So the boy picked him up.
[8] And cleared away the glass and the dog looked down, and then they went and looked for him, and the called his name.
[9] And the dog was looking up the bee-hive. And the dog was barking at a bee-hive. And the bees came out and the boy was shouting down the hall.
[10] And then a little mole came up from the hole and the still mole bees came out of the hive. The dog was still barking.
[12] And then the hive fell down, and a lot of bees came out.
And the boy went up to another tree. And there was a hole in the tree.
And he shouted into the hole in the tree.
[13] But then an owl came out of a hole. and a sworm of bees went after the dog.
[14] And then when he got away from the owl, he walked up onto a rock.
[15] And there was a pair of antlers which looked like sticks.
And the boy grabbed one of them. And the dog was looking under the rock.
[16] And then the stag walked up and he found the boy on his antlers.
[17] So he···um···he made the dog go to the edge of the cliff while the boy was still on his antlers.
[18] And then they both fell of the edge of the cliff and landed in a pond.
[19] They swashed [→ coined ; splashed + washed] in the pond and looked around. And they saw a log.
[20] The boy taught the dog to be quiet.
[21] And he and they crawled over the log.
[22] And on the other side there was a mom and a dad frog,
[23] and their family.
[24] And then they···um···took their frog, and they went back home. The end.

の獲得や数へ注意を向ける活動に影響を与えているものと推測される.

ディスコースの産出能力

内田(1997)は,ディスコース(文章)の産出能力を調べるために,絵本(Mayer. M., Frog, where are you? Dial Books for Young Readers, 1969, メイヤー「かえるくんどこにいるの?」ほるぷ出版, 1976)を見て物語を作るという課題を与えたところ,第2言語幼児では,韓国語が母語でその開始も生後10カ月と早く,1歳半では3語文を自由に話すことができ,第1言語の習得の最も早かった女児1名(3歳で米国に移住)だけが物語を作れた.そのプロトコル(表4-3)は場面列記的であり,日本人の日本語による物語産出のデータ(内田, 1996)に照らすと,ちょうど,2歳前半〜3歳前半レベルに相当しており,「場面列記的」で場面同士の結束性のない構造の物語を産出した.そこで幼児のデータを省き,母語話者の幼児(8名;3歳6カ月〜4歳11カ月,平均4歳8カ月)と日本人小学生(8名;6歳5カ月〜11歳1カ月,平均8歳8カ月)を対象にした.子どもたちに口頭で語ってもらった物語のプロトコルについて発音と文法の誤り(挿入すべき項目が挿入されていない場合+挿入しても誤っている場合)を英語母語話者の大学院生2名に評定してもらった.発音の評定結果は,母語話者と有意な違いはなかった.表4-4に文法の誤りの比率を示した.時間関係を示す接続語を除き,いずれも母語話者が有意に優っていた(表4-4).発話プロトコルを見ると日常的な出来事の説明において日本人児童は,時系列的な説明をするが因果律による説明ができないという点(Ⅲ章参照)は注目される.

2節で取り上げた「言語獲得の臨界期」について述べたように,大脳のネットワーク化が十分でない幼児期〜思春期にかけては,第2言語学習をするのに適していると考えられるが,第2言語のどの側面も一様に有利なわけではないことが確認された.英語に短期間曝されるだけで音韻規則は習得され,発音は母語話者レベルまで達成されるが,形態素や統語規則の面では,幼児期から英語環境で学習している小学生であっても母語話者のような成績がとれなかった.これらのことは言語の音韻規則の習得はかなり早い方が有利であるが,統語規

表 4-4　産出した物語の全文あたりの文法の誤り(%)(内田, 1997)

| 文法項目(例) | 母語話者 | 第2言語学習者 | 有意差 |
|---|---|---|---|
| 接続詞 | | | |
| 　因果関係(so, because) | 12.8 | 33.8 | $p<.05$ |
| 　時間関係(and, then) | 10.3 | 10.8 | n. s. |
| 時制 | 16.6 | 52.3 | $p<.05$ |
| 複数形(-s, -es など) | 8.3 | 53.8 | $p<.01$ |
| 限定詞(a, this, his, many など) | 18.5 | 68.3 | $p<.05$ |
| 代名詞(he, they など) | 15.5 | 48.9 | $p<.05$ |
| 助動詞(can, will, may など) | 9.7 | 51.9 | $p<.01$ |
| 動詞(give は目的語を2つ取るなど) | 7.2 | 34.6 | $p<.01$ |

則の面については,日常の英語使用の環境に曝されるだけでは不十分であり,自覚的な読み書き教育が必要であることを示唆している.

### 文脈全体に埋め込まれた活動

本章で概観した知見は,言語領域によって適応が容易である領域と困難な領域があること,音韻の聞き取り,産出言語の発音面など音韻規則の習得は容易だが,統語規則は,母語の干渉を受け,習得が困難であることを示唆している.

マクローリン(McLaughlin, 1984;1985)は,幼いほど第2言語を学習するのに都合がよいと考えられてきたことに対して疑義を唱え,第2言語のどの側面の学習が容易かを検討する必要性のあることを指摘している.マクローリンは世間によくある誤解を6点あげている.

第1に,「子どもは大人よりもことばの習得が容易である.子どもは生物学的に言語を獲得できるようにプログラムされているが,大人はそうでないからである.」これに対しては,大脳機能の局在化から見ると,成熟段階の早いほど有利に見える.しかしニューポートが示したように,思春期以後も言語を学習する力がなくなるわけではなく個人差が大きい.また,ニューポートや内田のデータからは,言語領域のうち音韻規則の習得,統語規則の一部(例,語順など)の学習については,幼児期の方が有利であると言えそうである.カミンズら(カミンズ・中島, 1985)は読み書きの絡んだ学力言語は小学校中学年以降の

方が有利であることを示唆している．だから言語の領域によって単純に年齢の制約が働くと考えることはできない．

さらに，ハーレイとワン(Harley & Wang, 1997)は，大人であっても，発音の学習能力が減衰するとは限らないことを見いだしている．また，第2言語に曝される環境の違いが学習の容易さに影響を与えると指摘している．この指摘を考えあわせると，学習の容易さは第2言語一般に対してではなく，学習する側面や学習環境によって規定されると言えよう．

第2に，「子どもは幼ければ幼いほど，第2言語をより上手に学ぶことができる．」確かに，他の領域での学習と同様，第2言語に触れる時間が長くなればなるほどうまくなると言えよう．しかし，言語のどの領域かが問題である．音韻規則や統語規則の一部についての学習を考えると幼いほど有利と言えるかもしれないが，カミンズらが指摘するように，バイリンガルになって2つの言語を流暢に話せたとしても，母語自体の構造が完全にならず，学力言語の側面が伴わないと学習についていけなくなることがあるのである．

第3に，「第2言語の学習は母語(第1言語)の獲得とは質的に異なる過程である．」カミンズによれば，子どもも大人も第2言語を学習する過程は母語の獲得と全く異なる過程ではない．しかし，日本語がうまいと英語の翻訳文がよくなるということに見られるように，基底構造において共通部分があるため転移が起こりやすく，効率よく学べる領域もあるはずである．

第4に「第1言語と第2言語の干渉や妨害はいつでも不可避的に生ずる．」常に否定的な干渉や妨害が起こるわけではない．また，母語のルールが第2言語習得に持ち込まれることによる干渉についても一様ではないと考えられる．母語と第2言語のルールの類似性や学習環境によって，干渉の程度は変わる可能性がある(McLaughlin, 1984, 1985)．たとえば，日本語の敬語の習得などは，その体系や対人関係の特徴が似ている韓国人留学生は欧米人や中国人に比べてきわめて容易である(鈴木, 1989)．干渉が起こりやすいのはどの面かについて，さらに詳細に検討することが必要である．

第5に，「子ども時代に第2言語を学ぶのはただ1つの道筋があるだけであ

る.」これについては,他の学習について考えるとすぐに推測されることだが,子どもの関心や動機づけ,学習の必要性,環境条件などにより第2言語学習の道筋はさまざまであると思われる.

　第6に,「早期に2言語を経験するということは,子どもの言語発達や認知発達においてプラスにもマイナスにも働く.」内田やカミンズらのデータはこれを支持するものであり,正負の両面がありうることは確かであろう.流暢に第2言語が話せれば,早くから現地の友だちといっしょに遊べるし,幼稚園の集まりの時間で出されるクイズに正解して達成感を味わうことができる.しかし,もし,母語ないし,第2言語の読み書き能力に代表されるような学力言語,思考の手段の側面の習得がうまくいかないようなことがあれば,問題が生じるだろう.しかし第2言語を習得したことによってこの問題が起こるわけではないのである.

　第2言語を学習させるときには,子どもの年齢や滞在予定期間,学習者の学習環境などを考慮して目標を設定し,対応することが望ましいと考えられる.このためには,「外国人の日本語指導に関する調査研究協力者会議」(1998)が指摘しているように,1つのカリキュラムに子どもを合わせるのではなく,個々の子どもの特性や到達目標に対応させてカリキュラムを弾力的に変更することが望ましいものと思われる.

### 文化のなかの子ども

　第2言語学習において最も重要なことは,言語学習が,子どもがかかわる活動の文脈全体の中に埋め込まれているという点である.読み書き能力の前提となる音韻的意識は遊びを通して自然と培われるものである.育児語のように音を重ねたり,擬態語・擬声語などをふんだんに組み込んだ会話に参加したり,絵本を読み聞かせられる体験の中で,言語感覚が磨かれ,音韻的意識が育まれていく.このような活動は面白い,楽しいということが第一義である.意図的でないのがよいのである.言語の学習は,機械的な連合学習によって可能になるものではないこと,文化,社会,歴史的要因が絡まり合った文脈の中に埋め

込まれた活動であり，そうした文脈全体で活動を通して学習されるものなのである．

さらにどうして言語を自由に駆使できなくてはならないのかという点についての配慮が必要になる．子どもにとって現地の文化に同化するのはなかなか困難であるだけでなく，帰国しての再適応にも困難さが伴う．現在，海外駐在による在外経験のある子ども，中国残留日本人帰国家族の子どもたちなど，日本への帰国子女が日本の学校制度や社会に再適応する際に直面する困難はますます大きくなっている．言語だけではなく，習慣や制度など目に見える違いだけではなく，自分は何人か，将来その国で生活するのか，生活は一時的なもので，やりすごせば，また元に戻れるのかといった滞在国に対する態度なども，言語適応に効いてくる可能性が高い．この点への配慮なしには，言語教育を適切に行うことは難しいだろう．

日本語への再適応がスムーズでなかった子どもたちの前歴を調べると，彼らは海外で，能力重視，創造性重視の教育を行っているオープン・エデュケーションの小学校1年生に入学して，そこでの生活を経験していたのであった(藤永・内田, 1976)．日本の学校は知識の習得に重きがおかれ，制服や授業時間の規制が厳格に守られる．赤い水泳パンツが好きでも，規則の紺色を身につけなくてはならない．ずっと計算問題を解きたいのに，時間がくれば別の科目に移らなくてはならない．これに馴染めず，居心地の悪さがつのる．しだいに学習の意欲を失っていく．彼らにとっては，日本語の習得が困難だという課題以上に，文化摩擦をどうやって乗り越えるかの方が大きな問題であったのである．

「海外で育つ」ということは，日本の中で育っていれば当然身についてくるはずの日本人的意味空間や行動——物の考え方・感じ方・立居振舞い——を体得しそびれるということを意味している(箕浦, 1990)．対人関係の食い違いにも戸惑いを感じている．現地に行って適応するという課題も，また，海外で育って帰国した子どもも同様に，馴染みの文化から異文化に遭遇し，文化摩擦に直面する．居心地の悪さを感じている．このことへの配慮こそが，言語教育を行うときに最も重要な課題になると考えられる．

1999年から小学校の総合学習の中で，国際理解や英会話学習の時間が設けられるようになる．これまで実際に研究指定校63校では，この時間の扱いをめぐって試行錯誤が続けられてきた．それに対する評価の報告書には，「中学での英語学習を先取りしたような学習ではいけない」と指摘されている．このやり方では早くから英語嫌いをつくりだすことになりかねない．英語を使う活動が子どもにとって必然的であり，知らず知らずのうちに使うことになっていたというような工夫が必要であろう．そこでは母語話者と楽しい交流の中で，双方の文化を理解し，受け入れ，学びあったり，それを通して自分の国の文化について自覚的にとらえ共感をもって受け入れようとする態度につながるような活動が起こるようなことをイメージしている．その副産物として，その活動の中に埋め込まれたことばを子どもは自然と耳にし，口にするようになる．楽しんで活動に参加することを通していつのまにか英語のリズムや音韻規則がからだに刻まれていたというのが望ましいのではなかろうか．

# 第Ⅴ章
## ことばが遅滞するとき——養育放棄の中でのことばの育ち

　ヒトとして生まれても，生物学的要因，社会・文化的要因の1つでも十分に機能することなしには人間にはなれない．刺激が剥奪された環境下ではことばの獲得は遅れ，自我や行動の発達など精神機能への影響ははかり知れない．しかし，環境の改善とある条件の補償により見事に立ち直り，発達をとげていく．彼らの姿は，人間の発達がいかに可塑性に富んでいるかを劇的に示してくれる．養育放棄の事例をとりあげ，環境要因が言語獲得にどのようにかかわっているか，言語が遅滞したとき，どのような条件のもとで回復が可能なのかについて考察する．

## 1　養育放棄の中での子どもの育ち

### ストレスの高い生育環境がもたらすもの

　今，家庭といういわば密室の中で，一番弱い乳幼児に対する虐待や育児放棄が密かに，かつ陰湿な形で進行している．その背景には親自身の抱えた問題が大きく浮かんでくる．次ページ図5-1には，虐待の発生因の関係について示している(庄司, 1992)．この図によれば，親が子どもを虐待する家庭では親自身が親から愛された経験がなく，体罰や不遇な育ち方をしてきたことが多い．力によるしつけを受けた親は，自信がなく他人への信頼感がもてない．これは人間関係のつくり方に影響を与える．夫婦関係は相互的,支持的であることは少なく，しばしば一方が支配的になる．近隣の人ともよい関係をもちにくく，親や兄弟,親戚とも疎遠で孤立しがちになるという悪循環が生じている．これら複数の要因が重なって一番力の弱い子どもにしわ寄せがいき，子どもと親和的な安定した関係がもてないのである．

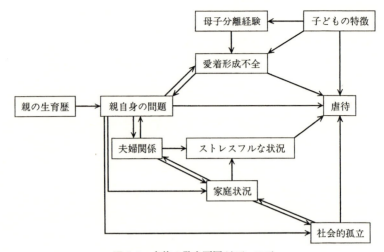

図5-1　虐待の発生要因(庄司, 1992).

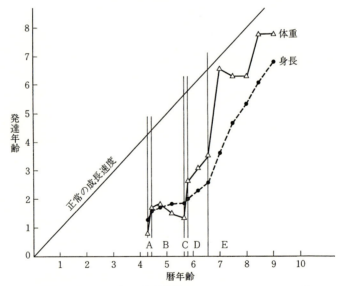

図5-2　ある PSD 児の成長過程(Hopwood & Becker, 1980). 家庭におけるガイダンスに失敗した4歳の PSD 児. A：最初の入院, B：家庭・日中は学校, C：2度目の入院, D：家庭・日中は学校, 家庭のカウンセリング, E：養子に出された.

虐待ほどでなくても養育放棄の状態，すなわち，親や身近な大人との相互交渉が極端に少ない状態におかれた子どもの場合は，身体面や心理発達が遅滞する．図5-2は，養育放棄により心理・社会的な刺激が極端に欠如した環境で育てられた「心理・社会的侏儒症(psycho-social dwarfism, PSD)」の男児の成長過程を示している(Hopwood & Becker, 1980)．家庭の状況が劣悪なため身長，体重とも発育がかなり遅れている．家族から離れて入院すると，急速に成長するが，家庭に戻ると再び成長が止まる．家族へのカウンセリングも成功せず，養子にもらわれてやっと正常発達に近づいたのである．

**養育放棄のケース**

これまでに報告されている養育放棄のケースのうち，①出生直後から家族から隔離され，②隔離期間は5年以上の長期にわたり，③剝奪される刺激の種類が複合している，すなわち，母性的養育の欠如または剝奪(maternal deprivation)が引金となって，単なる心理的交流が欠如しているだけではなく，社会的・文化的・言語的・心理的・栄養面などの複合的な刺激が剝奪されていて，④隔離の程度がきわめて大きく，⑤重度の発達遅滞を示したもの，という5つの条件を備えている社会的隔離児の6ケースを表5-1にまとめた．救出後，回復経過が良かった事例，悪かった事例，一部に欠陥や回復不良が見られるものの，おおむね回復した事例の順に示した．

どの事例も，親や祖父母によって監禁され，社会的関係から隔離されたものである．隔離状況は事例によってさまざまである．母親といっしょに監禁されたり，きょうだい2人で，あるいは1人だけで閉じこめられたりしている．また隔離場所もさまざまで，地下室や納戸，母屋と離れた小屋の中に閉じこめられ，ベッドや椅子にくくりつけられ歩き回る自由があたえられなかった事例や，動くことの制限はそれほどきびしくないものの，かなりひどい虐待をうけていたものなど条件の違いがあるが，いずれも救出時には身体的，精神的に重い発達遅滞を示していた．救出前の隔離条件，とくに，大人や同胞との関係の違いにより，遅滞の特徴や程度に違いが認められる．また，救出後の回復経過も隔

離時の状況に呼応して,かなりの違いが認められる.救出後の処遇もさまざまである.これらの事例を詳細にみれば,事例によってかなりの差があるものの,生育時の条件と処遇の内容とに,ある対応関係が認められる.隔離中の母性的養育の質や対人的コミュニケーションの有無が救出後の回復経過と関連があるものと推測される.

これは,ボウルビィ(Bowlby, 1969)が,「唯一の人物に自己の愛着を向ける機会がなければ"人を愛せない性格"が作られる」と述べて以来,母親(または1人の養育者)への愛着(attachment)と維持が正常な人格の成長に不可欠であると考えられてきたことと対応している.身近な人との愛着関係の欠如が心身の遅滞をもたらしている.

### 社会的隔離児のことばの遅滞

対人的刺激が極端に制限されている状況の中で,ことばは獲得されるのであろうか.IV章でみたように,ことばのある領域の習得は成熟的制約を強く受ける.表5-1にまとめたケースのうちにも,言語獲得が可能だった場合とそうでない場合がある.

イザベル(Mason, 1942)は,聾の母親と1室に閉じ込められていたが6年半後に救出され,その後施設で補償教育を受け,会話も自由で絵本を暗唱することもできるほど言語の回復はめざましかった.母親と引き離されるときに強い分離不安を示したことからみて,救出前に母親との間で非言語的なコミュニケーションがあり,愛着関係を形成していたものと推測される.チェコスロバキアの双生児 P. M. と J. M.(Koluchova, 1972;1976)は,2人で地下室に閉じ込められ,継母からひどい虐待を受けていたが,6歳10カ月のときに救出された.施設で育ち,8歳10カ月で養母にひきとられた後,言語,認知,情動などあらゆる面の回復はめざましかった.14歳では平均的な知能に達するほどになった.彼ら3人は,ほぼ6,7年にわたる極端な言語刺激の欠如のもとに育ったにもかかわらず,言語の回復はきわめて順調であった.

レネバーグ(Lenneberg, 1967)によると,聾児の発声行動の初期発達の過程を

**表5-1** 社会的隔離児の救出前の状況,ならびに救出後の愛着形成と回復(内田,1989).

| 救出後の回復 | ケース | 救出時の年齢 | 救出前の状況(救出時の状況) | 救出前の愛着 | 救出時の分離不安 | 養育者との愛着形成 | 言語回復経過 |
|---|---|---|---|---|---|---|---|
| 良好 | イザベル(アメリカ) | 6歳6カ月 | 私生児.母と1室に閉じ込められる. 母は聾.身振りによるコミュニケーション活発. (脚はクル病で,歩行不能.発語なし.) | + | + | + | きわめて良好 1年半で回復 |
| 良好 | P.M.とJ.M.(チェコ) | 6歳10カ月 | 1卵生双生児.母は出産後死亡.乳児院→継母へ.地下室に閉じ込め継母が虐待. 父も虐待に加担.相互のやり取りは身振りで行う. (歩行不能.靴も履けない.自発語ほとんどなし.) | 大人には(−) 相互間は(+) | − + | + | 8歳10カ月で養子に出され急速に改善.正常水準にもどる. |
| 不良 | アンナ(アメリカ) | 6歳0カ月 | 私生児.孤児院や養子先を転々とたらい回し. 養育らしい養育を受けた経験なし. (筋肉麻痺,栄養失調,発語なし.自閉的傾向あり.) | − | − | − | 2年後歩行するが,言語は1歳程度(喃語段階)しか回復せず. 10歳半で死亡. |
| 不良 | アンヌとアルバート(アメリカ) | 姉6歳0カ月 | 姉;1室に閉じ込められる. (身体・言語の遅滞,歩行可.排泄のしつけなし.) | 姉は(−) | − | − | 反響語以外発語なし. 身体発達は回復. IQは50程度. 歩行改善.意味不明語多少. 他人には無関心無感動. 2人とも自閉症的障害との複合障害の疑い有. |
| 不良 | | 弟4歳0カ月 | 弟;家具は便器つき椅子のみの狭い部屋で幼児用寝台にくくりつけられる. (歩行困難,発語なし,排泄のしつけなし.) | 弟は(−) | − | − | |
| 中間 | ジェニー(アメリカ) | 13歳7カ月 | 20カ月以後納戸に閉じ込められ椅子にくくりつけられる. 父親,兄も虐待.騒音を嫌い,物音なしの環境. 母親視力弱り,父親の命令で世話せず.身振りのやり取り. (身体発育6,7歳程度.IQ1歳程度.発語2-3語のみ.目と目の接触は良好.) | 母には(+) | + | + | 発音障害と文法的側面の一部欠陥をのぞき,回復きわめて良好. 結婚して社会復帰を果たす. |
| 中間 | FとG(日本) | 姉6歳0カ月 | 放置.救出前1年8カ月間狭い小屋に閉じ込められる. 排泄,風呂など世話なし.うどんや重湯程度をときどき2人の2歳上の姉があたえる程度. (心身とも1歳-1歳半程度.発語;姉2語?・弟なし.) | 父母には(−) 姉兄には(+) | 姉(−) 弟(−) | 姉(+) 弟(−) (ただし弟は4カ月後+へ) | 2人とも,高校卒業後,就職. 弟に言語の文法面,形式的側面の遅滞残る. |
| 中間 | | 弟5歳0カ月 | | | | | |

見ると，最初は健聴児とかわらないが，生後6カ月頃に見られるはずの規準喃語は出現せず，語音の形成のためのさまざまな音素を発話するジャーゴン期は見られない．この時期には言語音の聴覚的フィードバックや入力が不可欠なのである．幼児期に耳が聞こえなくなった子どもの発声は極端な場合は先天性聾児の水準に逆戻りすることすらある．もちろん聴力を失う時期が遅いほど，逆戻りは起こりにくく，6歳ごろに聴力を失った場合は語音の産出に影響がないという．また先天性聾児に対して補聴器などなんらかの聴力介助がなされ，語音の聴取が可能になれば音声言語を発達させることができる．この臨界期は6歳頃と推定されている．

しかし，6歳頃に救出されたアンナ(Davis, 1940; 1947)は全く言語を回復することはなかった．救出後は複数の施設をたらい回しにされ，特定の保母との愛着関係を形成できなかっただけでなく，アンナの母親は知能指数50ということであるから，何らかの遺伝的負因が疑われる．

またアンヌとアルバートの姉弟のケース(Freedman & Brown, 1968)も臨界期に達する以前に救出されたにもかかわらず，言語を獲得することはできなかった．1室に閉じ込められ母性的養育を全く受けなかった姉は6歳のときに救出され，施設に収容されたが，知能指数は8歳のとき50に到達したにすぎない．発語は反響語(エコラリア)がほとんどで，応答も反射的である．弟のアルバートは幼児用寝台にくくりつけられて1室に閉じ込められていたが，4歳ごろに救出され施設で育てられた．補償教育を受けたにもかかわらず，音声言語を獲得することはできなかった．2人とも他人には無関心で，自分の身体と外界の区別はできない．自閉的傾向をもっていると疑われるケースである．こうしてみると，臨界期の範囲内で言語刺激を受ける環境に移されたとしても，救出前の条件の違い，また子どものもっている生物学的・遺伝的な要因が複合しているかどうかの違いで，その後の回復が異なってくることがわかる．

### ジェニーのケース——言語獲得の臨界期を越えて

ジェニーは1年半くらいまではやや発達は遅れているものの普通に育てられ

たが，1歳半のときから，騒音を嫌う父親によって納戸に閉じ込められ，便器つき椅子にくくりつけられ手足を動かすこともできない状態ですごしている．外界からの音はほとんどなく，父親の飼っている犬の鳴き声と，ジェニーをおどす兄の怒声，水洗トイレの水の音以外はほとんど音のない状態で生きながらえている．母親も子どもを泣かせないという厳命を守り，食事を与えるとき以外は子どもにかかわらないようにしていたが，たまりかねて13歳7カ月のときにジェニーを抱いて逃げだした．言語獲得の臨界期を越えた年齢に達しているにもかかわらず，彼女は言語を発達させることができた．

　ジェニーは施設に移されたのち，カーティスら (Curtiss et al., 1974; Fromkin et al., 1974; Curtiss, 1977) の特別プログラムによる補償教育を受け，言語回復についてはかなりの労力がはらわれた．その成果もあがり，カーティスは正常の言語獲得との類同性が高いと評価している．しかし，成人になっても，音韻面と文法面ではかなりの欠陥が残存した．彼女の治療教育においては，言語の回復に最大の主眼がおかれたにもかかわらず，通常の遅滞児に対する言語教育方式を適用するだけでは言語は順調には回復しえなかったのである．

　語彙は救出後少しずつ増えていったが，発音面や文法面での遅滞は著しかった．音韻面では隔離時に父親によって声を立てないことを学習させられたためか，泣くときも声が出ない．また発声訓練を行っても，発音の歪みが大きく，慣れた人以外には聞き取れないため，手話を習得させて交信の手段として併用させた．

　文法面の回復については，さまざまなプログラムを適用して教えたが，後まで完全な習得ができなかった．たとえば，否定文は no を肯定形に先行させるという言語獲得初期の子どもにしばしば見られるような文型がかなり後まで残った．また，因果や時間関係を表す接続詞が使いこなせない．また，"Touch your nose after touch your ears." のように言及順と事象順が不一致の文は理解できなくなってしまう．これは，健常児なら2歳頃によく見られる現象だが，健常児では4歳くらいまでに理解可能になるものである．また，関係節を含む複文の場合は，動詞に一番近い名詞を動作主 (agent) として解釈してしまう．た

表 5-2　ジェニーと大人との会話(Curtiss, 1977 にもとづき作成).

例1　ジェニー(G)とカーティス(C)との会話
C　Where are your glasses?(ジェニーはCを外へ連れだし，屋根を眺めて笑う)
C　We'll have to get the ladder.
G　Ladder〔l æ d と発語〕.
C　The glasses are up there.(屋根を指さす)
G　Up, up, up.

例2　ジェニー(G)と養母(M)との会話
G　At school is washing car.
M　Whose car did you wash?
G　People('s)car.
M　How many cars did you wash?
G　Two car〔s〕.
M　Were they big cars or little cars?
G　Big car.
M　What were the colors of the car?

とえば，"The boy who is looking at the girl is frowning." では，「にらみつけている」動作主は，文頭の「少年」だが，この動詞に近い「少女」の方が"にらみつけている"と誤解する．これらの誤りは，いかなる方法を用いても改善させることはできなかった．

表5-2には，ジェニーと成人との会話のプロトコルを示した．例1は，救出後7カ月のものだが，自分の眼鏡を屋根の上に放り投げてカーティスと交わした会話である．これ以後急速に語彙が獲得されていくが，それらの大部分は治療教育グループのスタッフや保育者が「なんていうの？」と質問してから，言い方を教えるという方式によって学習されたものである．しかし文法は，このような日常事態では十分に獲得されず，様々な自覚的訓練をとらざるを得なかった．

その後，治療教育の成果もあって生活習慣の自立やコミュニケーション能力が改善した14歳5カ月のとき，よい家庭に養子に出された．養母にもなつき愛着の感情を示すようになった．表5-2の例2は養母と学校で行った洗車について話題にしたときの会話例である．統語の欠陥が明白である．しかも最後の

養母の問いへの応答は、その後2,3分経ってなされたという．このように、音韻面の不自由さもあって、会話のことばはゆっくりであるし反応の遅延は著しかった．

このケースは、いわば自然の「言語剥奪実験」として、言語なしで育てたときに言語を習得できるかどうか、言語発達の道筋は普遍か否か、母語習得過程と第2言語の習得過程とは類似したものかどうかなどの問題の試金石になりうるものとして注目を集めた．しかし、ジェニーは「臨界期を越えて」言語獲得を開始したと言えるのであろうか？　確かに暦年齢は臨界期を越えてはいた．しかし、大脳の一側化（言語野の局在化、IV章参照）が完成しているかどうか確かめるための聞き取りテストの結果は、言語音だけでなく、非言語音も左耳優位であり、すべての聴覚処理を右半球で行っていることを示していた．本来の言語機能を司る領野はなんらかの理由で使えなくなっているらしい．しかし、なぜある程度言語を獲得しえたのか．それは、栄養不給のせいでからだは大きくならず、外見は幼児くらいにしか見えないのと同様に、聴覚刺激の制限によって大脳の成熟も抑えられ、その発達の可能性が抑えられていたためなのではあるまいか．より要求の多い環境であったなら、聴覚入力を奪われた聾児のように、もっと早い年齢で音声言語能力を完全に失っていたかもしれない．この推測はFとGのケースをみることによって裏づけられる．

## 2　FとGのケース

### FとGの生育状況

この事例は、父親が幼くて母親を子どもから奪おうとする場合に該当している．母親は2人の連れ子を伴って再婚したが、怠業癖の父親は定職がなく、多少の収入があると酒びたりになる．母親のミシンの内職ではとうてい間に合わず、家計は窮乏の度を強めていく．連れ子(A, B)2人に加えて、7人(C~I)の子どもが毎年のように生まれた．母親は次第に無気力になり、FからG、そしてH(生後まもなく病死)が生まれた頃は家計状況はどん底であった．父親は生

育状況の偏りもあり，幼稚で自己中心的であった．母親が子どもの世話をすると嫉妬して，その子に対して攻撃的になる．また，排泄のしつけもできず，借家の畳を汚してはいけないということで姉弟を外廊下の一隅に作ったトタン囲いの小屋に閉じこめてしまう．食事の世話は2歳年長の姉Dがあたった．やがて，地区の民生委員の知るところとなり，2人は救出された．救出後，姉弟は乳児院に収容された．これを機に2人の回復を援助するため，筆者を含めた治療教育チームがつくられ，約20年にわたり発達遅滞を回復させるためのさまざまな働きかけがなされることになった（藤永・斎賀・春日・内田，1987；1990）．

　救出された直後の2人の様子は，その身長からはどうみても1歳半くらいにしか見えなかった．また，2人に発語はなく，歩行もできない状態であり，その表情や仕草から推測される精神機能の未成熟さは，有意味語を獲得する以前の乳児のようであった．さまざまな医学的検査の結果，遺伝的負因はみあたらず，救出時の姉弟の発達遅滞は，環境条件，母性的養育の欠如によって引き起こされたものであり，文化的刺激(本やテレビ)や社会的刺激(対人的刺激)などの環境刺激の歪みや極度の不足，栄養不給などが複合されていたことに起因するものと推測された．遅滞の回復をうながす教育的はたらきかけの原則は次の3点に集約される．①環境の改善に関するもの；栄養条件を改善し，専門家のアドヴァイスを踏まえて運動技能の発達を促進する．絵本や，おもちゃ，教育玩具，スライドなどを用いて認知的刺激を豊富化する．保育者との愛着を形成することと保育者や大人たちのことばかけを充足させる．大人との対人関係の活発化をはかり，同輩との遊びを中心とした交流を活発にする．②診断をかねての各種人格検査やドルプレイ(人形や家具セットを用いたごっこ遊び)を導入し，その診断に基づく処遇方針を決めて，担当保育者と密接な連絡をとり，働きかけを適宜決めていく．③遅れている知的・言語的能力や運動能力の欠陥を補償するための意図的教授＝学習プログラムを導入する．フィールドノートの観察記録，保母の記録に加えて各種知能テスト，言語能力テスト類などの結果にもとづきプログラムの内容を決めていった．プログラムの実施には，チームのメンバーがあたり，言語，数，社会や自然認識にかかわる各種のプログラムを実施し

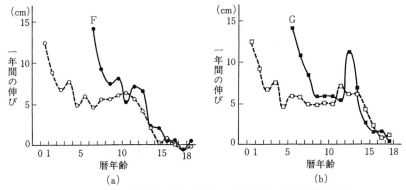

図 5-3 (a) F (女児) と (b) G (男児) の身長発達の速度曲線 (藤永他, 1987). 点線はそれぞれ女児・男児の全国平均.

た. 小学校入学以後は担任と連絡を取ると同時に, 学習面の補償に力を注いだ.

**回復の経過**

環境刺激の欠如によって生じた身体面の発達遅滞は他のケースと全く同様で, 救出後から急速に回復した. 1年毎の伸びをプロットした身長発達速度曲線 (図5-3a, b) から, 収容直後に最も伸びが著しいことがわかる. また, 健常児は乳児期に発達の大きなカーブ, ついで思春期に小さいカーブが描かれるが, F, Gの場合もこの曲線に近似し, 圧縮したパターンを示しており, 通常なら18年かかるところを12年で回復したことがわかる. 恐らく成熟のスケジュールを起動させる環境条件が整わなかったため一種の凍結状況にあったのであろう. 初期は歩行もできず, 這うか, つたい歩きで移動し, 環境条件の改善に応じて両手を前につきだした前かがみの姿勢で移動することはあったが, スムーズな歩行パターンで歩けるようになるまでに数カ月かかった. 立つ・歩くなど本来人間に生得的に備わっている成熟のプログラムが起動するためには, モデルの存在, 励しや承認など環境からの入力が不可欠であることが窺われる.

全般的に大筋群を使う運動の遅滞は著しかった. この面は特定のプログラムで走る・跳ぶなどを意図的に訓練した. しかし3年後にほぼ6, 7歳の水準にま

で到達した．一方，手指の巧緻性はそれほど損なわれておらず，救出後まもなく，はしやハサミ，おもちゃの操作に上達した．狭い小屋での隔離中，大筋群を使う経験は限られていたが，手先を使う活動への制約が小さかったためと推測される．これらのことは，歩行と同様に，生得的に準備されている機能も活動を通してうまく働くようになっていくことを示している．

**初期言語発達の経過**

定期的観察・実験的観察，保育者の記録や各種テストや治療教育的介入の結果にもとづいて救出後半年間の言語の初期発達の経過をみてみよう．1972年10月に救出されてから[4カ月後の]73年1月20日のFとGの言語発達の特徴を比較して表5-3に示す．一見して2人の言語回復の経過の違いがわかるが，このような違いはどのようにしてつくられていったのか，救出直後と4カ月後を比較してみよう．

Fについて；[救出直後]施設に収容後2日は全く発語はなかったが，Fが予防注射のときに「アチー」と発語したと保母が記録している．しかし，文脈から悲鳴を意味あることばと聞きとった可能性がある．1週間後から担当保母に甘えて非言語のやり取りが見られるようになる．保母のことばの理解はかなり良好で日常生活には不自由しない．またやり取りが生じるようになって，発語できることばが少しずつ増えていき，収容後3カ月経った頃には，保母により「アカチャン」「ブーブー」「イヤ」「クック」「オカシ」などの意味のあることばが18語報告された．名詞で1語発話がほとんどであったが，2語発話の萌芽が見られるようになった．保母がおもちゃをハンカチの下に隠すと「チェンチェ・キライ」，保母が時計を取り上げると「チェンチェ・トッチャッタ」，呼びかけのチェンチェに少し間をおいて相手への感情や相手が自分にした行為をあらわすことばをつけくわえようとすることが報告されている．

[4カ月後]には，積極的に他人と関わりをもとうとする．保母を助けたり小さい赤ん坊が泣いているのを保母に知らせるなど援助行動もよく見られるようになる．成人だけでなく，仲間の子どもたちとのやり取りがスムーズになるに

表5-3 1973年1月～3月におけるF, Gの言語発達の様相(内田, 1987).

| 項　　目 | F | G |
|---|---|---|
| 語彙能力(1973.1.20) | 74 | 20 |
| 最長発話単位数 | 3語文(1/8)<br>2語文, 3語文が自由に使える | 2語文(1/20)<br>1語文がほとんどである |
| 成人とのコミュニケーション | きわめてスムーズであり, 積極的に相互交渉しようとする<br>集団生活に不自由しない | 成人からの一方通行<br>しばしば大人の質問を理解せず無反応が多い |
| 同輩とのコミュニケーション | 同輩との相互交渉がみられはじめる(1/8)<br>共感性や攻撃性も観察される<br>友人の顔の弁別・命名ができる | ほとんど相互交渉はみられない<br>赤ん坊には興味を示す<br>友人の名前と顔が一致しない |
| F, G間のコミュニケーション | Gに特別な関心を示す | Fに関心を示すことはない |
| 意味不明語 | きわめて少ない | きわめて多い |
| 反響語やおうむ返し | 自発語(社会的言語)がほとんど | 反響語が発話のほとんどを占める |
| 幼児語 | 多い | きわめて多い |
| 錯　音 | 少しみられる | きわめて多い |
| 文法能力 | 終助詞(1/11)<br>主格助詞「ガ」(1/8)<br>助詞, 否定形, 命令形, 完了形など状況に応じて自由に使い分けられる(1/20) | 助詞未出現<br><br>否定形, 完了形出現(1/20) |
| 動物名の知識(3/29) | 動物の絵カードから大人の命名にあわせてポインティングしたり, 逆に絵カードを大人が指して命名したりがきわめて正確にできる | (ポインティング)<br>「ネコ」→イヌを指す<br>「ウサギ」→ニンジンを指す<br>「オウマ」→キリンを指す<br>(命名)<br>カモシカ→「ラクダ」<br>キリン→「オウマ」<br>シマウマ→「ワンワン」<br>ダチョウ→「コケコッコ」<br>ラクダ→NR |

呼応して語彙も増え, やり取りにことばが絡むようになる. また「キヨ・ダイテル・パンナ」の3語発話が出現したあとは, 発語はほとんどが2語文, 3語文になった. 健常児の言語獲得初期に見られる成人の発語の模倣や般用は全く観察されず, 2語発話, 続いて3語発話が短期間で出現した. Fは, 音声で何かを指すという言語的構えや準備性がかなり整っていたのではないかと思われる. これを土台にして, 収容後の外見上の無能力にもかかわらず保母とのやり取りに最初から熱心であったことから, 非言語から言語へ, ことばの絡んだや

り取りへスムーズに移行していったのかもしれない．これ以後大人との相互交渉を通じて語彙，文法などに長足の進歩が見られるようになる．こうして，Fは，救出後ほとんど自発語はない状態から，保母や同胞のGに特別な関心を示し，仲間とのコミュニケーション技能が発達するのに呼応して徐々に語彙を獲得し，文法能力や発音面が整うようになった．

Gについて；[救出直後]成人や仲間に対してやり取りしようとすることは皆無であった．収容後1カ月後くらいに成人の発話に対する反響語や延滞模倣が見られたものの，3カ月間は自発語は皆無であった．彼が発語したとして「ヨイショ」「ダイ(バイバイ)」「オチッコナイ」などが保母によって記録されているが，発話状況や声の調子からみて，大人の発話の即時模倣や延滞模倣と判断される．乳児院の生活に慣れるに従って，身振りや発話文脈の手がかりが使える簡単な生活習慣の指示のことば「こっちへおいで」「ねんねしてね」などは理解でき，日常生活は不自由がなくなった．

[4カ月後]には，仲間への関心も見られるが仲間の名前は記憶しておらず，やり取りは大人からの一方的な働きかけで終わることが多い．Fに対しても特別な関心を示さず，仲間と離れて1人遊びすることが多い．語彙は23語が確認されたが，動物命名テストの結果を見ると，Gはでたらめであり，すべて正解だったFとの差は拡大する一方であった．

**愛着の形成は学習の機能的準備系となる**

初期にきわだったFとGの違いは，大人や仲間への関心とやり取りの有無であった．姉の方はすぐに担当保母になつき，自分の担当保母の膝の上に他の子どもが座っているのを見るや，走ってきてその子を押し退けて自分が膝に座ろうとするなどの行動もしばしば観察された．自分が見つけた珍しいものを保母に伝えようとして，ことばが追いつかないためか，もどかしげに保母の手をひっぱって現場に連れていくなど，ことばを増やすことへの動機づけも高いことを窺わせる場面に何度も遭遇した．ところが，Gの方は担当保育者になつくことはなかった．2人の隔離時での対人関係の違いが想定された．

Gの言語回復がはかばかしくないのは，保母との愛着が成立しないためと考えられたので，乳児院収容後4カ月後にGの担当保母をFと同じ保母に交替してもらった．これを機に，弟の方も新しい担当保母との間に非言語的なコミュニケーションが成立するようになった．さらに他の保母や職員，姉，仲間，治療教育チームの人々へと対人関係を広げることにつながり，コミュニケーション技能をはじめとして，認知・人格・言語などの各側面の遅滞の回復が急に加速されたのである．この劇的な言語回復へのスタートは保母との愛着関係の成立と軌を一にしており，Gの方からも保母に働きかけてやり取りが生ずることが多くなるにつれ，ことばの獲得が加速された．このことは，愛着が言語獲得の基盤となるであろうという予測を支持するものである．また，愛着関係の形成が言語だけでなく，さまざまな学習の基礎になっていることを意味している．

**外言的コミュニケーションと内言機能の発達**
　Fは語彙をどんどん拡大し，大人とのやり取りは実にスムーズである（次ページ表5-4，例1）．一方Gの方も保母の交替に伴って大人との相互交渉は急速にスムーズになり，大人の言うこともよくわかるようになる．大人の働きかけや質問に対して適応的に応じられるだけではなく，自分の方からも情報を伝えようとすることも多い．自発的に情報を伝える意図がはっきりした発話が増えていった．筆者が「ねこちゃんの顔見てごらん．何している？」と問うと「ナイテル（と言ってからじっと絵を観察して）オコッテル，アッ　オコッテル！」というように応じられるし，靴を左右反対に履こうとしたので「Gちゃん，反対よ」と言うと，「アンタイ（ハンタイ）？」と靴を見てすぐに履き直すなど指示のことばにも間違えずに従えるようになった．
　2人は同じプログラムの治療教育をいっしょに受け，周りも姉弟として接したり，担当保母も同じため，どうしてもいっしょに行動することが多い．姉弟の関係もしだいに親密なものとなっていく．救出されて8カ月後の6月にはGは自分を「ボク」，Fを「オネエチャン」と呼ぶようになった．会話の例2や

表5-4 F, G の大人との日常場面での会話(内田, 1987).

**例1** 1973年5月17日

| 大人 | F |
|---|---|
| うん かめさんいるね. | ↙コレ カメサンミタイヨ. |
| | ↘コレ ミテゴラン, キテゴラン. |
| うん. | ↘ミテ, カメサン. |
| かめさん. | ↘ヤッパリ. |

**例2** 1973年6月15日

| 大人 | | FまたはG |
|---|---|---|
| Y これねー, あひるさん, あひるさん. | ↙F | ア, ミテ. コレナニ↗ |
| | ↘F | コレネー, アヒルサン, アヒルサン (反復) |
| | G | アヒルサン |
| Y 水ん中はいってるね. | ↙F | ミズハイッテル |
| | ↘F | ミズハイッテル(反復) |
| | G | ア, コレナーニ, ア, ミテゴラン, |
| Y このあひるさんね, 泳いでる. | ↙ | ミズハイッテル |
| | ↘F | オヨイデル. |
| | ⋮ (中略) ⋮ | |
| (終ったところで) | | |
| Y もう一回見る↗ | ↘G | モーイッカイミル. |
| Y もう一回してちょうだいって. | ↘G | モッカイシテトーダイ. |
| Y もう一回見たい↗ | ↘FG | ミタイ↘ |

**例3** 1973年6月23日

| 大人 | F | G |
|---|---|---|
| それは なにじゃ? | | →オウマニ〈ネ〉 |
| お馬? | | →NR |
| | オウマナータ, コレワキリンサンヨ→ | |
| Gちゃんキリンさんね. | | →(無言) |
| | ソウヨ→ | |
| Gちゃんこれはなあに? | | →(考えてから) ワンワン |
| | ワンワンナイジャン→NR | |
| Fちゃんこれなあに? | \*コレ, クマチャン\* | |
| | | \* 大人とGの両方に向けられている |

例3に見られるように，Fが主導権をもちながらも共同的，補完的関係が成立するようになっていく．

[1年後]Fが7歳，Gが6歳になったときから，読字訓練と書字訓練が遊びの中に導入された．カルタ取りやゲームもしばしば行うようになった．これは特にGにおいて錯音や幼児音が多く，音韻面での遅れが著しかったため，音素と文字との連合を自覚させ，発音を矯正しようとしたためである．また，いずれ就学することを考え，計数や簡単な計算もゲームに取り入れるようにした．

このような働きかけの成果は徐々に現れ，Gの発音不明瞭による意味不明語はほとんど見られなくなった．それに伴い，2人の会話能力，外言的コミュニケーション能力にはほとんど問題がなくなり，受け答えは2人とも達者であり，差は縮まってきたように見えた．しかし，詳細に見ると2人のことばの機能が違うことがうかがわれる．Fはことばを状況や文脈にふさわしいように自分なりの表現として発話できる．筆者が「おなかいっぱいなの？」と問うと「オナカチュイテナイ」と答えたり，「F，トマト要る？」と問うと「タベル」という具合に，自分の視点からのことばに置き換えて受け答する．これは外言的コミュニケーション機能の他にⅢ章で見たような自己内対話の手段としての内言の機能（ヴィゴツキー，1932/1967）が伴ってきたことを示唆している．一方，Gの受け答えを見ると，大人のことばと同じことばを繰り返し，Fのような柔軟性は見られず，ことばは動作や状況に強く規定されている．

このような2人の違いは，テスト場面になるとはっきりとする（表5-5）．テスト場面では形式的・抽象的なことばで問いが出され，答えるときに文脈に依存することはできないためである．日常的な会話では2人の差はそれほど目立たないのに，公式的・形式的な場面で差が顕著になるということは，社会的言語発達の道筋と形式的な言語，いいかえると文脈独立的な言語の発達の道筋が分化していること，さらに，それぞれの言語機能が異なることを示唆している．

表5-5　テスト場面での F, G の答え方の相違(内田, 1987).

| [WISC テスト場面（1973. 11. 4)〕 | | |
|---|---|---|
| 大人（問） | F | G |
| ナイフって何するもの？ | → リンゴヤルノ, カワヲキッテ. | → ナイフ, ココキッテアゲル. |
| カサってどんなもの？ | → カサワネ, アメノトキ…… | → カチャココ, カチャココ. |
| 雨のときどうするの？ | アメヲネ, ヌラシチャッタ. | カチャネ, カチャネ, カチャワネ, デテキタノ. |
| | フラレチャウノ, フラレチャウノ. | カチャワネ, ココニイルカラネ. |
| 紙はどんなもの？ | → カミワネエ, チラク……チラカス. | → カミネ, クチュルノ(作るの), |
| ちらかすのね？ | ウン. | チャンカクニ. |
| ブランコってどんなもの？ | → ブランコワネ, ノルモノ. | → ブランココイデルノ, ムチャムチャチテルノ. |
| 暑いってどういうこと？ | → アチヲツケルノ. | → N R |

| [文脈に依存しない質問に答える場面（1973. 11. 4)] | |
|---|---|
| Gちゃんさ, 水の中にどんなものがいるのかな？ | →オミジュネ, ハチャミニネ, ╱ココニイレルノ. |
| 水の中にどんなものがすんでる？ | → チュンデルノ. |
| | ╱ オミジュノナカニチュンデルノ. |
| 何がいるの？ | → チョコニ. |
| 底にすんでるの？　よくできるね. | ╱ ╱ |
| Gちゃんね, 犬には足, 何本あるか知ってる？ | → イヌチッポアルノ. |
| 4本あるの, 4本. | ╱ ╱ チッポアルノ, チッポ. |

## 3　人間発達の可塑性・言語発達の可塑性

### 2人の言語発達に見られる欠陥

　救出後1年過ぎからは特に遅滞のひどかった G の言語の回復は目ざましかった．しかし F との差は縮まらなかった．2人の言語獲得状況を知る手がかりに実施した言語学習能力診断テスト(ITPA; Illinois Test for Psycholinguistic Abilities)の結果（図5-4）をみると，言語学習能力は常に暦年齢より3，4年下回り，さらに，下位検査得点の描くプロフィール凸凹が大きく，下位検査項目間の成績の差異は縮まらない．これらの特徴は，同じ施設に同時期に入った子ど

FのPLAプロフィール

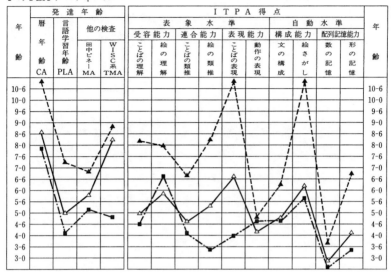

GのPLAプロフィール

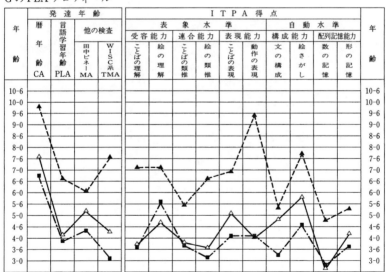

F：1977.9.17（10歳11カ月）▲---▲　G：1977.9.17（9歳11カ月）
F：1975.5.31（8歳7カ月）△―△　G：1975.6.1（7歳7カ月）
F：1974.9.21（7歳11カ月）■-・-■　G：1974.9.8（6歳10カ月）

図5-4　ITPAのPLAに基づくプロフィールの比較(内田, 1987).

もたちは暦年齢とほぼ同定度の言語学習能力を示していることや，下位検査得点のプロフィールには凸凹が見られないという健常児のパターンと比較して際だっている．彼らの言語能力が全般的に低く，下位能力間に成績のバラツキが生じたのは，施設環境によるものではなく，初期環境の貧困に起因していると推測される．また，彼らの言語能力の低さは，「数の記憶」「形の記憶」「文の構成」「ことばの類推」の検査項目にあらわれた．このことは記憶機能，推理機能，連合機能など認知機能の遅れと関係しているものと思われる．

とりわけ 2 人の記憶機能の低さは注目される．文の順唱や数字の順唱・逆唱で測定した「短期記憶範囲」(情報処理容量)は，2 人とも 4 歳児レベルの 3 単位どまりであり，加齢とともに増加することはなかった．後々，これが九九などの機械的暗記学習や連合学習を困難にし，彼らの学力面の弱点につながっていく．ところが対照的なことに，修学旅行で訪れた先や，コースの記憶など，日常の意味記憶の欠陥は全くない．このことはエピソード記憶を司る海馬や扁桃核など大脳側頭葉内側部の神経細胞のネットワーク化が著しく成熟する生後 10 カ月頃 (II 章参照) の栄養不給によってもたらされたのかもしれない．しかも加齢によっても短期記憶範囲が拡大しないということは発達初期に臨界期があると想定されるが，これらの推測を支持するような文献は今のところ見あたらない．

### 文法能力に見られる欠陥

さらに連合機能・推理機能などの遅滞に加え，G は音韻面の遅滞が後まで残った．これらの遅滞は，言語の内言機能 (学力言語) を担う書字言語能力に欠陥をもたらした．さらに内言機能の欠陥は，形式的言語を用いて答えるようなテスト場面での G の受け答えの低さにつながり，特に，形式的な言語操作を必要とする文法領域の欠陥となって現れた．

文法能力テスト (国立国語研究所作成) の結果は，シンボルを変換する能力がかなり遅れていることを示すものであった．受動・能動文の変換や使役文の作成のテスト成績を図 5-5 に示したが，F も G も全国平均で 4 歳児レベルまで到

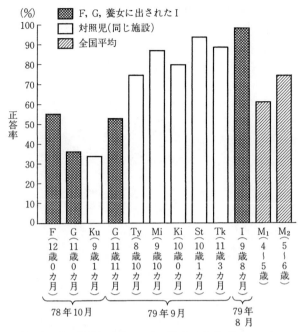

図5-5 文の作成・変換テスト正答率の比較(内田, 1987).
M1, M2 はそれぞれ年中児(4, 5歳), 年長児(5, 6歳)の
全国平均(1977, 国立国語研究所のデータによる)

達していない．F, G が救出された直後，新聞報道でこの事件を知った他県の夫婦の希望で養女としてもらわれていった I が満点であり，また，同じ養護施設に暮らす知能遅滞児の Ku を除く Ty, Tk は9割近い得点を得ていることから，2人の遅れは，やはり，初期環境の貧困による言語刺激の欠如によってもたらされたものと推測される．

受動・能動の変換には「変換ルール」が使えなくてはならない．彼らは「お母さんは花子を叱った」→「花子はお母さんに叱られた」とせず，「花子はお母さんが叱った」と手持ちのルーチンを適用して答えてしまう．また，「花子はラジオを聞いた」は「ラジオは花子が聞いた」と意味的には正しくても変換ルールを適用せずに，「～ハ～ガ構文」で答えてしまうのである．「ラジオは花子に聞かれた」という変換は日常語からみれば奇妙な表現ではあるが，一般の

表5-6 変換ルールの訓練(内田, 1987).

基本原則
  (1) 変換ルールの自覚化
  (2) 記憶負担の軽減 ⟶ 書きことばの導入

訓練手順
  (1) ルールの発見
    モデルの文と変換した文をカードに書いたものを見せ,変化した箇所を見つけさせる
  (2) ルールの明示化
    変化箇所を赤鉛筆で印をつけながら説明する
  (3) ルールの自覚化
    G自身にルールについて言語化させる
        ⟶ 自発的に言語化できるまで繰り返させる
  (4) ルールの定着
    G自身の誤りを赤鉛筆で自己修正させる

幼児では,2,3回の練習で変換ルールの使い方をのみこみ適用できるのに,彼らは10回以上練習してもルールを適用できないのである.中学3年になったときGには表5-6のような自覚的学習プログラムを使って訓練して初めて変換ルールが使えるようになった.

### 言語発達と認知や情動とのかかわり

認知機能の発達は,訓練目的も兼ねて各種の知能テストを実施することによって追跡したが,初期は身体発達と同様に目ざましかった.しかし,ついに知能指数(IQ)は60～70で頭打ちになってしまった.これは彼らの表情や会話のことば,日常直面する課題をらくらくこなし,適応的に振舞っていることから受ける印象とのギャップがきわめて大きい.また下位テストを分析すると,言語がからまない動作性知能(Performance IQ)は平均的だが,言語性知能(Verbal IQ)は低い(図5-6a, b)のである.言語性知能の低さは,先に述べた記憶機能の低さと内言機能や言語の形式的操作の面の欠陥によってもたらされたためと推測される.

同じ時期に施設に入所した他の子どもたちには動作性知能と言語性知能のア

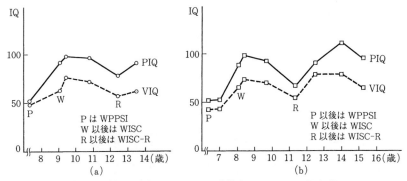

図 5-6 (a) F, (b) G, の WISC 系検査の VIQ(言語性知能)と PIQ(動作性知能)の経過(藤永他, 1987).

ンバランスが認められず，また，2人の妹で養女に出された I は知能指数が 135 と優秀児の範囲であることから，彼らの言語性知能の低さは施設環境に起因するものではないし，遺伝的負因があったわけではなく，5, 6年の刺激剥奪環境によるものと推測される．

　また，F の知能指数は G と同程度かそれよりも低い傾向にある．このことは，F の日常の対人関係や会話(外言的コミュニケーション)から推測される社会的知能の高さから考えると意外である．F が仲間から「F は頭が悪いからテストされる」と噂されて以来，テストを受けることを嫌がり，受けるときも身を入れようとしなかったことから，テストへの動機づけは低く，知能値を実態よりもひき下げたものと考えられる．また中学生になった頃からはテストを拒否するようになった．ところが，G はこうした噂にいっさい頓着せず，常に「ゲーム」として楽しんでテストを受け，筆者とのテスト時の会話を楽しんでいた．この行動の違いは，F は人間関係に敏感であるのに対して，G は外界の事象の因果的成立ちの方に敏感というような，2人の気質の違いを反映しているのかもしれない．また，テストを受けるときの意欲や動機づけが，認知的課題解決の成績を左右することを示唆するものである．

　以上のように，言語には外言だけでなく思考機能としての内言の側面があること，それゆえにこそ，認知(記憶機能・連合機能・推理機能)との関わりをぬき

に論じることはできない．それ以上に，意欲や快・不快感情など情動の要因も言語の発達に絡む重要な要因である．したがって，言語発達は，認知，情動などと絡むより広い文脈の中でとらえていく必要があると考える．

**FとGの言語発達の特徴**

2人の言語発達経過を次の3つの問題点からまとめてみよう．
(1) 2人は正常な言語を獲得しえたか；

社会的相互交渉の手段である言語の外言的コミュニケーションの側面では予想外に速やかな発達をとげた．日常場面では他児と遜色はない．Fは場面に応じて敬語，丁寧語，謙譲語を駆使して美しい日本語を話す．
(2)その言語獲得過程は普通児と同じプロセスを辿るか；

Fにおいては喃語期～初語形成期(成人の模倣や語彙の般用)は観察されず，社会的言語習得期から開始された．きわめて短期間に社会的言語獲得が達成された．語彙の獲得速度や2語文開始時期がジェニーや正常児に比べてかなり早いというのはイザベルの場合と同様であり，言語についてかなりの潜在学習があったことを示唆している．

Gは，意味不明のジャーゴンや錯音がきわめて多く，反響的反復と自発的発話の混在する初語形成期は長く，救出されて5カ月後の翌年4月に保母の交代に伴い保母との間に愛着が形成されるようになってから社会的言語の順調な回復がなされるようになった．このことは言語獲得と愛着の成立とが機能的に関連していることを意味している．愛着とは大人と子どもの間の非言語的ターンテーキング(Kaye, 1977)やコミュニケーション・ルーチン(Bower, 1977)などの基礎をつくるものであり，愛着が成立するということはコミュニケーション機能の成立に他ならず，社会的言語獲得の先行条件となるものであろう．救出前のFとGの主な相互交渉の相手は姉のDや発達遅滞のあった兄のEであったことから，同輩との相互交渉は言語獲得の準備系としては不十分であり，成人との相互交渉の基盤に支えられてはじめて補償的なシステムとして機能することが示唆されたと言えよう．

(3) 2人の言語的欠陥はどこにあるか；

①音韻面：Gには音韻面の遅滞が著しく，錯音(ツクル→クチュル)や発音不明瞭による意味不明語が後まで残存した．普通児に比べ，その期間はかなり長く，しかも，発声器官の未成熟に起因すると考えられる音量調節がうまくできず，場面に不相応に大声に，あるいは小声になるなどが見られた．

②文法能力：FもGも受動文と能動文の変換や使役文などにおいて変換ルールが使えず，日常的表現で代替してしまう．文生成の基礎となる変換ルールの習得は日常的言語刺激の豊富化やテスト場面や学校での形式的言語を使う経験を積んでも必ずしも補償されず，計画的な学習プログラムによる自覚的学習経験を必要とすることがわかる．ただし普通児がなぜ日常的言語体験からこうしたルールを容易にそして速やかに習得しうるのか，チョムスキーらの普遍文法などを想定せざるを得ないのか，そのときの環境からの言語入力の役割は何かなど今後検討することが必要である．

さらに，Gではその他の文法領域においても誤りが残存している．11歳ごろまで「ハチミ」「クモミ」というように昆虫にはすべてミという接尾辞をつけるという「セミ」からの般用的誤り，「ケガワツイテル」と主格助詞と提題の助詞を重ねて使う誤り，「キツネノイエヲ(に)オイデツッタノ」のような助詞の誤りがかなり散見された．普通児なら小学校に入ればこの種の誤りは侵さないような欠陥が中学生になる頃まで残存した．

③内言機能：ITPAや知能テストの結果から，2人とも記憶機能，連合機能，推理機能などが遅滞することと軌を一にして，文脈独立の形式言語，思考言語としての内言機能が遅れている．これらの欠陥は書字言語能力にも影響を与えている．

以上をまとめると，外言的コミュニケーションはほぼ完全に回復したが，内言あるいは形式言語の面の遅れや欠陥は残存しつづけている．言語回復の経過からは，もし言語発達に「臨界期」があるなら，IV章でも述べたように，言語の領域によってその時期は異なるものと思われる．変換ルールの習得や音韻規則の習得などではレネバーグ(Lenneberg, 1967)が想定した時期よりも早く，

幼児期の終わり頃までであると考えられる．また記憶機能がかかわる言語領域はもっと早く頭うちになることから，記憶や情報処理容量を司る中枢の生物学的成熟の時期と関連させて検討されるべきであろう．

**FとGの言語発達の相違は何によってもたらされたのか**

Fでは初期から音韻面・意味面・文法面・コミュニケーション面のいずれについてもGに比べて優れており，回復のペースは速く順調だった．これにくらべ，Gの回復ペースはゆっくりしていて，さまざまな面の遅滞が著しく，半年くらいは回復はほとんど見られなかった．しかし，上記のように，Gの担当保母の交代をきっかけに，新しい保母との親密な関係ができあがるのに呼応して，外言的コミュニケーションの面はしだいに回復が加速される経過が見られたものの，2人の差は縮まらなかった．青年期に達してもなお，さまざまな面で2人の回復経過や到達度は異なっている．このような差がなぜ生じたのであろうか？　これには性差や気質，暦年齢差などが関わっていると考えられる．

(1)性差がもたらす違い；

まず，2人の到達度の違いは性差によってもたらされたものと考えられる．男児は女児より「被損傷性(vulnerability)」が高い(Rutter, 1979)．同じ環境の剥奪を経験しても損傷の程度が大きいものと考えられる．また，物事の認識や解決能力，あるいは，言語の流暢さなどにおいて性差があることが知られている(キムラ，1992)．本ケースにおいてもFはGに比べて概して言語獲得が速く，また幼稚音など発音の問題が少なかったという現象と対応している．これらの違いは脳の発生過程の性差と関連している可能性がある．脳の成熟速度に男性ホルモンであるテストステロンが影響を与えることにより，受胎後2カ月から男児の脳機能の成熟速度は女児よりも遅れる．その結果，出生直後の大脳は女児の左脳が右脳や男児の左右脳よりも成熟の度合が進んでいる(Geschwind & Galaburda, 1987)という．これは女児の方が発声行動をコントロールすることが必要になった時期に左脳がその機能を担うのに適した成熟段階にまで到達して

いることを意味している．女児の言語発達の方が早く，しばしば，発音が明瞭で話し方が流暢であるなどの現象はこのような脳の成熟の度合が進んでいるために生じたのかもしれない．

(2)気質の差がもたらす違い；

　2人の対人関係の違いは隔離時の状況下での人との関わりの違いを推測させるものだが，気質においても2人に違いがあるのかもしれない．Fは最初からやり取りの中で自己の感情や意志を表現することばの獲得が早く，対人関係にとても敏感であった．一方Gは，周りの人間には鈍感で，「これなに？」を連発して物の名前を尋ねようとした．ネルソン (Nelson, 1981) は，子どもの語彙爆発期が始まって50語程度の語彙を獲得した時期に，語彙の中味を分析したところ，対人関係に敏感で感情表現や挨拶のことばが多い「感情表現的 (expressive) 子ども」と，事象・事物の因果的なりたちに関心があって物の名称をたくさん獲得している「名称指示的 (referential) 子ども」の2つのタイプがあると述べている．このような違いは気質の違いと関係しているように思われる．2人の関心の持ち方からみると，Fは感情表現的な子どもに，Gは名称指示的子どもに対応しているのかもしれない．

(3)暦年齢の差がもたらす生活歴の違い；

　2人は暦年齢1年の差がある．Fの場合は母親から哺乳され，多少なりとも世話を受けた可能性がある．ところがGの方は，一層悪化した家計状況におかれ，母親も完全に育児放棄をしていたものと思われる．Fは最初期から保母や同輩と愛着を成立させた．Gは保母や同輩に無関心だった．この違いは収容前の2人の人との関わりの量と質に差があったことを推測させる．

　2人の世話は2歳年上の姉，遊び相手は言語遅滞を持った1歳年上の兄だった．多少なりとも同胞と社会的なやり取りはあったろう．しかし，FとGの相違を考えると，年齢の近い子どもとの関係の成立は，大人との関係を前提にしなければ有効になりえないということを示唆しているのかもしれない．

　このことは，大人との愛着の成立が外言的コミュニケーションや対人的適応への機能的準備系として，きわめて重要であることを示唆している．これは子

どもの対人関係の核として，また，子どもと人々との相互作用の基礎として，人間化のありように影響を与えていくのではあるまいか．

　愛着の発達について，ボウルビィは言語発達と非常によく似た臨界期があり，ほぼ3歳頃であると仮定している．しかし，救出され，正常環境に戻されたときの姉弟の暦年令はそれぞれ，6歳，5歳である．3歳すぎでも，やり取りの質により，特定の保母との間に愛着形成が可能である．弟の方も相性のよい保母に交替したのを機に，コミュニケーション技能が習得されたことから考えて，愛着形成において単純な暦年令による臨界期を仮定するのはふさわしくないように思われる．

　むしろ，このケースからは，特定の大人との間に，頻繁に社会的なやりとりがなされ，コミュニケーション技能の練習の機会が与えられれば，容易に遅れを取り戻して，その年齢にふさわしいコミュニケーション技能を発揮するようになるということが示唆される．つまり，養育を放棄し，子育てに無気力な母親に代わって，養育者が愛着形成の対象になるのである．おそらく，対人関係の発達には，母親だけが大切で母子関係が全ての基礎になるわけではなく，父親や祖父母などの家族なども含めた広い社会的つながりの中に置かれていることが重要なのであろう．

**生涯発達の視点に立って**

　2人は就学猶予2年を経て小学校に入学してから，順調に中学，高校へ進学し，成績も次第に上昇していく．

　また同じ環境にいる他児に比べて遅滞の徴候や問題が見つかる度に導入した自覚的な補償教育は，記憶問題や文法の変換ルールなどを除き，効を奏し，これにつれて言語，認知面での改善がなされていった．このことが問題解決や内省の手段を獲得させることにつながったようだ．

　青年期になると，2人は将来どうしたいかを考え，また，自分自身について内省し「自分探し」をはじめるようになる．将来どうするかについて悩み，その悩みを口にするようになる．得意な絵を活かして絵の専門学校に進学し，そ

れに関連した職業につこうかなどとも考えたこともあった．

　高校2年のとき，Fは文完成テストで「私の頭脳は」に続けて「たくさんは覚えられない．でも努力すれば覚えられるようになる．」という文を書いている．自分自身の記憶能力の低さを認識し，それを克服するための努力をしようという動機づけが読み取れる．実際，自分の弱点を克服するために，試験前に何度もドリル学習をしたり，ノート整理をしたり，調理実習に向けて練習したりして，勤勉に努力するようになる．これは学業成績の上昇という結果をもたらした．Gの方は中学の部活動で始めたマラソンでこつこつ努力をする．温厚な性格もあって，運動部の部長に選ばれ人前で演説するまでになる．Fに比べれば自己の能力に楽観的ではあるものの，自分が興味を持ったことがらには積極的に取り組もうとする態度がみられる．またそんな自分に対して肯定的に評価し，自信も抱いている．

　2人のその後の言語や認知の発達を促進したのは，このような自分自身を自覚的に内省し，自分自身を高めたいという動機づけの側面であったのである．そして，現在2人とも希望の職種に就職し，社会人として適応的な生活を送っている．姉の方は結婚して2人の子どもをもうけ，幸せな家庭生活を送っている．

　この2人の事例から，人がいかに多くの潜在的な可能性を持ち，その開花のために何重ものガードに守られているかを知らされる．幼児期を通じて隔離され，刺激が非常に制限されており，栄養面はもちろん，文化的，社会的に閉ざされた環境におかれたとしても，それを克服する自生的な成長の力は大きい．一時流行語になった「母原病」ということばは，「母親が原因で増える子どもの異常」(久徳，1979)を意味しており，母親だけが子どもの発達の責任を負っているような印象を人々に与えた．子どもに関わるのは，親だけでない．同胞，仲間，さらに，近隣の人々，教師，さまざまなメディアを通しての人々．そうした人々との出会いと社会的なやり取りを通じて，人は人間化への道を歩む．

　全生涯のうちで幼いほどその発達速度は大きい．まわりのものやことについての一貫性ある世界をつくるのに，最も大切な時期であることも確かであろう．

だが，発達を飛躍的に進める機会は青年期にもやってくる．いやそれだけでなく，おそらく生涯を通じて人はさまざまな機会に，たとえ量的には乳幼児期に及ばなくても，質的には高くなる可能性をもっているのだろう．本章で取り上げた事例はそれを教えてくれる．初期の母子関係のみが人間を発達させる決定因ではなく，後からやり直しや修正がきくという希望を抱かせてくれるのである．

# 第VI章
# 想像力の発達——ディスコースの成立過程

　ことばは象徴機能を基礎にして成立し，人とのやり取りの手段や，また内的なモデルを構成する手段となる．やがて，象徴機能を基礎として想像力が開花するのと軌を一にして，ディスコース(discourse 談話・物語・文章)が生成されるようになる．人は，世界を語り，自己を語る．ことばは世界を認識し，自己意識を形成する有力な手段となる．

## 1　創造的想像のメカニズム

**想像力——生きる力**

　オーストリアの精神医学者のフランクルは第2次大戦中，アウシュヴィッツの強制収容所に囚われたが，奇跡的にも生き延びることができた．人間は極限状況の中では残忍で，忌まわしい人間性，原始性を示す．未来を意識したとき，直接感覚に訴えてくる現在から離れるような精神活動が活発になる．極限状況にあってもなお，人は未来を意識し，想像力を働かせることができる．またそうできたものだけが精神の浄福を保ち続け，生きる力が与えられるのである．以下の文章にはこれが端的に表現されている．

　　人間が強制収容所において，外的にのみならず，その内面生活においても陥って行くあらゆる原始性にも拘らず，たとえまれではあれ著しい内面化への傾向があったということが述べられねばならない．元来精神的に高い生活をしていた感じ易い人間は，ある場合には，その比較的繊細な感情素質にも拘らず，収容所生活のかくも困難な，外的状況を苦痛ではあるにせよ彼等の精神生活にとってそれほど破壊的には体験しなかった．なぜなら

ば彼等にとっては恐ろしい周囲の世界から精神の自由と内的な豊かさへと逃れる道が開かれていたからである．かくして，そしてかくしてのみ繊細な人間がしばしば頑丈な身体の人々よりも，収容所生活をよりよく耐え得たというパラドックスが理解され得るのである．

(フランクル，1961, 121-122頁)

　人はパンのみにて生きるのではない．厳しい収容所生活で生きる目標と希望とをフランクルに与えたのは，パンではなくて，人間の精神の基本的な営みである想像力だったのである．
　想像力は生きる力を与えるばかりでなく，想像力を働かせた結果，未来を破壊し，人間の生命を脅かすという否定的面もある．しかし，この否定的な面を予測し，評価し，ある決断をくだすのも想像力，すなわち「メタ的想像力」(内田，1994)が関わるのである．想像を働かせた結果どうなるかをも視座に入れて未来を思い浮かべることができるかどうかが「生きる力」を左右する．

**目に見えないものを思い浮かべる**
　想像力(イマジネーション)とは目には見えないものを思い浮かべる能力のことである．人は目で見，耳で聞き，手で触れる現実の他に，想像力でつくりだした世界を自分の現実にすることができる．私たちは生きて，目覚めている限り，いたるところでこの想像力を働かせている．今，目の前で起こっていることは見たり，聞いたりすることによって，また過去の出来事も記憶を呼び起こすことによって知ることができる．しかし，まだ見ぬ明日は，単に五感を働かせたり，体験を再現するだけでは思い描くことはできない．未来は想像することによって知ることができる．未来についての表象をもつことが想像力の働きの最も重要な側面である．
　未来を思い描く素材として，私たちは経験を利用している．想像は経験に依存している(ヴィゴツキー，1974)のである．しかし，想像は経験にもとづいてはいても，経験そのものではない．経験が複合され，脈絡をつけられるときに何

か新しいものがつけ加わる．経験は再現される文脈に合うように再構成され，姿を変える．経験は，かつての姿とは異なったかたちで再現されることになるのである．ここに，創造――何か新しいものが生み出される可能性が開かれる．経験を「不正確に」再現し，整合的な文脈へと再構成する過程に，新たな創造の可能性がもたらされるのである．もし人が経験を古いものと同じ形で再生するだけなら，人間は過去に向かって生きているにすぎないことになる．現実の制約から自由になり，新しい未来に向かって前進し，現状をより高いものへと変えることができるのは，人間の特質である想像力をはたらかせ，以前になかったものをつくりだすという認識のしくみに負うている．

**創造的想像のメカニズム**

表象形成作用とは，表象（イメージ）をつくりだして経験する過程であり，想像力の一形態をなしている．しかし，想像力はそれに留まらず，言語的なもの，非言語的なものを含めて，多種多様なシンボルをまとめあげるはたらきも含んでいる．想像力は，「いくつかの象徴機能を，意識の覚醒状態で，ことさらこれらの機能を統合しようとせずに産出したりする精神の能力」（アリエティ，1980，30頁より）を指している．想像力は象徴機能のはたらきを統合し，複合するはたらきととらえることができる．この働きを通して想像力は認識の営みのすべて――知覚，表象の構成，想起，思考，推理などの精神過程――に密に絡むようになる．

図6-1は想像力と思考力の関係について整理したものである．いわゆる思考（thinking）には2つのタイプ，収束的思考（convergent thinking）と拡散的思考（divergent thinking）とがある．収束的思考とは解が1つ，解に至る道筋も1つというようなタイプの思考を指しており，日常語の「暗記能力」に近い概念で，「想起」の過程に対応する．一方，拡散的思考とは解は複数ありうるし，1つの解に至る道筋も1つとは限らないような思考のことであり，いわゆる「想像力」で，「想像」の過程に対応するものである．

いずれの場合も表象（イメージ）を構成する素材となるのは既有知識や経験で

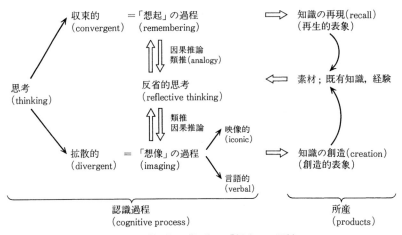

図 6-1 「思考」・「想像」・「創造」の関係

あり，反省的思考（reflective thinking）とはそれらの知識や経験を回顧して，素材として新しい文脈に取り出そうとする精神の働きを指している．人は想起，あるいは想像するときには，反省的思考を働かせ，経験や知識から特に印象の強い断片を取り出し，類推や因果推論（causal reasoning）の働きによって統合し，表象（イメージ）へとまとめあげる．さらに，この表象はことばやからだ，描画などの表現手段を使って，目に見える形へと外化される．最終段階で頭の中には再生的表象か創造的表象ができあがってくる．再生か創造かは質的に全く異なるわけではなく，創造の含まれる程度の相対的違いである．素材を取り出す過程ではそれまでの経験や既有知識の質や量がものを言う．素材を取り出す機能が類推（analogy）である．類推によって文脈に合わせて印象の強い体験や経験の断片が注意の対象となって，素材として取り出されてくる．それらが因果推論によって整理され，組み合わされ，統合される．これによって，情報は今つくりつつある新しい文脈にうまく収まるように形を変えられ，加工されて整合性ある表象全体がつくられるようになるのである．

### 連想のモメント——「類推」

類推は，私たちが住む世界について知覚し，学び考えるための方法である．

表 6-1　類推を働かせて世界を捉える（全労済，1998 にもとづき作表）．

| | |
|---|---|
| 「にんじんを食べると足が速くなるんでしょう？（うさぎみたいに）」 | ［女児, 3 歳］ |
| 「春の音がするよ」（初物の筍を食べたとき） | ［男児, 3 歳］ |
| 「ゆうあけこあけのかたまりだ」（夕焼け空を見た後，橙色の大きな満月を見て） | ［男児, 3 歳］ |
| 「ママ，お空に穴があいちゃった」（黄色い満月を見ながら） | ［男児, 3 歳］ |
| 「この風はやさしい風だね．葉っぱがウフフって笑ってる」 | ［男児, 4 歳］ |
| 「ここで雲を作ってたのか！」（工場の煙突から煙がもうもうと出ているのを見て） | ［女児, 4 歳］ |
| 「お母さんはおばあちゃんから生まれたんだよね．じゃあお父さんはおじいちゃんから生まれたの？」 | ［女児, 5 歳］ |
| 「私，お父さんにそっくりだなあ……．お父さんもお母さんのおなかから生まれたのかなあ．私とお父さんってきょうだいかも」 | ［女児, 5 歳］ |
| 「お父さんはいつ赤ちゃんを産むんだろ？」（父親のお腹が出っ張っているのを見て） | ［男児, 5 歳］ |
| 「秋が落ちてる」（赤く色づいた紅葉が落ちているのを見て） | ［女児, 6 歳］ |
| 「お山がみどりの服に着がえたよ」（3 月末の雨上がりの朝の山を見て） | ［女児, 6 歳］ |
| 「パンダっておめでたくない動物なんだね，きっと」（通夜の席で） | ［女児, 6 歳］ |
| 「あの子ワカメ食べてないんじゃない？」（金髪の男の子が日本語を喋っているのを見て） | ［男児, 6 歳］ |

　言語を獲得するときにも類推の働きが不可欠となる．表 6-1 に示した発話は，子どもが生活の中でたえず類推し，未知のものを自分なりに意味づけ，名前をつけ，カテゴリー分けをしていることを示している．子どもも大人も初めて出会ったものを「これ〇〇みたい」と自分のよく知っている〇〇にたとえる．自分がよく知っている領域での知識を使って異なる領域の事象や未知の事象を帰納的にとらえているのである．

　稲垣（1995）は，幼児が「擬人化」によって素朴生物学の知識を獲得していることをさまざまな角度から証明している．幼児は日常生活を通して人間についての豊かな知識を構成している．この豊かな知識を活用して知的に洗練された推論を行うことができる．5 歳児にウサギの絵カードを見せて「ウサギの赤ちゃんをこのままの大きさにしておくことができるかしら？」と尋ねたところ，「できないよ．だってぼくみたいにさ，ぼくがウサギだったらさ，5 歳になってだんだん大きくなっちゃう」と答えている．このように人間になぞらえて答

えた場合はもっともらしい予測に到達することが多かったという．

　類推の働きがなければ語彙も獲得はできない(Miller, 1981；ヘッブ，1975；I章参照)．たとえば，人が前に見たことのないある対象をみたときにそれを「椅子」と呼ぶためには，かつて椅子と呼んだ一連の対象についての知識と，目の前の対象の知覚的・機能的な類似性に気づき，関係づけができなくてはならない．いったん「椅子」という名前をつけたら，その対象を椅子のカテゴリーのメンバーとみなして椅子カテゴリーに属する他の椅子に対するのと同様に振舞うことができるようになる．このように私たちの心は，入ってくる情報が自分の知っていることや体験したこととどう関連づけられるのか，どんな類推が可能かということに絶えず注意を払っているのである．

### 表現としての「比喩」

　ホリヨークら(Holyoak & Thagard, 1995)は子どもから科学者まで，また詩人から政治家までが類推を働かせて心を飛躍させ，思考や発見，創造へと導かれていくことを様々な角度から論じている．想像過程もその1つである．類推による推論はおそらく知的な問題に対する最も豊かな仮説の源泉となるであろう．その修辞的形式は「比喩」である．比喩とは一般に「時は金なり」(隠喩(metaphor))や「雲は煙みたいだ」(直喩(similitude))のように，あるものXをそれと何らかの点で類似してはいるが異なるカテゴリーに属するYにたとえることである．これによって私たちはYについてすでによく知っている特徴やふるまい方をXに対してもあてはめることができるようになるのである．

　比喩には次の2つの働きがある．(1)意味を拡張する；私たちが所有している乏しい語彙を活用して複雑な現実を特徴づけることを可能にしてくれる．たとえば，「この理論の土台はガタガタだ」のように，「理論」はしばしば「建物」になぞらえられる(山梨，1988)．抽象的な「理論」も建物という馴染みのある具体的なものに引き移すことにより分かりやすくなるのである．また，ことばの意味は比喩によって変容させられる．語彙はたえず変化増殖を繰り返している．一方では死語になるものもあり，もう一方では新しく生成されるもの

もある.「クレーン車」「舟を漕ぐ」「頭金」「火の車」「机の足」など,「隠喩」(かつて特定の具体物を指示したときの意味が変化して新しい指示対象を指示するようになった語彙)であふれている.ことばの意味は時代とともに変容するものである.たとえば,漢字では緑,碧,翠などと書く「ミドリ」もその1例である.字を見れば色名だと思う人が多いだろうが,古代の日本語では色名ではなかったのである.佐竹(1955)によると,「ミドリ」の語彙は,万葉の時代には純粋に色を色として指示する色名としてあった語ではなく,その後の意味の変化によって色名としての資格を得た語であるという.万葉集,古今集でのミドリの使われ方を見ると「若芽」を意味していた.そこから「つやつやした」の系統が「みどりの黒髪」へ,「生まれたばかりの」の系統が「みどりご」(生まれて間もない新生児)へとつながっている.しかし,若い世代ではもはや「みどりの黒髪」も「みどりご」も死語になりつつある.

(2)潜在的な性質の一部を強調する;確かに属性としては存在しているのだが,通常は注目されない側面に光を当てるというものである.「言い得て妙」とか「確かにそういうことがあるな」という実感がわく.たとえ比喩を言われたとしてもXとYのつながりがつかめなくて,まるで謎解きをしているような気分になることがある.詩人のことばはそのよい例である.T. S. エリオットは次のような2行を創造した.

"When the evening is spread out against the sky,
Like a patient etherised upon a table."

(Eliot, T. S., The love song of J. Alfred Prufrock, 1917)

直訳すれば「夕暮れの静けさが空に垂れ込めている.まるで麻酔をかけられ,ぐったりとして手術台に横たえられた患者のように.」とでもなろうか.この行を読むまで筆者は夕暮れを麻酔患者のように見たことなどなかった.しかし,この行を読んで,「なるほど」と納得してしまうと,どんよりした夕暮れの静けさを見る度に,ぐったりした麻酔患者を連想してしまう.私たちはこのようにことばの意味をかなり自在に拡張し,変容できる.このような例を見ると,比喩の手段を使えば新しい対象を馴染みのあるものに結び付けるのに限界はな

**表 6-2　タイヤの埋め込み作業から**

　保育者（T）がツリー用の木を掘りだす作業をしているのを見て，年長組しんご（S）・りんたろう（R）・さとし（F）〔ともに6歳〕・そう（O）〔5歳〕の4人がやりたがったので「じゃあ，ぶらんこのさくのタイヤを埋めてきてよ」と話すと「ようし，やるぞー」と走って行った．
　タイヤを埋め込む位置に線を引き，そこを掘るよう促すと，ひとりずつスコップをもって穴を掘り始めた．そしてタイヤを3つ埋め込んだところで，Sはブランコとその場のタイヤ（右図）を大男の口に見立てて，つぎの台詞を言ったことから，ごっこ遊びが展開した．

S　これは大男の口だぞ，黒いから．ぼくたちは，いま，虫歯のこびとで，歯を虫歯にしてるんだぞ
R　そうだ，虫歯に黒いペンキをぬってやれ！　（とタイヤに土をかける）
O　大男が寝てるあいだに，みんな虫歯にしちゃうのね
T　それじゃあ，わたしは虫歯のミュータンスってわけ？　（子どもたちが日頃大好きな絵本と関係づける）
R　ぼくは，虫歯のミュータンスの子ども
F　ぼく，ミュータンスのはかせ　（手は埋め込み作業を続けながら）
　　　　⋮
F　あっ，歯ブラシがきた！
S　みんなうがいで流されるぞ，みんな逃げろ！　（4人あわてて滑り台に登っていく）
（滑り台の上で，口々に「だいじょうぶか」「おお」「あぶなかったな」というやりとりが続く）
T　虫歯のこびとたちは，どこに行っちゃったのかしら？　なかなか帰ってこないじゃないの　（なかなか戻らないので，ごっこ遊びの台詞を言うような調子で発話）

いように思われる．
　このように，「類推」という推論の形式はことばの上で「比喩」という修辞を形づくることになった．比喩は単にことばを飾ったり説得するためのものではない．未知の対象を自分の馴染みのものにたとえることにより，ある領域から別の領域に知識を概念的に引き移し，知識を「創造する」手段になるのである．

始まったごっこ遊び(内田, 1989).

S　さあ，また始めるぞ
R　おお！
S　こらっ，遊んじゃだめだ，働け，働け　（Rがときどきさぼってブランコに乗ろうとしたのに対して）
F　あっ，一番電車の音がしたぞ！
(これを聞いて，3人は「いそげ，いそげ」と埋め込み作業にピッチをかける．作業に力が入り，4人の気持ちがひとつになってくると，Fが歌い出した歌にあわせて，他の3人が声をあわせる)
F　おいらは，かぞくミュータンス！
3人　おうっ，歯を抜け，歯を抜け，よっこらしょっと！　（と繰り返し歌いながら，タイヤを埋め続ける）
(タイヤの埋め込み作業がおわると，Sがひとつだけ残っていたブランコをさして，のどちんこに見立てる)
S　これが，のどちんこだ
F　そいじゃあ，おれたち，のどちんこになめられるぞ　（と言いながらブランコをゆする）
S　みんな，のどちんこから出る牛乳を飲みにいこう
R　体んなか，たんけんだあ
O　心臓が2こあるぞー　（ころがっていたボールをさして）
S　ちがうぞ，それは，体んなかやのどを守ってるこびとだ，みんなやっつけろ
3人　おう！
(Sがスコップをかけ手にブランコをまたいで(体のなかへ)入っていく．F，R，Oも続く)
S　（スコップでボールをポーンところがし）　やっつけたぞー！
(皆，歓声をあげる)
　〔今井和子氏(川崎市川崎保育園保母)の記録；1989年8月「こどもとことば研究会」の発表資料〕

## 2　世界を語ることば──ディスコースの成立過程

### ごっこからファンタジーへ

　子どもは想像力をはたらかせ「もの」や「こと」についての体験や印象を複合し，たえずイメージを作り出し，作り変えながら自己や自己を取り巻く世界についての「内的な」世界──「現実についてのモデル」「想像世界」を構成していく．ことばや動作，描画などは，それぞれのシンボルに特有な諸形式で想像世界を構築し内面世界を外化する．ごっこ遊びはその典型的なものである．

からだや動作が主役になる見立てからごっこへ，また片言からディスコース（談話や文章）へ，やがて，ごっこからファンタジーへの道筋は想像力の発達に支えられ，内的世界に形や構造を与えて外化する手段であることばや動作の発達に呼応して，一貫性ある世界が構築されるようになる．

　幼児期初期に見られるごっこは，特に印象の強い知覚的断片を取り出したもので，まとまりをもたらす因果的推論の働きやことばも十分ではないため，遊びの筋や流れには一貫性が感じられない．中期になると筋や流れが出てくるようになる．筋や流れの一貫性は，「スキーマ(schema)」(展開構造の枠組み)や「スクリプト(script)」(出来事の系列)(Schank, 1982 ; Schank & Abelson, 1977)などの手続き的知識によってもたらされる．これらの知識はからだを動かし，ことばで状況を記述する経験を通して形成され，獲得されるようになる．

　幼児期後期のごっこ遊びは，一貫したエピソードに組み立てる青写真のような一種のプランとふりをする人の役割の統合により演じられ，筋の一貫性が高い．プランや自分のイメージにそぐわない動きをしたときには異議申し立てをして状況を立て直そうとするようになる．ごっこのテーマは子どもたちの持っている動作系列のレパートリーにもとづいているが，遊びの素材となる知識や経験の断片の単なる「再生」ではなく，新しい文脈の中に創造的に組み込まれ，元の形が変容することになるため，「想像を介しての創造」である．表6-2に示したものは保育園年長組の子どもたちが行った「虫歯のミュータンスごっこ」である．先生のお手伝いでブランコの柵のタイヤの埋め込み作業をしたことから始まったごっこ遊びは，科学絵本の『虫歯のミュータンス』を読み聞かせられた経験と結びつき具体的な展開をみせる．子どもたちは「歯を抜け，歯を抜け」と言いながら手はことばとは反対に埋め込み作業を続けていることから，ことばが動作の支えから開放され意味世界をつくりだすのに十分なまでに発達していることがうかがえる．5歳後半ごろから子どもは，「うそっこ」と「ほんと」を気にしはじめ虚構と現実を自由に行き来できるようになる．また，Sの「ちがうぞ」という異議申し立てのことばは，遊びにプランや見通しをもつようになったこと，また，演ずる自分たち自身を意識の対象にして，軌道修

正をしようとしていること，すなわちモニタリング機能が働きはじめたことを示唆している．最後は，からだの中の小人をやっつけてしめくくられた．「からだを守ってくれる小人」という発想は，子どもが病気になったとき，家で大人しく寝かせておくために大人が「免疫体」のことを子どもに分かりやすく話して聞かせた体験が反映されたのかもしれない．過去の経験や既有知識から印象的な断片が取り出され複合され，テーマと筋とクライマックスをもった「ドラマ」が演じられていく様子が見てとれる．

### 感情の冷却──反省的思考

このように，ごっこ遊びは子どもの過去の体験や経験のイメージを現在に再現して，子どもなりにそのことの意味をより明瞭にする作業であるともいえる．ごっこ遊びは，そのときどきで変化する表面の具体的状況から切り離されて，本質的な部分を浮き彫りにして舞台に乗せることになる．このことを，低年齢では抽象的に言語化された形で行なうのではなく，身体を動かす遊びの形で行なうのである．このような作業は大人まで継続する精神の働きの原型ともいえるものであって，大人になれば「反省的思考(reflective thinking)」とか「回想的思考(retrospective thinking)」の形をとるようになる．

「反省的」といっても，倫理的基準に照らして省みるというのではなく，現在の位置から過去の本質を見きわめようとする意味であり，「回想的」というときも過去の事実の記憶や感傷を言うのではない．そのときは自分でも理由がわからず泣きわめいたり，あるいは何か感動した現象のみに目が奪われていたことが，時間を隔てて眺めたときにその体験の意味をその時点(の現在)なりに明瞭にすることができる，そのような精神のはたらきをいうのである．過去の体験の意味がはっきりしたときには体験に伴っていた感情は冷却されている．そのような精神作業はずいぶん幼い子どもにも，それなりの形で行なわれているものであって，子どもの頃のごっこ遊びはそのひとつの典型とも言えよう．その延長上に物語る活動がある．

## ことばによって脈絡をつける

　ことばは想像力の働きと軌を一にして，ディスコースを構成するための機能を果たせるようになっていく．これによって動作からことばは独立し，自己や世界についての認識過程における思考の手段としての役割を担い，しだいに，「世界づくり」の主役として，独特のはたらきをするようになる．遊びの中でことばを使い動作することにより，思考の手段としての「文法」(「スキーマ」や「スクリプト」も含める)を手に入れるようになる．文法は時間・空間関係を動かす様式であり，表象に脈絡をつけ，時間的・空間的に構造化する枠組みとなり，経験の諸要素に秩序を与えるのに不可欠な役割を果たすと考えられる．

　ブルーナーら(Bruner & Lucariello, 1989)は，エミリーという女児のベッドの下にしかけたテープレコーダーで就寝するまでの独語を 21～36 カ月間(21～27 カ月までを前期，28～36 カ月までを後期)採集し，そのプロトコルを分析した．

　(1) 最初のうちは「そして」「それから」のような接続語や「きのう」「あした」「……の前に」というような時間の前後関係を示す副詞や前置詞でつなげているが，次第に，何ができごとの原因となっているか，何がふつうに起こることであり，何が特別なことか，自分はそのできごとをどのようにとらえているかを，きちんとことばで表現することができるようになっていく．

　(2) 頻度(「また」「一度」「ときどき」)，多様性(「または」「しかし」)，適切性(「いつも」「きまって」「～することになっていない」)，必然性(「～するときはいつも…しなくてはいけない」)などの表現が使えるようになるにつれ，特定の日の特定の出来事を思いだして報告するだけでなく，しだいに，自分の経験の中から，文脈にあわせて特定の事例を取り出してきて組み込むようになる．

　(3) 3 歳までに自分の視点を表現する仕方が顕著に増加していく．たとえば，「たぶん」「パパはびっくりしなかったの」「あたし～についてしってる」などの，自分がその事態をどのように把握したかを示す表現や，「きたのはカールよ」という強調表現，「ちょっとだけ」や「ずーっと」のように時間の意識，「～に聞いてみるつもり」のように自分と他者の視点を区別をしている表現や「ママが"……"と，言ったの」という直接話法が著しく増加している．

表6-3　ことばによる精神イメージの形成(Bruner & Lucariello, 1989).

[文と文の接続方法]
パパがきて，それからパパがエミーを起こしたとき，それから，パパがエミーを起こして，それから，それから，……それから，カールが遊びにきて，エミーすぐには大丈夫じゃない，エミーはおねむ，おねむなの，来年，来年，カールがくるの，そして，赤ちゃんがくるの． (前期：22カ月20日)
カールとエミリー……カールに会う，カー(ル)に会う……(彼女の)ママとパパ，カールのママとパパ，ぜーんぶいなくなっちゃった，そして彼女は泣くの，それから彼女は泣いちゃうの，そしてベティーを(呼ぶの.)だから，彼女のパパとママはずーっといっしょにいるの……だけど，あたしのママとパパはいないの．彼らは，私にどんなことがおこるか話してくれて，それからすぐにおしごとにでかけるの．だって，あたしは，だって，あたしは，だって，あたしは泣かないんだから. (後期：32カ月4日)

[逸脱を標準化する方法]
もしあたしたちが空港にいくなら，お荷物をもってかなきゃいけないの．もし空港にいくなら，空港に，何かをもってかなきゃいけないの，そうしないといけないのよ．とくべつなバスにのんなきゃいけないのよ，そして，ブーン，ブーン，ブーン，ブーン，ブーン，ブーンて． (後期：28カ月18日)

[直接話法を用いた語りの例]
あたしたち，おにんぎょさんかったの，だって……，そう，だって，彼女が，じゃなくて，あたしたちは，たしか，クリスマスだったと思うけど，あたしたちが，おみせにおかいものにいったときね，あたしたちはジャケットきていなかったの．だけど，あたしはおにんぎょさんたちみつけたの，そしてお母さんを呼んだの，そして言ったの"あたし，あんなかのおにんぎょさんほしいの"って．そこで，あたしたちがおみせでおかいものすませちゃったあとで，あたしたちはおにんぎょさんのとこへいって，彼女が，ひとつおにんぎょさんをかってくれたの．だから，あたし，おにんぎょさんをもってんの． (後期：33カ月9日)

　表6-3に示したように前期にはエミリーは自分が世界にどうかかわったか，それをどう捉えたかについて語っている．世界の見方や捉え方が変わり，それを表現することばが変わるにつれて，片言の報告からまとまった物語へとディスコースの形式がしだいに整っていく．後期になると，何ができごとの原因となっているか，何がふつうに起こることで，何が特別なことか，自分はそのできごとをどのようにとらえているかをことばで表現することができるようになっていく．
　また，彼女の独語は，特定の日の，特定のできごとを思いだして語ることか

ら，しだいに，文脈にあわせてたくさんのできごとの材料（オプション）の中から特定の材料を取り出してきて組み込むようになる．たとえば，金曜日のできごとを語っているエピソードでも，特定の金曜日ではなく，金曜日に起こりうるいろいろなできごとの中からできごとの例を選び出してくる．これはルーチンがどういうものであるかという意識ができはじめたことを示している．

前期には動詞の過去形や未来形が使われているが，しだいに「無時的現在形 (timeless present tense)」が多く使用されるようになる．この動詞使用の変化も特定の過去や未来のできごとについてではなく，世界がどうなりそうか，どうあるはずかということを抽象化，一般化しようとしていることの現れである．また，自分の考えや視点をはっきり述べるのも，語り手の意識が，他人の視点との違いを明確にし，相対化を経て抽象化や一般化へ向いはじめたことを示唆している．

さらに，物語としての文章構造が整ってくる．直接話法の例に示されているように，「人形をもっている」というトピックが最初に設定され，なぜ手に入れることができたのかという出来事が語られ，最後に「だからお人形をもっている」と締めくくられている点も注目される．明らかに，エピソード構造「発端部―展開部―解決部」という物語が成立する基本的な展開構造を備えるようになったことを示唆している．

## 物語の発達過程

物語るということは知識や経験をもとにして想像世界を創り出し，それをことばで表現するという営みの典型である．ことばで精神イメージがどのように構成されるようになるかについて見てみよう．

物語を産出する営みは片言で出来事の断片を語ることからはじまる．図6-2に示したような3枚の絵を見せて説明してもらうと，2歳児は絵に制約を受けて，列記的表現になるが，3歳児は絵の内容を越えて想像したことを盛り込んで語る．3歳後半～4歳前半にかけて出来事を組み合せてことばで表現できるようになる．やがて，生活の中での経験を利用できる題材なら，もっと多くの

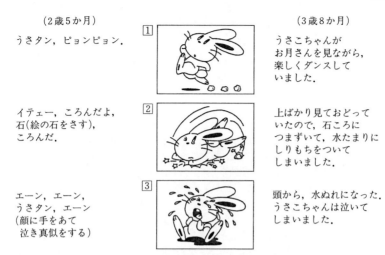

図6-2　3つの場面をつなげる(内田, 1990).

出来事に筋道をつけて話せるようになる．4歳後半〜5歳前半になると，事件を盛り込んだ話，「欠如―補充」「難題―解決」のような語りの形式を獲得するようになる．さらに，5歳後半には大きな質的転換期を迎える．「夢」とか「回想」のような「組み込み技法」を使ったファンタジーが生成できるようになるのである．

　表6-4に5歳10カ月の女児が友だちの家で絵本づくりごっこをして遊んでいるときに創った物語を示した．これを10カ月経ってから思いだして筆者に語ってくれたものを録音し，そのままをテープから文字にしたものである．物語の展開構造(図6-3)には次のような「物語技法」が使われている．

　(1)「難題―解決」の展開；この物語はA「誕生会」とB「星を空へ返す」という2つの〈エピソード(発端―展開―結末)〉から構成され，BはAに組み込まれている．Bのエピソードでは登場人物たちに「星を空に返す」という難題が与えられ，これが解決されるまでが語られる．

　(2)3度のくりかえし；解決の試みは，象の試み→相談→ネズミのお手柄という順に3度くりかえされていく．3度もくりかえすということは登場人物たちがこの難題を解決するのにいかに熱心に取り組んだかを象徴している．洋の

表6-4　星を空に返す方法

　7月15日はうさぎさんの誕生日です．
　今日は7月15日，うさぎさんの誕生日だから森の動物たちが集まってきました．
　そして，みんなで食事をしているときにケーキの陰から星が出てきました．星はみんなに言いました．「ぼくね，空からおっこっちゃったの．だからね，ぼくをね，空に返して．」と言ったら，みんなはびっくりしました．「空に返すって？」「そうさ．ぼくは空の星さ．」「星？」と，みんなはびっくりしました．
　そこで，象は言いました．「おれにまかせてよ．」と，象はその星を自分の鼻のなかに入れると，勢いよく飛ばしました．それでも星は，おっこってしまいました．
　そしたら，こんどはみんなで相談をして，うさぎが言いました．
　「そうだよ，なが一い笹を持ってこようよ．それに星をのせてあげてさ，そしてさ，また，その笹をさ，伸ばしてさ，空までさ，送ってあげるのさ．」と，うさぎが言うと，みんなは「そうしよう．」と言って，笹をとってきました．
　そのなかでも一番笹が長いのをとってきたのはネズミでした．ネズミは，手がゆらゆらになって，すごーく長い笹を持ってきました．みんなでそのさきに星をのせると，土のなかに埋めて1日待ちました．
　そうすると，その笹は，1日だというのに，ぐんぐん伸びて空に届きました．そして，星は空に帰ることができました．
　そして，その誕生日がおわったあと，みんなが，家で空を見ると，キラキラ光ってる，とてもきれいな星がありました．みんなはその光ってる星を，きっと落ちてきた星だと思ったのです．おしまい．

(M. T. 5歳10カ月)

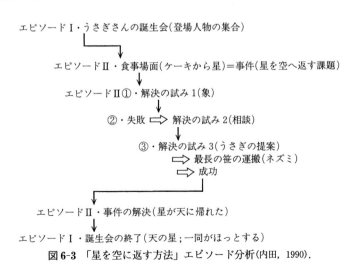

図6-3　「星を空に返す方法」エピソード分析(内田，1990)．

東西を問わず，3度のくりかえしは，童話や昔話の常套の表現形式であり，形式的な安定感を与える物語技法でもある．

　(3)組み込み技法；第1のエピソードをしめくくる「その笹は1日だというのにぐんぐん伸びて天まで届きました．」という表現は，この子どもが，現実には笹が1日のうちに天に届くほど伸びることはないということを知っていて，あえて現実とは異なる虚構の世界，物語世界での出来事を語っているということを示唆している．多くの物語のうち，ファンタジーはこうした意外な出来事，非現実的な出来事と現実をつなげる「組み込み技法」を使うものが多い．物語に組み込まれた「意外な出来事」や「脱線」は，筋の展開に緊張をもたらすはたらきをする．しかし，これらの不連続な要素のもたらす緊張は「夢の中の出来事」や「回想シーン」であることを示唆する文や台詞が挿入されることによって解消されることになる．このようにして，物語の中では，現実の時間とは関連のない，物語世界での「論理的」時間が打ち立てられ，前進と後退の多種多様なエピソード配列が形成されることになる．

　最後に，ひときわ美しく輝く星を空に見つけて，登場人物たちがほっとするさまが語られる．力を合わせて最後までやり遂げたことの喜び，努力すればかなえられるということ，それによって感ずる幸せを暗示して締めくくっている．

　この物語が私たちに「どこかで聞いたことがある」という感覚を私たちに起こさせるのは，エピソードの構成が緊密であり，昔話にもよくある語りの形式，「難題―解決」という形式や「3度のくりかえし」，「みそっかすが鍵を握る」といった時間の逆向や別の世界を組み込むためのファンタジーに特有の「組み込み技法(カットバック)」を使って語っているためである．これを語った子どもが特別な文才の持ち主なのではなく，多くの子どもは，幼児期の終わりごろ，5歳後半以降に，このような語りの技法を用いて典型的な展開構造をもった物語を語れるようになる．子どもの身近に起った出来事を語るのではなく，ファンタジーとして想像世界が作れるようになる．5歳後半とそれ以前の年齢の子どもの間に，物語構成力に質的な相違が見られるが，その背景には，ごっこ遊びにおいても見られたような，未来の予測，プランの生成，時間や因果の認識，

モニタリング機能など物語産出を支える認知機能の発達にその原因を求めることができる(内田，1996).

## 物語産出を支える認知機能

子どもの物語り活動の発達についての知見にもとづき，ディスコースを生成する基礎にあると推測される認知機能について整理しておこう．

(1) **経験の役割**；物語り行為は，最初は生活経験の印象的な断片を再現し，報告することから始まり，次第に，ファンタスティックな事件を盛り込んだものへと進化していく．この発達過程で子どもの経験は大きな役割を果たしている．知識や経験を利用しやすい日常的題材の物語の発端部を読み聞かせ，続きを口で語ってもらったところ，3歳児や4歳児でも一貫性のある話をつくることができるのである．出来事の展開のスキーマが利用しやすく，素材が豊富にあるためである．しかし，非日常的な題材になると4歳児と5歳児の間には物語の展開構造に大きな相違が見られ，4歳児は飛躍の多い話になってしまうことが見いだされた(内田，1982)．このことから，物語の素材として活用できる経験の量や，出来事の展開について推測するために活用できる手続き的知識の量が一貫した筋をつくりだせるかどうかを左右することが示唆された．

(2) **主人公の「目標」の意識化**；物語の発端部を聞かされ，「この後どうなるの？」と問われたとき，私たちは，まず主人公がどうするかを考える．例えば「夜眠っているうちに蛙が逃げだしがっかりしている」主人公の状況から「蛙を探そう」という主人公の目標や動機づけを推測することができる．その後の主人公の行動をその蛙探しの文脈で意味づけることができるが，そのような目標をはっきり意識化しなかった子どもたちは一貫性ある物語を作ることはできなかった．このことは主人公の目標が物語の筋の予測をしやすくさせることを示唆している(内田，1983；1989)．

(3) **「欠如―補充」枠組みの賦活**；主人公が何かが足りない状況に置かれる方が次の展開を予測しやすくなるらしい．どんな目標をもっているかによって，物語の基本的な語りの枠組みである「難題―解決」，「欠如―補充」枠組みを賦

活しやすくなる(内田, 1989).

(4) **プラン能力**；物語の発端部と結末を先に与えてお話を作らせると，5歳児は与えられた結末までうまく話を展開できたが，4歳児は結末が与えられなければ筋に破綻のない物語を作れるのに，結末を先に与えられた場合は短絡的で飛躍のある話になってしまう．5歳後半頃から，結末を想定し，どう物語を締めくくるかについて考えながら物語ることができるようになる(内田, 1985).

(5) **物語産出過程の制御**；2人1組にしてひとつの物語を作ってもらうと，4歳児と5歳児には行動上の違いが現れる．4歳児は，勝手に自分のしたい話をして，自分の産出した話が相手とつながっていようがいまいが無頓着である．5歳児は，相手の話を踏まえ，きちんとつなげていくことができる．また，作話過程で，5歳児のペアでは，「だれが言ったの？」というような質問や確認などの話の筋を展開させる発話以外のやりとりがよく観察されるようになる(内田, 1996). これは，作話過程を意識し，まとまりのある物語をつくろうとしてモニタリング機能が働き始めたことを示唆している．幼児期の終わりには，最初に想定したプランに照らして意識的に評価し，軌道がずれそうなことに気づいた場合はこれを修正しようとすることが可能になる．

(6) **可逆的操作**；4歳児は結末が与えられると話が作れなくなる．この原因の1つはプラン能力の未成熟のためであると考えられるが，もう1つは，可逆的操作(ピアジェの「可逆的操作」と類似している)が未成熟なためと考えられる．発端だけ与えられ，続きの物語をつくる場合は「次は何か」だけを考え，前から後へ時間の順に継ぎ足していけばよい．ところが結末が与えられた場合は，結末に至るその前の出来事を想定し，推測できなくてはならない．後から前に遡るための可逆的操作が必要になるのである．先に組み込み技法と呼んだのはこの可逆的操作である．これが使えることが時間の配列を自由に操作する前提になる．これは何歳ごろから使えるようになるのであろうか？

2つの出来事(図6-4)をつなげて1つの物語をつくってもらう．このとき出来事の起こった順に①→②へとつなげる「順向条件」と結果の②を述べてから原因の①を説明する「逆向条件」を設けた．その結果，順向条件で2つの出来

図 6-4　2つの事象の統合課題に用いた絵カードの例(内田, 1985).

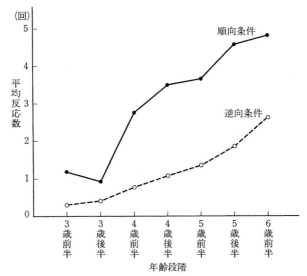

図 6-5　順向・逆向条件下の統合的結合の平均反応数
(内田, 1985).

事を統合して話を作ることは 3, 4 歳前半にかけてできるようになるが，逆向条件では 5 歳後半であっても逆順方略をつかって出来事をつなげることが難しい(図 6-5)ことが示された．図 6-6 は因果スキーマの制約がいかに強いかを示している．子どもたちは可逆的操作を使って時間を遡るように説明することがきわめて難しいのである．

可逆的操作をどのようにしたら使えるようになるかについて明らかにするため，出来事の順番を明示した場合と，「だって，さっき～したから」という逆

例1 T.I.(5歳5カ月)と質問者(U)との会話
(呈示順にこだわり，現実とのズレが解消できない場合)
T　うーん，本当は芽からアサガオになるんだけれど……．
U　そうね，だけどこっちの絵(②のカードをさす)からはつくれない？
T　うーんと……(と考え込む)
　　(自信なさそうに)アサガオが，小さくなって，芽になった．

例2 S.T.(5歳8カ月)のこたえ
(呈示順にこだわり，時間間隔を長く想定して成功した場合)
S　(少し時間がたってから)アサガオが咲きました．アサガオが咲いて種ができたので，種をまいたら，また，芽が出ました．

図6-6　アサガオの花から芽になる？(内田，1985)．

接の接続形式を使わせることによって逆順方略を使えるように言語訓練をした場合とを比較した．逆順方略を訓練した場合には5歳後半から逆向条件で逆順方略を使って2つの出来事を整合的につなげることができることが見いだされた(図6-7)．子どもたちは2歳台から自己主張のときに「だって～だもん」という言語形式を使っている．この手持ちの言語形式を時間を遡らせる表現として適用させるためには，模倣再生のような練習や，出来事の順番を示すだけでは効果がなく，時間を逆転させる表現であることを自覚化させることが必要であることが確認された(内田，1985)．

　なぜ逆順方略の訓練は5歳後半にならないと効果を発揮しないのであろうか．出来事が起こった時間が前か後かがきちんと推測でき，かつ時間の前後で出来事の何が変化したかに注意を払い，それらを比較することによって時間経過を推測できるようになると，逆順方略の訓練の効果がでてくることが確認された．ここから因果関係を推論し，ことばで表現するためには時間概念の成立が前提になるものと推測される．可逆的操作や時間概念は5歳後半に成立してくるこ

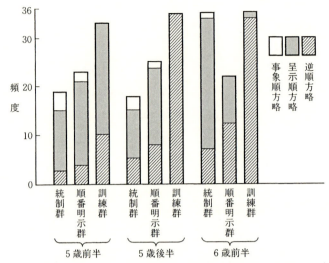

図6-7 逆向条件において使われた方略の種類(内田, 1985).

とが5歳前半と後半にみられる虚構(ファンタジー)の演出の仕方の質的な相違をもたらしているものと推測される.

### ディスコースの成立過程

ディスコースの成立を支える認知機能の発達的変化は,象徴機能の出現,可逆的操作の出現という認知発達の2つの質的転換期とちょうど呼応している(図6-8).まず象徴機能の成立は生物的存在から,イメージを意識内容に持つことのできる人間的な存在へと脱皮させる.意識の時間軸は現在から過去へとひろがることになる.しかしまだ行為者としての自己を意識化することはできない.他人との相互作用,大人の援助のもとで次第に自己自身の意識化がはじまる.

やがて,第2の質的転換が起る.5歳後半から,(1)行動のプランをもちはじめ,意識の時間軸は確実に未来へとひろがるようになる.次に,(2)このプランに照らして自分の行為をモニターしたり,評価したりするようになる.つまり,自己の中にもう1人の自己をすまわせ,自分の中に他者の目を持つこと

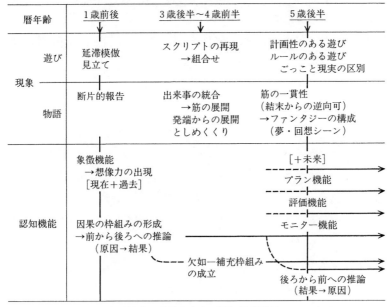

図6-8 物語行動の発達を支える認知的基礎(内田, 1996).

ができるようになるのである.

　さらに，(3)カント以来，時間概念は因果の枠組みを基礎に成立すると考えられているが，この因果の枠組みが整ってくる．大人でもそうだが，子どもでは原因から結果へ，即ち，時間経過の「前から後へ」と推論する方がやさしい．結果の出来事を見て，その原因を推論することは難しいのである．「後から前へ」遡って推論し，しかも，ことばできちんと表現できるようになるのは 5 歳後半のことである(内田, 1996).

　以上は，実験を通して明らかになったことだが，子どもの生活においても 5 歳半ごろに変化が見られる．「うそっこか，ほんとか」を気にし始めるのもこの頃である．遊びは計画的になり，1 週間後に基地ごっこをするとか，1 カ月後のお店ごっこの準備をするために，今日 1 日を過ごすことができるようになるのである.

　5 歳後半に起こる，物語の成立や遊びにみられる質的な変化と，上に述べた

認知発達の一連の変化は呼応している．これらの変化は，同時に扱える情報の単位が増え，短期記憶範囲が3単位から4単位へと増大するという情報処理容量の拡大とも関連しているのかもしれない．

## 3　過去を語り未来に生きる

### 物語ることの意味

　子どもは，大人がその子どもに向かって話しかけるときに用いたテーマや表現形式，抑揚のパターンをすぐに自分の独語の中に取り込んで話す(Dore, 1989)．世界を語り自己を語ることば――ディスコースの形式は，大人とのやり取りの実践を通して完成されていく．そして子どもは目に見える世界について語り，自己を捉えることができるようになると自分について語るようになる．さらに過去の自分だけでなく未来をも語るようになる．

　物語，特に，架空の出来事を組み込んだファンタジーは現実とかけ離れた別世界に子どもを誘うものではない．現実には未だ実現していないことを想像の世界で実現する術を模索する建設的な認識の営みであり，子どものその時点での経験を整理する枠組みを与えてくれるものなのである．イメージをことばで表現することによって，具体物や具体的な行為から離脱し，離れた時点や離れた場所から行為を眺望し，その時点での「現在」なりにその行為の意味を了解する．そのときなぜ感情が高ぶったのか理由がはっきりする．人に説明したり，物語ることによって，思考や情動，行為が客観化され，冷却され，標準化されるようになる(内田, 1989)．物語る活動を通して，思考や情動は新たな秩序のもとに再体制化されるようになるのである．

### 過去の記憶を語ること

　人は整合性ある意味を構築したい，未知なるものをなんとか解釈したいという強い欲求をもっている．人が，想いだして語るとき，この欲求は一層顕著になる．想起というものは単なる再生ではなく，能動的な再構成である．

過去の出来事を想起しようとするときには以前に蓄えた経験の印象や一般化された概念——バートレット(Bartlett, 1932)は，これを「図式」と呼んでいる——を土台にして「これが真実であるに違いない」という推論をすることによって細部を補い，まとまりのある全体を作り上げてしまうのである．スピロ(Spiro, 1980)は，大学生を対象にある婚約者たちの話[ある婚約者同士は子どもをもつかどうかで仲たがいしている]を聞かせた後，その内容と矛盾する情報[2人は幸福な結婚生活を送っている]を付け加えた．話を聞かせた後で大学生に実験者が聞かせた話を再生させたところ，聞かせた話にはなかったはずの[2人は1人だけ子どもをもつことで折り合いをつけた]というような矛盾を解消するための情報を組みこんで再生した．再生までの時間が経っている場合ほど，情報を変容させる度合は大きくなるのである．ここで，注目されるのは，再生した文が実際に聞いた話の中にあったと思うかどうかについての確信度を調べたところ，実際に聞いた文と推論により補った文の間に確信度の違いはなかったのである．このことは，彼らがこのような陳述を意識的に捏造したのではないことを意味している．

さらに，「記憶実験に参加してもらう」と言われた被験者に比べて，実験者の知合いに実際に起こった「世間話」として，これらの情報を聞かされた被験者の方が想起内容の変容はずっと大きかった．変容を引き起こしたのは被験者の常識である．世間話なら，被験者の常識が働きやすい．気の合った婚約者同士なら，結婚するはずだという先入見が影響を与えたのである．その結果，矛盾の含まれた話や自分の知らない話も自分の常識を働かせ一貫した話として解釈する．さらに，語り手の願望をも組み込んで語るのである．

**未来に生きるために「願望」を語る**

米国ではニクソン大統領時代の1972年に「ウォーターゲート事件」が起こった．これは大統領側近が民主党全国委員会本部の入っているウォーターゲートビルに盗聴器をしかけようとして未遂に終わった事件である．この事件の裁判の過程で，ニクソン自身がその隠ぺい工作にかかわったのではないかという

表6-5 証言は証言者の欲求により再構成される(Neisser, 1981 より).

**証言1**
[テープ]
大統領　我々は68年に飛行機上で，それから62年にも盗聴されていた．知ってのとおりだ．
ディーン　68年の事実の証拠がないのは残念です．前FBI長官(フーヴァーを指す)だけが知っていたと思いますが．
大統領　いやそれは違う．
[証言]会話のはじめに，大統領は私に，フーヴァーが大統領キャンペーンは68年に盗聴されたと言った，と話しました．そして大統領は，私たちがそれを明るみに出し，今の問題へ逆襲するのに用いたらよいと話されました．

**証言2**
[テープ]
ディーン　3カ月前は，こんな事件が忘れられるときがきっとくると思いながら苦労していました．しかし，今ならわたしも54日後の11月の選挙はきっとうまくいくと思います．
大統領　え？
ディーン　何もかもうまくいくでしょう．
大統領　ああ……．それにしても君の処理の仕方は巧みだったね．あちこちの漏れ口に指をあててふさいでくれた．
[証言]大統領は，わたしがうまくやったとほめてくれました．そして事件がリディ(財政委顧問)で止まったことを感謝してくれました．わたしは，おほめには及ばないと申しました．また，この事件が終わるのはずっと先だし，事件が決して明るみに出ないとは確信できないと申しました．

　　　　　　　　　　　　　　　　　　　　＊プロトコルの下線は筆者による

疑惑が生じた．大統領の人気と政治的信頼は一気に下落した．そして下院司法委員会で大統領弾劾決議案が可決され，ニクソンは疑惑を事実と認めたうえで大統領を辞任せざるを得ない事態に追い込まれた．
　ニクソン大統領の法律顧問ジョン・ディーンは，事件のもみ消し工作や，事件発覚後はホワイトハウスと捜査当局の連絡役として，常に重要な役割を果たした事件全体の中心人物であった．彼は公聴会での証言内容により，ワシントン連邦地裁から刑事事件で訴追されることはないとの「限定免責」の約束を取りつけて大統領自身が隠ぺい工作に関わっていたという証言を行った．
　ナイサー(Neisser, 1981)はこの証言と証拠として提出されたテープに録音され

た実際の会話との照合を行った．表6-5の証言1では，実際に交わされた会話の一部を再生してはいるが，大統領ではなく，フーヴァーの発言として大統領が言ったとしている．また大統領が言ったとする証言は明らかに誤っている．何らかの思惑が無意識的にはたらいて，大統領の発言ということにしたかったのかもしれない．証言2の方は実際に交わされた会話とは大きく食い違っているが，証言の前の部分からは，ディーンは大統領が自分を誉めてくれたと思っていたことがわかる．また，後の部分は，ディーンが事の成り行きに不安を感じていたことを示唆している．ここでの記憶の誤りは，当然そうあるべきという推理，ないし，そうあってほしいという願望にもとづいて生じたものである．このような変容は，フロイトの「記憶の歪みは個人の欲求や性格によって動機づけられている」という指摘を思い起こさせる．

このプロトコルを比較すると，人間は決して「テープレコーダー」にはなれないということがわかる．ディーン自身は「自分は記憶力がよく，これまでずいぶん得をしてきた」と自認している人である．その人でさえ，会話内容を逐一想起することは難しい．ディーンが想起したのは，自分がどう感じたか，何を望んでいたか，事のあらましはどんなふうに受け取れたのかの印象であって，決して一語一句の表現や，会話の要点や意味内容を想起しているわけではないことがわかる．

### 自己を語る

2節で取り上げたエミリーの独語のように，子どもは自分についての物語を語ろうとする．因果的・時間的な順序に構造化するためのスクリプトを獲得すると，これにもとづいて体験や印象を順序だてて語る．エミリーの発話に見られるように，細部や新しいことよりも一般的で標準的な事柄を語ろうとする．しかし，しだいに，新しいことやスクリプトから逸脱するような事柄も含めて語れるようになる．

シュナイダーら(Schneider & Bjourklund, 1997)によると，まず，日常の順序の記憶の枠組みとなるスクリプトを獲得し，それに対応させて情報を記憶し，想

起できる時期がある．しだいに，様々なスクリプトが増えていって，柔軟な組み合せができるようになると，一般的な出来事だけでなく，細部や特異な出来事も記憶できるようになるし，スクリプトに関連した情報をすばやく処理できるようになるという．

　語りのことばを獲得する途上にある子どもにとっては聞き手の存在は語りを完成させる上で重要である．子どもが自分の経験についての記憶を語るときには，まわりの大人が聞き役になることが多い．語りが不十分だと，聞き手は「誰と行ったの？」「何をみたの？」「それどんな色だった？」「その次どうしたの？」などと尋ねる．聞き手の問いに答えるうちに，子どもは経験を語るときにどのような情報をどんな順序で構造化して語るべきなのかわかってくる．こうしてディスコースの形式がしだいに整っていくのである．

　子どもは過去の自分を語ることにより過去の自分を反省し，類推を働かせて，自分を意味づけることができる．現在の時点で過去の自分を意味づけることによって，過去から現在へのつながりを意識化し，さらに未来の自分を予想するようになる．この繰り返しによって自己意識はしだいに形成されていく．自分とは何かを問い，自分さがしをすることから「かくありたい」と想像する存在に向かって歩んでいく．これが明日に向かって生きる力を与え，自分づくりへと人を向かわせる．人は過去の自分の記憶によって規定されると同時に，未来に向かって生きようとする意志の力で現在を生かされているのである．

### 物語ることの意義

　子どもも大人も物語ることが好きだ．絶え間のない世間話，噂話，理屈では了解できないような神話にいたるまで，ことばで想像世界を具現化していく．物語るということは人間の活動においてどのような意義をもっているのであろうか．

　ブルーナー(Bruner, 1993)は表象の機能の本質は世界を再構築することにあると述べている．既有知識や現実世界から取り出された素材を変化し，整合的なまとまりをつくりだす．このときに次の3段階があると指摘している．第1に，

幾つかの仮説を思いつく，第2に，事象を考慮してその仮説の中から目的や規準にかなったものを選びだす，第3に，第1,第2の所産を信ずるに足り，受け入れるべきかどうかを判断し革新していく．第3段階は通常は意識化されないうちに起こる．こうして，事象についての整合性ある解釈がつくり出され，理解可能なものになっていく．未知だったものが既知になるのである．そのときには，一種の「物語」ができあがっているのである．物語るということは，人が生きていく過程で出会う，事物や事象について，「意味づけ了解する（make sense）活動」(Bruner & Lucariello, 1989)なのである．自分で意味づけ，了解し，納得するために人は物語を語る．

　もちろん，未知のものを解釈する仕方は，無数にある．たとえば，神話は，「死とは何か」，とか「宇宙はいかにしてできたか」というような根源的な問いに対する1つの答え，しかもそれは，ある文化，1つの集団，共同体のなかで伝達され，再生される解釈としての語りなのである．したがっていわゆる「物語」は決して虚構のものではなく，偽りの絵空事ではなく，その集団が主体的に選びとってきた価値体系の表現そのものであると考えられる．高橋(1988)は，次のように述べている．

　　物語とは，設問の自由と解答の自由の間におこるフレキシブルな解釈の自由をゆるす大脳のシステムにあり，その多様な選択肢は，人間が生きるという行為のなかで描く過去と未来のイメージの創造によって，淘汰され，限定されるものなのであろう．こうして発生した物語に集団の意志の流れをつくりあげたり，また解体させたりする実効があることは興味深い．物語はたしかに作為であり，広い意味での虚偽である．しかも，この虚偽は，よし虚偽であったとしても，物語を形成した当人によって望まれた解釈であり，それが複数の集団の環境意識のなかで，共有される解釈であるとき，集団を動かす実効のある虚偽である．こうした虚偽は，いわゆる真偽という尺度によって葬られるような虚偽ではない．それは大きな意味で価値の選択を迫る機能を果している．この物語効果は，物語を所有した集団の命

運を定めるものでさえある．物語はわれわれの個々の頭脳に内蔵された基本的な思考構造であり，それは人間がひとりで自然のなかで生きていくだけではなく，複数の集団として生きていくための行動をつくりだす．いわば，了解するところに物語の流布があり，納得する背景に物語がひそむのである． (高橋，1988, 185頁)

　物語は人が想像力を働かせて，人間が生きるという行為のなかで描く過去と未来のイメージを創造し，淘汰し，限定した所産なのである．こうして創られ選択された物語は，ある社会集団の意志の流れをつくりあげたり，また解体させたりするのに実効があり，社会心理的基盤そのものを構築したり，修正したりすることになる．個人のレベルで見れば，一種の世界づくり，自分づくりの手段として物語が位置づけられ，集団のレベルで見れば，価値体系すなわち文化の創造や伝承と位置づけることができよう．

　語りという活動の到達する先が，単なる噂やデマのような非生産的なものになるか，それとも，世界づくり・自分づくりにつながり，かつ共同の価値を選びとるという生産的なものになるかは分かれるが，情報の断片から意味のある全体を作り上げ，整合性ある解釈を構成したいという欲求から生産されるという点では同じなのである．語る活動の過程でメタ的想像力を働かせ，モニタリングを行い，感情や情動を冷却し，より創造的なものへと向かう道を選択できる未来への意志をもちたい．生きることに肯定的な意味をみつけ，未来に向かって生きようとする自由意志(フランクル，1961)はことばをもった人間だけに許された特権なのだから．

# 第Ⅶ章
# 読み書きの能力の獲得
―― 1次的ことばから2次的ことばへ ――

　幼児期の終わり頃までには，子どもは2次的ことば，すなわち，読み書きの世界への第1歩を踏み出す．読み書きは時間・空間を隔てた伝達を可能にし，子どもの意識は「今」「ここ」を超えて広がるようになる．また，文字はことばについての概念モデル(Olson, 1995)を与え，メタ的に捉えることを可能にする．考える手段としてのことばは一層確実なものになる．個人的なやり取りの中で育まれた生活言語は質的に改変され，公共性の高い言語を獲得するようになる．本章では読み書き能力(literacy)の獲得の基盤について考え，子どもが読み書き能力をどのように獲得していくか，また，読み書きの獲得が子どもの認識世界においてどんな意味をもつようになるかについて考察する．

## 1　文字学習の特質

**教えられずに学ぶ**

　子どもが文字の世界に足を踏み入れるのは早い．国立国語研究所(1967)の調査によると，小学校入学までにほとんどの子どもはひらがなを読める．半数の子どもはお話の絵本を1人で読める．また，ほとんどの子どもは自分の名前をひらがなで書ける．簡単なことばを書いたり，お話や手紙を書くといった活動を始めている子どもも半数に達している．

　図7-1は，幼児の読み書き能力について，1967年と1995年の調査結果(東他, 1995)を示す．これを見ると読み書きの世界に足を踏み入れるのは一層早くなっていることがわかる．これは，幼稚園や家庭で文字を教え込んだためであろうか．ところが，文部省の調査によると幼稚園や保育園で組織的な文字指導を

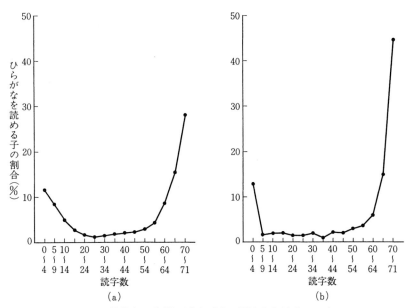

図7-1 幼児(4, 5歳児)はどれくらい読めるか(東他, 1995).
(a) 1967年の調査(村石・天野, 1972), (b) 1995年の調査.

しているところは1割程度に過ぎない.

内田(1989)は就学直前の幼児32名の親に幼児期の文字教育や文字環境についてインタビューしたところ，ドリルを使ったり，塾に行かせて文字を教えこんだ親はほとんど見られなかった．また，子どもに聞かれたら教えることはあっても，幼児期の読み書きについては子どもの自発性に任せるのがよく，組織的な文字教育は小学校に入ってから学べば十分だという意見が圧倒的に多かった．それにもかかわらず，調査した子どもたちのほとんどは，親が意識しないうちに「文字を"自然と""いつのまにか"覚えて」しまっていたのである.

このような親の意識からも，また実際の文字環境の実態からいっても，子どもは読み書きを組織的な学習を通してではなく，生活の中で文字に関連した活動を目にし，参加することによって自然と覚えてしまうらしい.

表 7-1　ひらがなの獲得過程(柴崎, 1987).

| 段階 | 文字意識 | 読みの獲得過程 | 書字の獲得過程 |
|---|---|---|---|
| 1 | 文字の果たしている機能的側面への気づき | 生活のなかで文字に親しみその記号としての機能に気づく | |
| 2 | 読む,書くという行為の主体者として自己を意識する | 文字の読み手として自己を主体的に位置づける | 線を描くことによって,書くという行為を楽しむ |
| 3 | 文字の持つ構造的側面への気づき | | 見様見まねで,文字らしい形を書けるようになる |
| 4 | 文字の機能的使用者として自己を意識する | | 文字の持つ機能的側面を遊びのなかで展開する |
| 5 | 文字を読むようになるが,まだ語と一体化している | 自分の知っている文字をほかの文字と区別して読む | |
| 6 | 個々の文字を書くことに関心を持つ | | 名前や数字など,身近な文字を正しく書けるようになる |
| 7 | 文字の持つ構造的側面を利用して,音節読みができる | 自発的に音と文字を対応づけひらがなの読みを覚えていく | |
| 8 | 文字をまとまりとして読めるようになる | 個々の文字を統合してひらがな,単語を読めるようになる | |
| 9 | 文字を機能的に用いるようになる | | 伝達や意志表示の手段として文章を書くようになる |
| 10 | 読み書きの精緻化に関心を払うようになる | たどり読みながら文を読めるようになり,特殊音節の読みに習熟していく | 文字の誤りを自分でも意識的に正すようになり,正確に書けるようになる |

注　……トップダウン的意識　──ボトムアップ的意識

## 子どもは文字にどのように出会うか

　柴崎(1987)は,子どもがひらがなの読み書きをどのように開始するか,多くの事例を概観したところ,子どもたちは既に1歳台から絵本を読み聞かせられたり,文字積木で遊んだり,家族が読み書きをする姿を見たり,それを模倣して遊ぶうちに,文字に気づき,そして文字がなにかをあらわしているかという文字の象徴性や機能に気づき始めるらしいと考察している.また,文字を覚え始める時期は個人差があるとしても,いったん覚え始めたら,ごく短い期間のうちにどんどん覚えてしまうという点でも共通性がある.

　柴崎はこれらの事例にもとづいて文字習得のプロセス(表7-1)を抽出している.ひらがなの読み書きの獲得はそれぞれ6つの段階を経ることが示されている.この表で,「トップダウン的意識」とは文字の機能面に気づき自己を読み書きの主体者として位置づけ,実際に文字を道具として使おうとする意識をさ

している．一方「ボトムアップ的意識」とは文字の構造的側面に関するもので文字や文を正しく読み書くという，読み書きの精緻化に向かおうとする意識である．これらの意識は共存しており，相互に影響しあっているようである．また，この表では文字に気づきはじめる最初から文字の象徴性や機能に気づきはじめることが仮定されているが，実際にこれらをはっきりと自覚的に捉えることができるのはいつのことなのだろうか．

### 文字の機能に気づく

内田(1989)は，子どもたちが文字が読めたり書けたりすることの意義や道具的価値を意識しているかどうかについてインタビューした．表7-2は「字が読めると(書けると)いいことがあるか」という問いに対する被験者の答え方を内容分析した結果を示している．幼児期の終わりの2月の答えと小学校入学後の答えが明らかに違っているのがわかる．

幼児期には，読めたり書けたりすることがいいことだと答えている子どもでも，理由を尋ねると，「読める(書ける)とうれしいから」とか，「ママが喜ぶから」「ママがほめてくれるから」などと答える．文字の機能や道具としての価値に気づいているとは言えない．ところが小学校に入学した後の調査(1年生の6月・9月)では「字がたくさん書いてある本が読めるから」，「自分で読んでも意味がわかるようになったから」，「ママと交換日記ができるようになったから」，「引っ越したお友達にお手紙が出せるから」，「絵本が作れて楽しいから」など9割近い子ども達が読み書きの道具的価値に気づき始めていることがわかる．

文字の機能や便利さの認識は，人から教えられたというより，1人1人の読み書き経験を通して獲得されるものらしい．文字は自己を表現する手段であり，知識を習得するための道具である．実際に使ってみなければ，役立つものだとは気づかない．文字を使い，それを媒介にして何かを学んだり，自己を表現するという経験が蓄積されて初めて道具としての価値がわかるものなのであろう(Luria, 1983)．ここに，文字というものの特異性が感じられる．「文字って便利

表7-2 読み書き技能の道具的価値(内田, 1989).

| | | 読み | | | 書き | | |
|---|---|---|---|---|---|---|---|
| | | 価値あり | | 価値なし | 価値あり | | 価値なし |
| | | 技能自体 | 技能付随 | | 技能自体 | 技能付随 | |
| 年長組 | 男児 | 4 | 3 | 9 | 2 | 2 | 12 |
| | 女児 | 4 | 6 | 6 | 2 | 5 | 9 |
| | 計<br>(%) | 8<br>(25.0) | 9<br>(28.1) | 15<br>(46.8) | 4<br>(12.5) | 7<br>(21.8) | 21<br>(65.6) |
| 1年生 | 男児 | 11 | 2 | 3 | 10 | 4 | 2 |
| | 女児 | 15 | 0 | 1 | 16 | 0 | 0 |
| | 計<br>(%) | 26<br>(81.3) | 2<br>(6.2) | 4<br>(12.5) | 26<br>(81.3) | 4<br>(12.5) | 2<br>(6.3) |

注)技能自体;「メモが読める」,「ママと交換日記ができる」など読み書きの道具的価値を認識している答えかた.
技能付随;「うれしい」,「ママがほめてくれる」など読み書き行為に付随しておこることを答えた場合.

だな」というような実感をもち始めると,文字をもっと知りたい,速く読めるようになりたい,きれいに書けるようになりたいなど,文字習得への動機づけが高まって,文字習得が加速されるようになる.

## 2 読み書き能力の習得

### 文化が文字の読み書きを奨励する

先にも見たように,子どもは文字を使うことの意義を自覚する前から文字に関する活動を開始する.子どもは生活や遊びを通じて文字にふれることで,いともたやすく文字を習得してしまう(Hoffman, 1985).文字は直接的に教えられたかどうかはあまり重要ではない.実際に,直接文字を教えられたこどもよりも,日常,本や新聞を読む大人の姿を目にしている文化的環境にある子どもや,マザーグースなどの詩が好きで暗唱できる子どもの方が読み書き能力が高いという結果(Maclean, Bryant & Bradley, 1987)も見いだされている.

日本では昔から読み書きができることに対する価値づけが高かった.親たち

は子どもが文字に興味を示し，文字に関わる活動に従事しているのを目にすると，これを励まし，認めようとする．稲垣・波多野(1989)が指摘するように，文化が読み書きへの価値づけを行い，子どもたちは文字に対して興味を持つようになり，文字の学習が容易になるようにしむけられていると考えられよう．

**文字習得を支える基盤**

　私たちが聞いたり話したりしている語は物理的には連続音であるから，文字コードに変換するためには連続音を文字コードの単位に分割し，対応させることができなくてはならない．これを「音韻的意識(phonological awareness)」と呼んでいる．音韻的意識とは語の「音韻分解(phonological segmentation)」と「音韻抽出(phonological abstraction)」からなる．天野(1986)によると，語の「音韻分解」というのは，語を構成している音韻の系列を分析し，その音韻の順序，及びその音韻の言語学的特性の理解にもとづいて，語の音韻構成を知ることを指している．日本語は音節単位であるため，／ウサギ／が／ウ／，／サ／，／ギ／という3音節からなっていることを知ること，すなわち「音節分解(syllabic segmentation)」ができなくてはならない．一方，英語の場合は／desk／が／d／，／e／，／s／，／k／の4つの単音からなっていることを知る技能のことである．さらに，「音韻抽出」というのは，ある語がどういう音からなっているか，音韻，音節を分離し，抽出する機能を指している．／ウサギ／の最初の音節は／ウ／，最後の音節は／ギ／，真中は／サ／というように取り出す技能のことである．

　天野(1986)は，「コドモ」「トコヤ」「タケノコ」のように，／コ／が語頭・語中・語尾に含まれる語をうまく分解(音節分解)できるかどうかを，音節に対応して積木を配列するかどうかによって調べ，さらに自分が言ったことばの中に／コ／の音が含まれていたか答えさせることによって音韻抽出能力を調べた．課題は図7-2で示したような図版を用いて，「トコヤ」がどんな音からできているか，一音ずつ区切って発音させる．そのあと，語頭，語中，語尾の積木を順に指して「この積木は何の音？」と尋ねた．このような手続きにより得られ

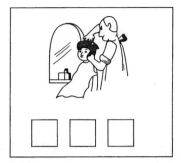

図 7-2 テストに用いた絵カード(天野, 1986).

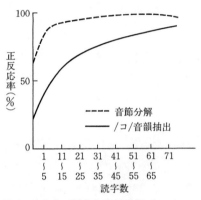

図 7-3 文字の習得と音節分解／コ／音韻抽出の関係(天野, 1986).

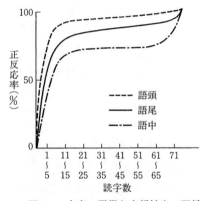

図 7-4 文字の習得と音韻抽出の関係(天野, 1986).

た結果を図 7-3, 図 7-4 に示す．図 7-3 は音節分解と／コ／音韻抽出の能力と読字数の関係を示している．音節分解と音韻抽出ができるようになると読字数が増えていくことを示している．また，図 7-4 は音韻抽出と読字数の関係を示しているが，語中の音韻抽出は難しく，また音韻抽出ができるようになるにつれて読字数が増えていることがわかる．これらの結果は，音韻的意識は文字習得の基盤として不可欠であることを示唆している．

以上に述べたことから，音韻的意識が低い場合，すなわち，音声コードを文字コードに対応させることができない場合は，かな文字の学習は教えてもきわめて困難である．しかし，このような音韻的意識の発達を促すような訓練によ

り，かな文字の習得が促進されるという．大六(1995)は，発達遅滞児を対象にして「モーラ意識」(特殊音節が含まれない場合はモーラと音節の単位数は同じ，例，「ポッコ」3モーラ，2音節)を形成した後，かな文字読みが可能になったことを見いだした．

**特殊音節の学習**

音節分析は単音分析よりもやさしいため，日本語のかな文字の体系は読み書きの入門期の子どもにとっては学習しやすい文字体系である．日本語では，基本音節の文字コードは発音単位と1対1の対応関係があるためである．しかしこの中で，各種の特殊音節——長音(ヒコーキ)，拗音(キンギョ)，拗長音(チョーク)，促音(コップ)，撥音(パン)など——は学習が難しい．特殊音節の場合には，まず語を構成している音節を識別し，その順序性を分析したうえで，さらに，特殊音節の言語的な特性についての知識(特殊音節の「モデル構成行為」)にもとづいて音節構造を知らなくてはならないからである．

天野(1987)は，幼児や小学校低学年の学習不振児を対象にして，積木やカードなど視覚的補助教材を用いた表記法規則の学習をうながす教育プログラムによる形成実験を行い，最初に音節分析能力を形成しておかなければ，特殊音節の読み書きの学習が困難であることを見いだしている．

以上のように，特殊音節の分析が難しいのは，表記法規則の学習が前提になっているためである．天野(1986)は，単語をひら仮名コードに符号化する過程は，単に個別の音と符号化するコードとの機械的連合的な対応を学習することではなく，常に「ことば」としての意識を伴って，有意味な単語として一挙に符号化するという特性をもっていると主張している．ひら仮名に符号化するという活動は，ことばが埋め込まれている文脈や意味を含みこんだもの，いわば，文化や歴史を背負い込んだものなのである．ひら仮名読みは，最初は個々の音と文字の連合から始まり，意味のあることばとしての意識，音韻的意識，表記法規則などの，さまざまな言語学的特性を習得するのに呼応して時間をかけて熟達していくとしている．したがって，文字が習得できない場合は，音を符号

化できないのか，単語など意味全体を把握する力が不足しているためか，あるいは，語彙などを含めた言語生活が乏しいためなのかの原因を探らなくてはならないだろう．

**音韻的意識を促す遊び**

　子どもたちは，こうした音韻的意識の発達を促すような遊びに従事している．幼児初期の子どもたちが好んでする「ことば遊び」も，音韻的意識を発達させるものである．さらに，音節をとりだす遊びの例として，「しりとり」がある．子どもたち同士，親子の間でよく行われる遊びであるが，前の人が言ったことばの最後の音節を取り出し，その音節からはじまることばを次の人が言うのが基本ルールである．ただし，「きんぎょ」のような特殊音節で終ることばへの対応は概して難しく，正しく実行されるためには，まず特殊音節の文字の習得が前提になる(無藤，1986)．また，高橋(1997)によると，しりとり遊びができるようになるためには単語の語尾音の抽出が前提になるが，十分に音韻的意識が形成されていない段階でも，子どもが遊びに参加する中で自然にこの音韻的意識が形成されていくことを見いだしている．このような遊びへの参加は，音韻的意識の発達を促す機会を与えるものであろう．

　また，ほとんどの親や祖父母が「子どもにとって好ましい」おもちゃとして，幼児初期に買い与える「いろはかるた」や「いろは積木」，幼児後期に買い与える「あいうえおの絵本」なども，遊びを通じて，音韻的意識を促し，音節と文字の対応を視覚的に捉えることを促すものであろう．このような遊びを通して，知らず知らずのうちに，文字習得の準備がなされていくのである．

## 3　何が学ばれるべきか

**文字の読み書きの個人差・性差**

　幼児期の文字習得は，遊びの中で自然に体得されるものらしい．しかし，自然に体得される学習においては組織的な学習にくらべて，個人差が大きい．幼

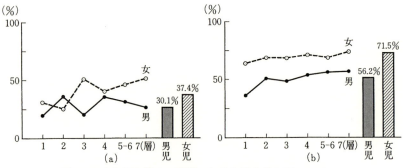

図 7-5　ひらがな読みの習得における男女差(天野, 1986).
(a) 4 歳児クラス，(b) 5 歳児クラス．横軸の区分は，1＝
郡部の町村，2＝人口 10 万人以下，3＝人口 10 万-20 万人，
4＝人口 20 万-130 万人，5＝人口 130 万-1000 万人以下，7
＝人口 1000 万人以上，の地域を示す．

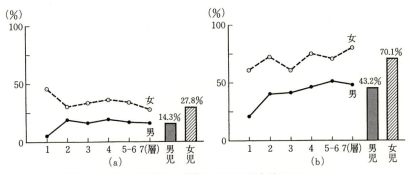

図 7-6　ひらがな書きの習得における男女差(天野, 1986).
(a) 4 歳児クラス，(b) 5 歳児クラス．横軸の区分は，図
7-5 と同じ．

　児期の文字学習は外から強制されるものではない．子どもの興味や関心が文字を覚えることだけに偏っていないところにこそ意味があるのである．外界のものやことに対する幅広い興味の網の目に，文字の存在もひっかかってくるにすぎないのである．

　実際，文字への興味は子どもによって差がある．早くから興味を示す子もそうでない子もいる．おしゃべりをする，話を聞くという言語体験の乏しい子ほど文字に関心を示さないという保育者の報告もある．

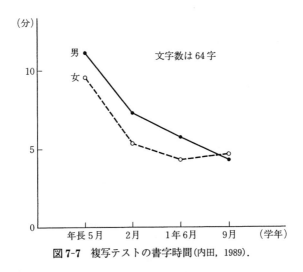

図 7-7　複写テストの書字時間(内田, 1989).

また文字習得には性差があることも知られている．天野(1986)によると概して女児が男児よりも読み書きともに習得が早い．図7-5には清・濁・半濁・撥音71文字のうち60〜71文字読めて，さらに特殊音節も0〜5文字読める子どもの割合を示している．図7-6には71文字の範囲で筆順も正しく21文字以上書けた子どもの割合を示している．地域差はそれほど明確ではない．

では，文字習得の個人差や性差は組織的な読み書き指導が導入されることによって縮まるであろうか．

このことを調べる目的で，内田(1989)は，幼稚園児32名を，幼稚園年長組5月から小学校1年の9月まで縦断的に追跡した．幼稚園年長組の5月，就学直前の2月，小学校1年生の6月・9月の4つの時点で，以下にあげるような，さまざまな角度から子どもの読み書き能力を調べた．すなわち，ことばや文を読み上げる「読字力テスト」，ひらがなの詩を読みながら紙に写していく「視写テスト」，口でつくった物語や絵をみて説明をつけ，文字にする「作文テスト」などからなっている．

まず，視写テストでは谷川俊太郎の64字からなる詩をモデルにして書き写させた(図7-7)．全部を書き終わるのにどれくらい時間がかかったかを見ると，

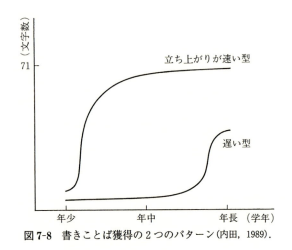
図7-8 書きことば獲得の2つのパターン(内田, 1989).

年長組の1年間に書字速度はしだいに速くなっていく．また性差もはっきりしている．しかし，1年生の9月にはその性差もなくなるのである．

**文字習得の早い子どもと遅い子ども**

　子どもたちを見ると，早くから文字に関連する活動をしていて，文字習得が一気に進む立ち上がりの速い子どもと，幼児期を通してあまり文字に関連する活動をしない文字習得に時間のかかる子どもがいる(図7-8)．立ち上がりが速く順調な子どもはクラスの3分の1，また立ち上がりが遅くて，幼稚園の終わりになっても読むのはよめても書くことはほとんどできない子どもは約3分の1くらいいる．この子どもたちを小学校1年生の3学期まで追跡したところ，これらの差は小学校に入学すると急速に縮まり，1年生の9月になると，読み書きの遅れた子どもは文字習得の早かった子どもに追いついてしまったのである．幼児期に文字を読んだり書いたりすることが得意でなかった立ち上がりの遅かった子どもが，小学校に入って幼児期の遅れを一気に取り戻してしまうのである．

　物語の発端部を読み聞かせ，その続きを口頭で作らせて，それを文字に書いてもらうという課題を与えたところ，口ではかなり長い整った構造のお話が作

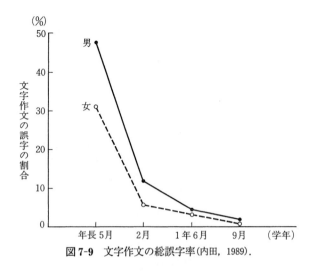

図7-9 文字作文の総誤字率(内田, 1989).

れても，それを文字で書き表すことはできない子どもがいる．しかも，ある程度文章が読める子どもであっても，書くことができるまでには時間がかかる．文字から文，文章へと単位が大きくなるほど，書く活動は子どもにとって難かしい課題である．文章を書くまでには時間をかけてゆっくりと進んでいく．

図7-9に示したように，幼児期の文字作文には誤字が多く，性差も顕著であり，女児の方が誤字が少ない．しかし，小学校に入学し，組織的な文字教育が始まると，誤字は急速に少なくなる．読み書きの組織的な学習の効果はとても大きいことがうかがわれる．

図7-10a, bには立ち上がりの速い子どもの中からW. T., 遅い子どもの中からH. T. の例を示した．2人の認知能力や家庭環境は似かよっている．図の上段には年長組2月，図の下段には1年生9月の時点でのこの2人のデータを示している．また，表7-3には2月時点で彼らが作った物語のプロトコルを示している．どちらもきちんとした物語であるが，どちらかと言えば，H. T. の方がむしろ豊かなお話を作っている．これを文字で書こうとしたら文字が想起できず，迷っているうちに自分のつくった物語を忘れてしまったため，新たにつくりなおしながら書き始めたがやっぱりうまくいかなかった．かろうじて書い

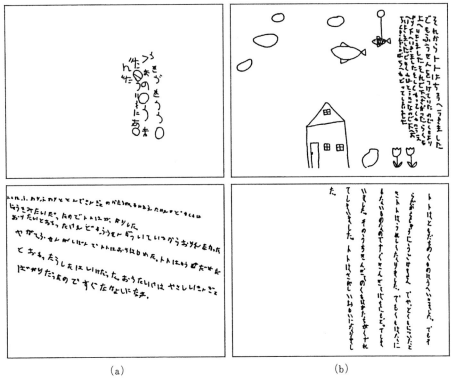

図 7-10 文字作文例(内田, 1989). (a) H. T. (b) W. T. (いずれも上は2月, 下が9月).

た文字のほとんどが鏡文字になってしまった. まず, 外言で次に書く文字を1字言ってから, その文字を書き, 書きながらも外言を伴わせている. 一方, W. T. はさっとイラストを描いてから文字を書き始めた. 1字あたり2.1秒の速度で, ほとんど黙ってスラスラ文字を書き, 口頭で作った5文110字からなる物語を完全に文字化することができた. このように, 2人の違いはきわめて大きい. ところが, 1年生9月には縦書きか横書きか, 文字形態や書き癖, 常体か敬体かというスタイルの違いを除いた全ての指標において2人の差は全く解消されてしまったのである. すなわち, 書字速度 (W. T.: 2.4秒/1字, H. T.: 2.1秒/1字)は変わらず, 2人とも黙ってスラスラ文字を書き, 句読点や特殊音

表7-3　口頭作文のプロトコル(内田, 1989).

W・Tの口頭作文(年長組の二月)

それからトトは、ちゅうへいきました。でも風船をつけていたので、雲より上へいきました。それで下へさがったら、雲より下へいきました。そしてやっと雲の上へいきました。でも雲はとうめいなので、下へおちて、きんぎょばちにもどってしまいました。

H・Tの口頭作文(年長組の二月)

それでトトはプカプカ行った。雲の金魚は風にふかれて、もうちょっとむこうへ行っちゃった。なかなか雲の金魚のところへいかれない。でもまた風がふいてきた。そいでやっと雲の金魚のところへ着いた。そっちへ行った。そいでトトは呼びかけた。雲の金魚は答えなかった。トトは悲しくなった。また、トトは呼びかけた。おっきな声で呼びかけた。やっと、雲がしゃべってくれた。トトは嬉しくなった。そのあとその雲と遊んだ。なかよしになった。そしたら意地悪な雲が出てきて、トトの風船をわっちゃったの。そいで、トトはいそいでお池ん中へ飛び込んだの。お池の中にはお魚さんたちがいるから、いっしょにお池で遊んじゃったの。トトはみんなとお池でお魚さんたちおともだちになりました。おしまい。

注)　実験方法；発端部「金魚のトトはいつも金魚鉢でひとりぼっちだった．空にはいろいろな雲が浮かんでいる．金魚の形の雲を見つけたトトは小鳥のくれた風船でその雲に向かって泳ぎだした」を読み聞かせた後，この発端部に続く物語を最初に口頭でつくってもらい，そのあと，その物語を文字で書いてもらった．

節も完全にマスターしており，口頭作文を完全に文字で表現することができるようになった．

　小学校にはいって幼稚園時代となにが変わったかを問うと，W. T. は「小さい字(促音や拗音をさしている)や"ふ"の字が形よく書けるようになった」と細かい変化を指摘している．道具的価値については幼児期の2月時点と1年生9月時点で全く同じように，「看板が読めて面白い．書きたいとき書けるからいい」と答えている．

　一方H. T. は，小学校に入ってから「字がスラスラ書けるようになったし，自分で絵本を読んでもよく分かるようになった」と答えている．また文字習得が遅れていたH. T. においては，読み書き能力の獲得に呼応して道具的価値を

表 7-4  読み書きの個人差(内田, 1989).

| | 項　目 | H. T. | W. T. |
|---|---|---|---|
| 幼児期の文字環境 | 読字開始 | 3歳6カ月 | 3歳0カ月 |
| | 書字開始 | 4歳10カ月 | 3歳0カ月 |
| | 文字指導 | 特別に教えなかった | 特別に教えなかった |
| | 両親の幼児期の文字教育に対する考えかた | 母「文字を知ると絵本の絵を見なくなるので残念」<br>父「小学校できちんと教えてもらえばよい」 | 母「興味をもったときに, きちんと教えるべき」<br>父「間違えて書き順を覚えるとあとで矯正がたいへん」 |
| 年長組<br>2月 | 口頭作文<br>文字作文<br>口頭・文字作文の比較<br>作文の書きかた<br>書字速度 | 8文306字<br>ほとんど書けない<br>口頭作文＞文字作文<br>1字ずつ外言を伴わせながら<br>10.2秒／1字 | 5文117字<br>5文110字<br>口頭作文＝文字作文<br>黙ってスラスラ<br>2.1秒／1字 |
| | 文字の道具的価値 | 「読めても書けても別にいいことはない」 | 読み「看板が読めて面白い」<br>書き「書きたいとき書けるから, いい」 |
| 1年生<br>9月 | 口頭作文<br>文字作文<br>口頭・文字作文の比較<br>作文の書きかた<br>書字速度 | 6文148字<br>6文140字<br>口頭作文＝文字作文<br>黙ってスラスラ<br>2.1秒／1字 | 5文173字<br>5文170字<br>口頭作文＝文字作文<br>黙ってスラスラ<br>2.4秒／1字 |
| | 文字の道具的価値<br>「字が読める(書けると)いいことがあるか？」 | 読み「本がいっぱい読める」<br>書き「ママと交換日記ができるようになったし, 遠くの友達に手紙が出せるようになった」 | 読み「看板が読めるからいい」<br>書き「書きたいときに書けるからいい」 |
| | 小学校に入って何が変わったか？ | 「読みかたは変わらない. 書きかたは学校で教わって書けるようになった. 字も上手になったし, 速く書けるようになった」 | 「うまく書けるようになった. "ふ"の形もよくなったし, 小さい字も正しく書けるようになった」 |

意識するようになり，幼稚園の2月の時点では，文字が読めたり書けたりしても「いいことはない」と答えていたのに，9月時点では「ママと交換日記ができる」「自分で本が読める」というように，文字を媒介にした具体的な経験を通して，文字の機能に気づき始めていることが推測されるような答え方をした．この子ども以外にも幼児期によく書けなかった方の子どもたちの方が文字の機能に気づいたことがうかがわれる答え方をしている場合が多かったのは注目される．いつのまにか読めていたとか書けていたわけではなく，努力の結果書けるようになったことへの喜びは文字というものの機能を認識させるきっかけを与えたものと思われる．

　この2人の子どもの家庭での文字教育に対する考え方や文字の機能への気づきについて表7-4にまとめた．幼児期には十分に字が書けなかったH. T. は，両親とも，文字は小学校に入ってからで遅くないと思っている．また，スラスラ書くことのできたW. T. の場合も，その両親は幼児期に文字教育をする必要がないと思っており，2人とも特別に文字を教えられたわけではないのある．

**何が学ばれるべきか**
　このH. T. のようなケースは他にも (32名中7例) 見られた．幼児期に文字習得が遅い子どもは，文字の存在に気づいたり，多少興味を持ったとしても，もっと他に興味がひかれることがあって，他の活動に熱中してしまう．その結果，文字をめぐる活動が少なくなり，たまたま読み書きが他児より遅れたに過ぎないのかもしれない．

　しかし，H. T. は文字の機能や道具的価値に気づき始めると，母親と「交換日記」をしたり，引っ越した友だちに手紙を書くという活動に熱中するようになる．このように，いったん興味を持ったら一気に習得してしまう．

　図7-11は，幼児期の語彙能力や読み書き能力と1年生の国語学力の関係を示したものである．幼児期と1年生の3学期の語彙能力の相関は0.5と有意な関連性が認められる．これは幼児期の言語生活が豊かな場合には小学校でも言語生活が豊かに展開することを示唆している．幼児期の語彙能力と小学校での

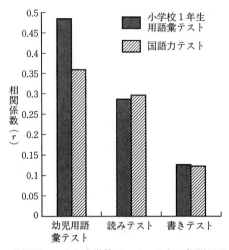

図7-11 幼児用テストと小学校でのテストとの相関(東他, 1995).
注)「相関係数」とは2変数間の対応関係をあらわす．$r=0.3$ は，2乗した値 0.09，すなわち9%の対応関係を示す．

国語の学力ともある程度の対応関係が読み取れよう．しかし，読み書きと国語の学力とはかならずしも十分な対応関係はないことがわかる．読む力と国語の相関係数は0.28程度，したがって幼児期に読めたかどうかは小学校での国語学力とせいぜい9%程度の対応関係しかない．一方，書く力と国語学力との相関係数は0.1程度であるから，幼児期に書けたかどうかはせいぜい1%しか小学校での国語の学力を予測しないのである．

また，黒田(1983)は55名の幼児を対象にして「石井方式」による漢字教育を受けている幼児と受けていない幼児を対象にして教育の効果について小学校2年生まで縦断的に追跡した．幼稚園年長組の5月と3月では漢字教育を受けた効果は現れ，教育群の子どもの方が漢字の読字力において一貫して上回っている．ところが，幼児期に漢字教育を受けなかった統制群の子どもの漢字テストの正答数は小学校入学以後に急上昇を示し，小学校2年生の時点でテストされた漢字100字あたりの読字数では漢字教育を受けた子どもとの差が全くなくなってしまう．幼児期に漢字教育を先取りして行ったとしても，大人が期待し

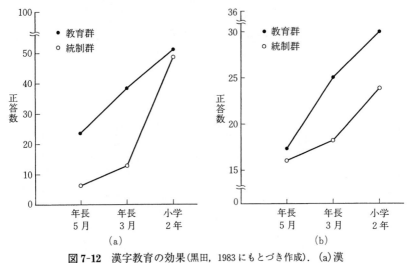

図 7-12 漢字教育の効果(黒田, 1983 にもとづき作成). (a)漢字テスト, (b)図形テスト

ていた国語学力につながる「漢字読字力の上昇」という効果は認められなかったのである. 一方, 図形読み取りテスト(RAVEN)については漢字教育を受けた子どもの成績は受けなかった子どもよりも上回っており, この効果は2年生時点でも持続している(図7-12). 2群の子どもの知能値は等質になるように揃えていることから, 早期の漢字教育の効果は漢字の読字力そのものよりも, むしろ複雑な図形の認知力において持続していると言えよう. おそらく, 複雑な漢字パターンの読み取りにおいて動員される心的操作は図形問題を解くときに必要なパターン操作と共通しているため図形問題には正の転移が起こったものと考えられる.

学校では先取り教育をした子どもをさらに先に進めるような習熟度別授業ではなく, 平均的な子どもにあわせて授業が進められる. 幼児期に身につけた漢字の読字力を表現する機会は抑えられる可能性も考えられ, こうした中で国語学習に対する関心や意欲を次第に失っていくこともあるだろう. このように先取り教育は学習への動機づけを低減する可能性をはらんでいるというマイナス面にも配慮すべきである.

以上から，幼児期にあっては，文字が学ばれる時期や，文字習得の遅速ということよりもむしろ，読み書きの機能につながるような内面がしっかりと育っているかどうかが問題にされるべきではないかと思われる．

## 第Ⅷ章
# 書くことによる認識の発達
――書くこと・考えること・生きること――

## 1 書きことばの習得による認識過程の変化

**就学経験の影響**

これまで書きことばの習得，1次的ことばから2次的ことばへの移行が言語や思考に大きな影響を与え，抽象的な思考の発達に貢献するという結果が多く出されてきた(Olson, 1977)．60年代の研究の多くは論理的な課題解決能力について読み書きのできる人々とできない人々を比較し，読み書きのできる人の方が優れた解決をすることを示すことによって認知発達への影響を論ずるものが多かった．組織的な読み書き能力の獲得は就学により生ずるものであることから就学経験と認知発達とは関係深いことを証明しようとした．

たとえば，グリーンフィールド(Greenfield, 1966; 1972)はセネガルのウォロフ族を対象にして，クラス分類課題を与え，就学経験の認知発達に及ぼす影響を調べた．被験者は，①農村の伝統社会に住む就学経験のない6, 7歳児，8, 9歳児，11, 13歳児と大人，②同じ村に住む学童，③首都ダカールに住む学童の3群からなる．色・形・機能の次元でペアがつくれる図8-1に示した3枚1組の絵カードから「1番似ているものはどれか」と選択させ，「なぜ似ていると思うか」と尋ねて選択の理由づけを求めた．その結果，就学経験のある子どもの分類の仕方は居住地域にかかわりなく，米国の子どもと似た成績であった．加齢とともに色の選好は減り，形から機能へと分類基準は移行していった．「別の似ているものを2つ」選択するよう言われると，次元の移行も容易であった．さらに理由づけは適切であり，「形が同じだから」とか「どちらも食べ物だから」というように上位概念名を使って答えることが多かった．ところが，未就

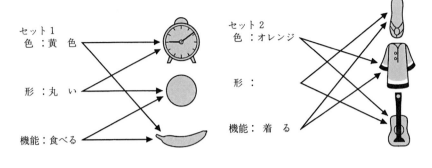
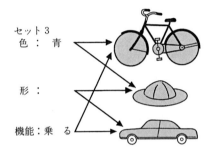

図8-1 ウォロフ族の子供に実施した分類課題の絵の配列とそれらの属性(Greenfield, 1966). セット1; 置時計, オレンジ, バナナ, セット2; サンダル, ブーブー(ウォロフ族の長服), ギター, セット3; 自転車, ヘルメット, 自動車

学児は長ずるにしたがって, かえって色への選好は増し, 分類の理由づけも不適切であった. またいったんある次元で分類してしまうと別の分類基準に移行することも困難であった.

　就学児と未就学児のこのようなパフォーマンスの違いは学校で提供される経験の有無によるものと解釈された. 就学経験はより抽象的な基準での分類操作を発達させるとともに課題の解決にただ1つの正しい解決法があるわけではないというような相対的なものの見方を育成するのである. グリーンフィールドはその理由について就学経験は主に書きことばに依存しているためであると推測している. 書きことばは話しことばと異なって, 時間空間的に, 言及される対象や文脈から独立していることから抽象的思考に関係している(Greenfield & Bruner, 1966). 子どもは就学すると書きことばを習得し, それを使用する活動に従事するようになる. この活動を通して抽象的思考能力が培われると推測したのであった.

## 読み書きの価値づけの変化

紀元11〜12世紀にかけて都市の数が急増し，そこでは商工業が発展した．人々の生活の基礎は，その発展した商工業に置かれるようになった．労働の分業化に伴い，社会経済構造は流動的で複雑になっていった．この動向の中で，口頭に代わって，書記言語が伝達手段として使われるようになった．しだいに，読み書き能力をもった人間の需要が増していくにつれて，識字に価値づけがなされるようになった（チボラ，1983）のである．

しかも，話しことばから書きことばへのシンボル体系の変化は人間の精神過程に大きな影響を与えていったものと考えられる．ヴィゴツキー（Vygotsky, 1963）は「テクノロジーや道具の変化が労働の構造に変化をもたらすように，話しことばや書きことばといったシンボル体系の変化は精神活動の再構造化をもたらす」ものと指摘している．人間の認識活動のあらゆる形式は，歴史的発展の過程でつくりあげられたものである．したがって，シンボル体系に変化をもたらすような社会文化的変化は，より高次の記憶や思考の，そして，より複雑な心理的体制化を担うことになると考えたのである．

たとえば1917年にロシア革命が起こりロシア各地に劇的な社会経済的変化が引き起こされた．それに伴って，読み書き能力の需要が増した．チボラが指摘したのと同様に，社会経済的変化によってシンボル体系が変化したのである．この革命は，ヴィゴツキーの上記の仮説を検証するのにふさわしい歴史的転換点だったということになる．

## 読み書き能力がないと三段論法推論ができない？

1931年頃からルリア（1974/1976）は師のヴィゴツキーと共に，読み書き能力が抽象的思考の発達に寄与するかどうかを検討するため，何百年も停滞した経済条件のもとに置かれていたロシアの辺境の地，ウズベクとキルギスの人々を対象にした研究に着手した．これらの地域にも革命の波は徐々に押し寄せたが，都市部に比べ，社会主義経済への移行は遅れ，読み書きのできない人々が多く

表 8-1 三段論法推論のプロトコル例(ルリア，1974/1976 を参考に作成)．

被験者　スルタム(47歳，パルマン村の農民)　　　　　　E：実験者，S：被験者

E　綿は暑くて乾燥した所にだけ育つ．イギリスは寒くて湿気が多い．そこでは綿は育つでしょうか？
S　いや，今じゃ，気候は悪くなって，綿も悪くなってしまったよ
E　もしいつも雨が降ったら，綿は育つでしょうか？ それとも育たないでしょうか？
S　いや，綿は雨を好まない．雨のために我々の所じゃ収穫がなかったんだ
E　イギリスでは寒くていつも雨が降っています．そこでは綿が育つでしょうか？
S　わからないな．イギリスというのは聞いたことはあるが，そこに綿が育つかどうかは知らない(→個人的経験を離れて結論を出すことを放棄してしまう)
E　そこは寒くて雨が多いんですよ．そこには綿が育つんでしょうか？
S　もし，そこが寒くて雨が多いなら，播種畑用の綿だけが育つ．でもどっちにしても収穫はないだろうね(→前提の枠内での判断および完全に実践的な結論を導いた)
E　そこの人は綿を栽培しているでしょうか？
S　どうしてそれがわかる！ 種がまけるんだったら，おそらくそこの人は綿を栽培しているんだろうよ(→怒る．最後まで前提からの結論を下すことはできなかった)

---

個人的結論に結び付いた推論；僻村の農民＝60％，短期文字教育群＝0％
経験とは関係のない三段論法推論；僻村の農民＝15％，短期文字教育群＝100％

取り残されていたからである．彼は，読み書きの習熟度により被験者群を次の3つに分けた．伝統的な閉ざされた経済機構の中で，旧来の農業に従事する文字を知らない人々(伝統群)，機械化の進んだ集団農場で働くようになって短期間の文字教育を受けた人々(中間群)，短期の教師養成プログラムに参加した人々(高教育群)である．彼らに，再認，語連想，概念分類，推理問題などの課題を解かせたところ，伝統群は事物の具体的・知覚的特性にもとづいて反応する傾向があり，すべての課題で，事物間の概念的・論理的関係に基づいた反応をする高教育群や中間群に劣っていた．

　表8-1は三段論法推論のプロトコル例と正答率であり，伝統群の被験者は直接的な体験と結びつけた推論はできても，前提の命題から結論を引き出すことが難しいことを示している．ルリアは彼らが三段論法推論ができない理由として，①前提が個人的な体験と結びつかないと信用しないこと，②三段論法の前提は被験者にとって普遍的性質のものと考えられないこと，③提示された三段

論法が被験者においては3つの無関係でバラバラな命題として分離されてしまうことなどをあげている．

### 書きことばの認知的所産は限られている

スクリブナーとコール(Scribner & Cole, 1978; 1981; Cole & Scribner, 1974)は，上に述べたヴィゴツキーの見解を受け入れながら，読み書き能力がもたらす所産は抽象的思考一般を改変するとは限らないことを示した．

彼らは，読み書き能力の心理的意義を明らかにするには，この要因のみを取り上げるべきであり，従来の研究は，この要因に加えて，就学によって変化する他の活動や経験の変化の要因を交絡させてしまっていると批判している．同様に，ルリアの高教育群や中間群は，読み書き能力を獲得するようになっただけでなく，農作機械の操作や経営プランの立案など新奇な活動にさらされるようになった人々から成る群だった．

彼らは，読み書き能力の要因だけを他の経験や活動とは独立に扱えるリベリアの伝統社会のバイ族を対象にして，読み書きの影響を調べた．バイ族は土着の書記言語をもっており，文字使用は生活に密着している．文字は元帳や技術計画の記録，商取り引きの手紙，葬式の香典の記録などに使われている．彼らは文字を組織的学習によって習得するのではなく，生活の中で読み書きをする人々を目にしているうちに見よう見まねで習得していく．この文字の習得の仕方は，就学経験から切り離して読み書き能力だけを独立に扱えるので，従来の研究の問題点を排除できる．

### 読み書き能力のもたらす所産

彼らは最初，グリーンフィールドやルリアが使った伝統的な方法に準じてバイ語の読み書きのできる人とできない人を対象に様々な問題解決を行わせ，成績を比較した．その結果，書きことばの経験がものをいうと考えられていた分類や推論課題において両者の成績に差は認められなかった．文法ルールの説明や三段論法推論など，言語を分析するメタ言語能力がかかわるような課題にお

いても読み書きのできる人とできない人の間に差はなかったのである．

　ではバイ語の読み書きの経験は何の認知的所産ももたらさないのであろうか．バイ語は商取り引きの手紙に使われるが，その手紙は「文脈化(contextualization)」と呼ばれる書き出しから始まる．この書き出しは読み手に手紙の内容について推測させるための一種の構えを作らせる．バイ語の熟達者にインタビューしたところ，うまい手紙を書くには，この文脈化メッセージが必要であるということを彼らがきちんと認識していることが確認された．

　だとするとバイ語の読み書きに精通している人は口で説明するような場面でも効率のよい説明ができるのではあるまいか．この予想を確かめるために実験者から未知のゲームの説明を受けた後，そのゲームを知らない人に実物なしで説明するという課題を与えてみた．予想通り，バイ語の熟達者は対面状況でも，手紙と同様「文脈化」のメッセージに該当するような前置きを言ってから内容やルールの説明に入るため，より多くの情報を適切に伝えることができた．

　またバイ語を読むときには特殊な技能が必要となる．バイ語は音節文字であり，単語単位で分かち書きをしないし，句読点もないため，読み手は語や句などの意味単位がわかるまで何度も区切り方を変え，全体の意味が通じるまでバラバラの音節を保持していなくてはならない．このような経験は，意味単位を統合したり，音節を保持する技能の習得を促進するものと予想される．この予想を確かめるため，単語単位で区切った場合と，音節単位で区切った場合の言語音をテープで聞かせ，意味理解や記憶を調べた．その結果，単語単位の場合は，熟達者と初心者との間に成績の差はなかったが，音節単位の場合には，両者の差は顕著で，明らかに熟達者の成績がよかったのである．

　以上のことから，スクリブナーとコールは読み書き能力が転移する認知領域は限られており，読み書き能力に含まれる技能に類似した領域だけであるとの結論を導いたのである．このことは書きことばが抽象的思考能力や知的技能全般に変容をもたらすわけではないことを示唆している．

　しかし，彼らも推測していることだが，陶芸家が新しい意匠を創作するときと，壺職人がきまりきった手順で壺を焼くのとでは従事する「活動(activity)」

(手の動きを起こさせる頭の中の情報処理過程を指している)の質が違う．これと同様に，読み書き技能の使われ方によって認知的所産は変わると考えられる．

　詩作のために推敲したり，文学鑑賞のために文章分析を行ったり，あるいは適切な，よりよい表現を求めて推敲(ことばを選ぶ)や彫琢(文章を整え磨く)するときには商取引のための決まりきった形式の手紙を書くときに比べ，はるかに複雑な情報処理が起こり，メタ認知機能が活性化されると考えられる．さらに読み書き技能の適用の範囲がことばの生産や創造の活動にまで広がれば読み書き能力の行使の結果もたらされる認知的所産も拡大すると考えられる(内田，1986)．この推測を確かめるために，次節では，文章を文字にする活動で何が起こっているのか，文字作文の成立過程について探ってみよう．

## 2　文字作文の成立過程

### 「2次的ことば」への移行は「苦しく困難な仕事」か

　岡本(1985)は，物語ることから文字作文へ，さらに「1次的ことば」から「2次的ことば」への移行は子どもにとって大変な課題であると指摘している．この移行を「苦しく困難な仕事」にしているのは，第1に思想を媒介する手段が話しことばから書きことばへと変化することによるものであろう．特に子どもは書きことば，音声を文字化することに注意をあまり配分しなくてすむ程度の自動化が起こるまでに読み書きに習熟するという問題を解決しなくてはならない．さらに子どもは作文の形式，句読点など，文章を文字で作文という形式に表現することに伴うルールも身につけなくてはならない．

　さらに，「2次的ことば」への移行期は，幼稚園，保育所から小学校へと環境が劇的に変化する時期に対応している．子どもは環境の変化への適応という課題も乗り越えねばならない．子どもは，就学を期に，自ら進んで活動を選びとる「自発的な」学びから，時間割や教科書や教師によって組織される「強制的な」学びへと変化する「学びの変化」，「文化の相違」を克服し，適応していかねばならないのである．このように解決すべき課題が重なっているため困難

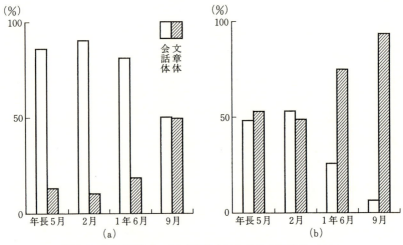

図 8-2 (a)口頭作文,(b)文字作文における文体(内田, 1989a).

度が増す.このときには子どもにとって「苦しく困難な仕事」であるのかもしれない.では学びの移行期に文字作文が成立する過程で実際にどういうことが起こるのかみてみよう.

### 話しことばから文章のことばへ

Ⅵ章で見たように,幼児期の終わりまでには語りのことばはある程度まで完成する.書きことばの導入によって,生活に密着した語りことば自体の質は変化すると考えられるが,それはどのようなものであろうか.

第1に,文体が異なる.口頭で物語をつくる場合と,それを文字で書いた場合のプロトコルを比較する(図8-2)と,次のような相違がある.口頭作文にみられる典型的な口調は「会話体」である.①「～して,～して」のように連用形が多用されるため一文が長くなる.②「～しちゃった」という日常話体が使われる.③文節の区切れ目で,「～ネ」と助詞のネが付加されることが多い.④「それから……それから……」とか「で……,で……」というように順接の接続詞が反復される.⑤主語が省略され述部だけの文が多い.⑥「トトもまた帰ったの,金魚ばちのところへ」のように文の一部が後置される現象が見られ

る．

　このような話しことば特有の特徴は変化して，1年生の9月ごろの文字作文に目立って使われるようになる文体は「文章体」である．文章体は会話体と対照的な特徴がある．①1文に含まれる意味単位は少なく，②1文の長さが短い．③敬体(ですます体)や常体(である体)の文末表現が一貫して使われている．④接続詞のうち順接の接続詞はあまり使われない．⑤主語の省略は少ない．⑥後置現象が見られない．

　文体には性差もあり，書字能力の進んでいる女児は男児に比べて文章体を使うことが多い．女児は文字作文だけでなく口頭作文でも文章体を使い始めるのが早いのである．これは，女児の方が言語経験が豊富で，文体に敏感になっているためかもしれない．あるいは，女児において書字能力が発達しているため，表現のスタイルを整えることに注意が払えるようになったことによるのかもしれない．文字への習熟と情報処理容量の成熟とは関連しているようだ．

　第2に，作文を書く過程のモニターの仕方が異なる．作文を書く過程を詳細に観察すると，初期には，ことばを伴わせながら文字や文を書く姿が見られる．黙ったまま書けない時期に見られる外言は書く行為を支えたり，統制する役割を果しているらしい．

　幼稚園年長組から組織的な文字指導が開始される小学校1年生までの移行期の短期縦断研究(内田，1989a)で，口で作った物語や絵を見て説明する情景作文を文字で書く過程を詳細に観察すると，作文の書き方は変化し，外言を伴わせながら文字を書く段階から黙ってすらすら文を書く段階へと移行していく．この最終段階までに5つの下位段階を経過する．

　　第1段階：外言で次に書く文字(ときにはことば)を言ってからその文字(ことば)を書く．文字を書くときには外言を伴わせる．
　　第2段階：ささやき声か唇の動きを伴わせながら1字ずつ書く．
　　第3段階：ささやきは特に難しい文字やことばに限られ，あとは黙ったまま1字ずつ書く．
　　第4段階：ささやきや唇の動きを伴わせながら，比較的すらすら文字を書く．

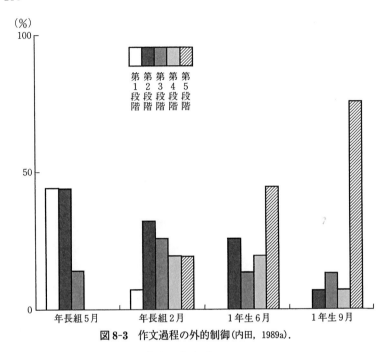

図 8-3 作文過程の外的制御 (内田, 1989a).

　　停滞はことばの途中でも生ずる.
　第 5 段階：黙ったまますらすら書き続ける. 停滞は文や句など意味の区切れ
　　　目で生ずるようになる.
　この第 5 段階は, ①特殊音節の習得度, ②文字を書く速さや書き順, ③作文
に含まれる誤字率など様々な側面からみた書字能力が一応完成する時期に対応
しており, 1 年生の 9 月までに, 子どもの 75% がこの段階に到達する (図 8-3).
　作文の初期に伴う外言は, 発音と文字の対応を呼び出し, 定位する役割, あ
くまでも音声の文字化を促進する役割を果たしているものと考えられる. しか
し書字能力が完成して来ると, 文字を書くのに外言の支えはいらなくなり, 黙
って書く手を止めるという停滞が観察されるようになる. この停滞は文字と文
字の間からことばや文節の間へと変化し, 第 5 段階では明らかに意味単位の区
切れ目で生ずるようになる. この停滞位置の変化は停滞の中味が質的に変化す
ることを示唆している. すなわち, 停滞の内容は作文活動への習熟に伴い変化

する．最初は文字を想起するために生じる停滞から，命題の産出や編集活動の停滞へ，さらに，表現と意図の調整という作文過程全体のモニタリングに費やされる停滞へ変化していくものと推測される．

　第3に，作文過程で「読み返し」の活動が加わるようになる．文章を書く過程を詳細に観察すると，書く活動と読む活動が交互にあるいは複合的に混在しており，両者をはっきりと区別するのは難しい．特に，作文中の読み返しは書字能力の進歩に呼応しているようである．作文中あるいは作文終了後にまったく読み返しをしない段階から，作文過程で一部を読み返したり，作文を書き終わった後で読み返す段階へと5段階を経過し，1年生の9月頃，文字を書くのに注意をあまり配分する必要がなくなる時期に，作文を書き終わった後で，自発的に文章全体を読み返し，修正や新たな文の書き加えをしたりする子どももでてくる．

　第1段階：作文中も作文終了後も全く読み返しをしない．
　第2段階：書いた直前の文字の見返しをすることがある．見返しても誤字に気づかぬことがほとんどである．
　第3段階：ことばや語句を読み返し，次へのつながりを確認するような停滞が生じる．
　第4段階：読み返しの単位は大きくなり，単語・句から文へと移行する．次の表現を探索するような停滞が生じる．読み返しによって誤りを発見して修正することもできるようになる．
　第5段階：第3・4に加えて，作文終了後に文章全体を読み返し，誤字の修正や新たな句や文の書き加えもするようになる．

　この第5段階は書字能力を習得して自由に音を文字に符号化できる時期に対応しており，同一個人の中で，「書き手」から「読み手」が分化し，モニタリングが可能になるのと軌を一にしている．「読み手」は，書く過程でプラン通り作文産出が進行しているか否かをモニターし，評価し，誤りを修正する指令を出したりするようになる．

表8-2 ポーズにおける内観報告の分類カテゴリー（安西・内田，1981）.

| カテゴリー | 略号 | カテゴリー名 | 定義 |
|---|---|---|---|
| プラン | P_P | プロットプラン | 作文全体の大筋・内容構造についての計画 |
|  | P_T | テーマの意識化 | 作文全体の主題の意識化 |
|  | P_L | 局所的プラン | つぎに書くことのエピソード内容の抽出と意識化 |
|  | P_O | 組織化 | いくつか浮かんできたエピソード内容を整理する |
|  | P_C | しめくくり | しめくくりを計画する |
| 検索 | R_P | プランの検索 | 前もって立てた計画を思い出すこと |
|  | R | 情報の検索 | 計画に適合する情報を記憶から探しだす |
| 喚起 | G | 自然発生 | つぎに書くことが自然に浮かんでくる |
|  | A | 記述からの喚起 | 前に書いたことに関連して，あれこれ想起すること つぎの表現にあらわれる場合もあらわれない場合もある |
| 言語表現化 | T | 命題の言語化 | 計画で意識化された表象を言語表現に置きかえる操作 |
|  | L | 修辞的工夫 | 洗練した表現やことばを探したり工夫したりする |
|  | L_L | 表現の正確化 | 誤字，送りがな，漢字，文法の誤りの訂正や正確化のための想起 |
|  | L_C | 読み手の意識化 | 読み手を意識した表現の工夫 |
|  | F | 作文形式の知識 | 句読点，「　」，段落，行替え等，作文形式の手続きに関するもの |
| 読み返し | E | 読み返し | 書いた文の読み返し |
| その他 | S | 休息 | 休息 |
|  | Q | 質問 | テスターへの質問 |
|  | O | その他 | 物音がして外を見るなど突発事態への外的行動 |
|  | I | 後解釈 | 明らかに後からこじつけたとみなされるもの |
|  | U | 判定不可能 | 本人が覚えていないとしたもの，または，判定者が上記カテゴリーのどれにも特定できなかったもの |

＊「その他」のカテゴリーを除き，他のカテゴリーは「方略」を推定させる．

**停滞時に何が起こっているか**

　作文を書く過程では，常に鉛筆をスラスラ動かしているわけではない．読み返したり消しゴムで消したりなど外から何をしているかが推測できる場合と，外からはわからない精神活動に従事している場合とがある．そこで，安西・内田(1981)は小学校2年生～5年生を対象にして，鉛筆が2秒以上止まった箇所を〈停滞〉として，なぜ鉛筆がとまったのか，頭の中では何を考え，どんなことに注意を払っていたのかを推測するために停滞時の内観を報告してもらった．
　こうして得られた内観報告を分類してみると，〈プランに関するもの〉〈情報

の検索に関するもの〉〈情報の喚起〉〈表現を整える〉〈読み返し〉の5つに分類され，さらにそれぞれがいくつかの下位カテゴリーに分かれることがわかった（表8-2）．次に，個人毎に，内観を時間の推移に従って並べてみると，作文過程で注意を払う問題が個人によって異なり，次の4つのスタイルがあることが確認された．

A型：全体の構想をきちんと立てて，その構想に従って書き進める．
B型：どういうテーマにするかだけを決めると，あとはテーマに照らしながら，状況依存的に書き進める．
C型：テーマの意識化がないが，次になにを書くかを決めながら書き進める．
D型：連想的に思いついた順に文字化していく．

このような型の出現頻度を比較すると，学年を追うに従って，先にテーマだけ決めておいて，あとは状況依存的に書き進めながら意図と表現を自由に調整するB型が多くなることが示唆された．

### 作文の産出過程

書きことばで文や文章を産出する過程は，話しことばの産出よりも一層自覚的であり，上で見たように，たえず，作文過程をモニターして，軌道修正をしながら進行する．

ヘイズとフラワー(Hayes & Flower, 1980)は大学生を対象に，作文を書きながら頭に浮かんだことはすべて外言化させる「発話思考法(think-aloud method)」を用いて作文を書く過程で何が起っているかを推定しようとした．書くという活動と，同時に頭の中で進行する過程を口に出して言うという二重の活動を行うことは大人にとっても難しい．またこうして得られたプロトコル（発話資料）を分析することは研究者にとって難しい作業であり，彼らは「プロトコル分析はイルカの跡を追うようなものだ」と指摘している．イルカは時々海面を破って浮上する以外は深く静かに潜って泳いでいく．浮上したプロトコルの断片を手がかりにして，深く静かに進行する心的過程を追跡し，頭の中でどのような情報処理過程が起こっているかを推測するしかないのである(内田, 1986)．

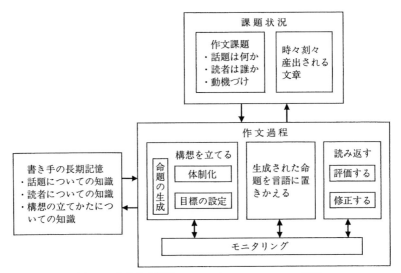

図 8-4 作文産出過程のモデル (Hayes & Flower, 1980).

このような方法を用いて作文の過程を観察した結果，従来言われていた，表現意図や思想から言語表現へと，段階を順序よく踏むという「単線型段階モデル」(Rohman, 1965 や天野, 1981 の紹介したヴィゴツキー・モデル)はあてはまらず，作文過程は既有知識の貯蔵庫からの情報の検索過程，プランニング，モニタリングや読み返し，修正などの下位過程の相互交渉がたえず起こるという，ダイナミックな非単線型であることが確認された．彼らは，「書き手はケーキを焼くコックのように(思想から表現へと)段階を順に追っていくのではなく(さまざまな下位過程を行きつ戻りつする)忙しい電話交換手のようだ」(Hayes & Flower, 1980, 33 頁)と指摘している．こうして，作文過程についての仮説をプロトコル分析の結果に照らし合わせて作文過程のモデル(図 8-4)を定式化した．

このモデルには作文活動の中で生ずる情報処理過程が図示されている．大きく 3 つの四角部分は，書き手が現在着手している作文の(1)〈課題状況〉に関する知識，(2)〈長期記憶(記憶貯蔵庫)〉に蓄えている作文技能などの手続き的知識，さらに実際に(3)〈作文過程〉で生ずるはずの情報処理過程を表している．(3)の〈作文過程〉を示す四角の中は，①〈構想を立てるプラニング〉，②〈命題を

ことばに置き換える言語化〉，③〈読み返し〉，の3つの下位過程が想定されており，さらにこれらの下位過程の進行全体を，④〈モニタリング〉という下位過程が監視しているように描かれている．モニタリングが機能することによって，課題状況に必要な知識の検索も，また産出された表現の評価も，もし表現意図と食い違っていたときには修正することもできる．

　実際の作文過程ではいくつもの下位過程を行きつ戻りつしながらダイナミックな作文活動が進行していくと想定されており，下位過程同士をつなぐ両向き矢印は，この非単線的なダイナミックな下位過程同士の相互作用を表している．証拠が不足しているため，このモデルでは，④〈モニタリング〉の働きの中味については表示されていないが，作文過程で最も重要な働きである．彼らも，作文過程では思想と表現の調整に多くの認知的処理資源(cognitive resource)が動員されているだろうと想定してはいるが，思想と表現の調整はどのようにして起こるのかについては，十分な考察を行っていない．書き手が自覚していないにもかかわらず進行するモニタリングの中味を推測するための証拠がないし，そもそも実証研究を行うことが難しいからである．

　しかし，この思想と表現の調整の過程は，ことばと認識の関係を探る上で最も興味が引かれる大事な問題である．作文活動において書き始まりから書き終わりまでの間に，たえず生じているはずのモニタリング機能を媒介にしての推敲や彫琢の過程は思想と表現の関係を探るのに都合がよい．そこで，内田(1989b)は，この過程に焦点をあて，ことばと認識の関係，書くこととと考えることの関係について探ることにした．

　私たちは，考えていることをことばにし文字で綴る活動によって，書く以前に比べて，何かがはっきりしたように感ずることがある．書くことが私たちの認識に何らかの変化を引き起こした瞬間である．しかし1節の最後に指摘したように，書きさえすればいつでも何かがわかるというわけでもない．スクリブナーとコールが指摘しているように，あまり頭を使わずに，ルーチン的なやり方で書いても，認識過程を変化させることにはならない．もし認識が変化することがあるならば，それはどういう場合であろうか．次節では，この問題を明

らかにするために行った実験の知見を検討しよう．この知見を踏まえて，人間にとって書くということの意味について考えてみたい．

## 3 書くことによる新しいものの発見

### 推敲過程における意図の明確化

内田(1989b)は，表現と意図の調整はどのように起こるのかについて検討するため，6年生女児を対象にして，発話思考法を用いて，4カ月にわたり3回推敲してもらう過程をつぶさに観察した．最終的にできあがった作文を表8-3に示す．

推敲の過程で得られたプロトコル(発話プロトコル例1～3参照)を詳細に分析したところ，表現を探し確定する過程では，たえず表現と意図の往復運動が観察された．自分が書いた表現の意味を理解し，どういう意図でその表現を使ったのか，自分の意図に照らしあわせようとする．この過程で自分が書こうとしていた意図がはっきりしてくる様相が浮かびあがってくる．これは意図に合わせてことばを選ぶのでなく，ことばを先に探しあて，後からことばを解釈しようとする中で，ことばの意味と書こうとしていた意図とが自覚されるようになるのである．

プロトコル例1にあるように，意図が意識化されるのは対案としてのことばを探し出す過程に伴っている場合がほとんどであった．初めは何を書きたいのか意図がはっきりしていなくても，表現を口で繰り返しているうちに意図がはっきりしたり，文字に書いたことによってあいまいだった表象が，明確化され，またそれを変形したり修正したりを繰りかえすうちに，次第に形をなしてくる．プロトコル例2はまさに，表現が先に定まってから少し遅れて意図が明確になっていく過程を示している．

言語の表現と意図の調整過程は表現と意図が「ズレている」という感覚がきっかけになって生ずる．ズレの感覚または意識化から，対案の探索が起こり，対案が出されたら，その対案を評価するという段階を再帰的に繰り返しながら

表8-3 3回推敲した後に完成した作文(内田, 1989b).

自分を書き表すことによって

六年一組　T. Y.

私はこの頃よく考えます。自分についてもっと知りたい、それもことばという形によって表したいと思うのです。そのために、今私が、「私自身」について知っていることから考え始めたいと思います。

私はどういうことが好きなのでしょうか。

「本を読む」。読む時間と読む本があれば、何をさしおいても本を読み始める私です。けれど、じっくりと読むわけではありません。軽い読書が、私は好きなのです。本を読んでいると、頭の中の空気が新しくなっていくような気持ちになるのです。登場人物の姿を思い浮かべ、次から次へとページをめくります。だから、西遊記のように、空想していて楽しいもの、すっきりしたものが、私のお気に入りの本となるのです。

「放送委員であること」。私は放送委員であることに、非常に満足しています。小さい頃から目立ちたがりやの私にぴったりの仕事です。五年生のときから続けていますが、自分の声をみんなが聞いているとと思うのは、気持ちのよいものです。今では、あこがれの委員長となっています。とにかく、委員長の仕事も含めて、先生方に信頼され、学校の仕事をする。そういうことが私は好きなのです。

このようにして考えてくると、何か私というものの、具体的な像が浮かんできたような気がしてきました。始終いろいろなことを考えている私。目立ちたがりやの私。責任ある仕事をまかされたいと思っている私……。

ここで私は、はたと考えこみました。私という人間は、こんなにも単純な構造の人間なのだろうか、という疑問を持ったからです。それは、書き出した数が少なかったせいかもしれません。けれど、それだけではないような気がするのです。私の表現力が足りなかったせいかもしれません。なぜならそれは、人間が作り出したことばだけのことばでは表せないものなのではないでしょうか。人間というものは、心の中でだけ通用することばでこそ表せる、私はそんなふうに思いました。

結局、私がはじめに考えていたようにはできませんでした。しかし、それでもよいではありませんか。私が、「心の中のことば」に気づくことができたのですから。

自分を書き表そうと考えたことによって、

表現が定まっていく(表8-4). この経過は, 文章理解や絵画制作と同様に, 解が1つとは限らない「構造のゆるやかな問題解決(ill-stuructured problem solving)」の1種であると見なせよう.

表8-4 推敲における表現と意図の調整過程(内田, 1989b).

[1]　「あれ，変だぞ？」とズレを感じる．
[2]　ズレの原因が何かを意識化しようとする．
　1．その結果，ズレの原因が意識化されることによって，何故，変と感じたかを正確に把握できる場合(極めて少ない)と
　2．実際の対案ができるまでズレの原因が意識化できない場合(多い)とがある．
[3]　ズレの原因を意識化しようとして，情報源をあれこれ探索する過程で対案が導出される．(ズレの原因の意識化はよりピッタリした対案を探す過程と重なっているようにみえる．)
[4]　対案の評価をする．
　1．論理的・分析的に一定の基準と手順(推敲方略)にもとづいて原案・対案を比較・評価する場合と
　2．分析なしに「ピッタリくる」という内観により，特定の案を決定する場合とがある．
[5]　採択した特定の案を清書する．
　＊　以上の段階のうち，[4]で対案が否定された時には[3]と[4]の段階が再帰的にくりかえされ，時には，喚起ないしは構成された対案のすべてを[4]で比較し評価する場合や，一度否定された対象案が再び喚起され再評価されることもある．この評価の過程はきわめて自由度が大きいことが示唆された．
　＊　観察頻度からみると[2]では 1<2，[4]では 1≒2 である．

## どのような「推敲方略」を使ったか

　対案を評価するときにはいくつかの規準，即ち「推敲方略」が使われている．資料1の発話プロトコル例3は「わけ」という表現を「理由」と漢字を用いてそれにルビをふるか，平仮名のままにするかで迷っているときのものである．右欄の「視覚的効果」は"バランスとしては漢字をいれた方がきれい"という発話部分から推測した方略である．このプロトコルの生じたときの内観を問うと，「目でみて美しい読みやすい文字や文の配列を作るようにした方がよいから，ひら仮名の中に漢字を適当にちりばめると読みやすい．でも，逆にたくさん使いすぎるとかたくなるの」と答えた．

　このように，表現の評価規準として繰り返し使われていることがプロトコルから推測され，その言及部分についての内観を問われたときに子どもが考えをことばで説明できる(意識化できる)ものを「推敲方略」と同定した．内観を問われてことばで説明できるということは，他の場面でもこれを意識的に利用できるということを意味している．このようにして同定された方略は全部で 14

資料1(内田, 1989b).

## 発話プロトコル例1

| | |
|---|---|
| しかし，それでもよいではありませんか．このことについて考えたことによって"心の中のことば"*1/① 「……ことばに気づくことができたのですから」でもいいし，/② 「心の中のことばの存在*2」なんつったら気持ち悪いなあ．/③ そんな，まるっきり気がつかなかったわけではないんだけれど*3，/④ その，「心の中のことば」ってのは結局，口で言ってるっていうか，普通のことばっていうのにあらわす前の段階の，そのモヤモヤした，こう気持っていうんで，/⑤ そこで，そのことばっていうのは結局，きまりがあって，そのきまりの外にあるっていう……P/⑥ だから存在に気づかなかったわけではないな……P*4/⑦ 心の中のことば，やっぱり，このまんまでいい*5．/⑧ に気づくことができたのですから*6．/⑨ | (注) 意識経験<br>*1 ここまで清書したところで書いてあることを読み返して確認する．<br>*2 笑いながら対案を出す．<br>*3 自分自身が気づいていたかどうか事実の方を吟味する．<br>｝原稿に書いてある「心の中のことば」という表現の意味を解釈している．<br>｝Pポーズ<br>*4 対案を否定する理由がはっきりする．<br>*5 原案を納得して受け入れる．<br>*6 *1に続けて清書する． |

「意味単位」への分割と各単位のカテゴリー名：①「読み返し」②「対案1賦活」③「対案2賦活」+「不一致感」④「吟味」⑤「意味解釈1」⑥「意味解釈2」⑦対案1・2を否定する「理由づけ」⑧「原案の受け入れ」⑨①に続く文の残りを清書するための「書字」

## 発話プロトコル2

| | |
|---|---|
| 登場人物の姿を*1 「姿をうかべ」だとわからないから*2 姿を頭の中に浮かべ，頭の中の……がでてくるのかなあ それがなんと……P「姿を思いうかべ」それだ！*3 頭のなかにうかべてっていうか，考えていろいろとさまざまに……ウウ……空想して*4 思い浮かべ*5 | (注)<br>*1 清書しかける．<br>*2 原案の否定．<br>｝対案を出そうとしている．<br>*3 対案が出て納得．<br>*4 対案の表現の意味分析<br>*5 *1に続けて清書する． |

## 発話プロトコル例3

| | |
|---|---|
| 本を読むのが好きなのにはきちんとした*1 さて「理由」にするか「わけ」にするか*2 まず，バランスとしては漢字を入れた方がきれいだけど*3，本来の意味としてはどっちだろうな 理由，わけ，理由，わけ か――*4 理由ってすると　こうだからこうするって感じだけど*5 これはそれほど確かなものじゃないし*6 こうだから，自分の……その――， だから，要するに，面白いからってことがぬけちゃうから これは面白いからってことは普通の「理由」，普通，普通はそうだけれども， そこだけじゃないってことを言いたいから*7 「理由」ってすると，なんというのかな， 本をただ読めばいいってことになるけど，わけがあるっていうふうにすれば，こうなんていうのかな，もうちょっとしばられない，しばられないじゃないかな じゃ「わけ」にしちゃおう わけがあります*8． | (注)<br>*1 清書する．<br>*2 原稿では「わけ」となっている．<br>*3 「視覚的効果のルール」<br>*4 口でなんどもくりかえしている<br>*5 「漢字使用のルール」<br>*6 表現意図の分析<br>｝「漢字使用のルール」によって対案を評価する<br>*7 表現意図の再確認<br>｝「漢字使用のルール」によって対案を否定し，原案をとる<br>*8 *1に続けて清書する． |

表 8-5 推敲方略の種類(内田, 1989b).

| T. Y. (6年生)の推敲方略 | | 3年・5年 | 谷崎・三島 |
|---|---|---|---|
| 方略の名称 | 方略の内容 {発話プロトコルより意識経験を抽出, 内観プロトコルを要約} | {集団実験より抽出} | {文章読本より抽出} |
| 文脈調和 | 文脈全体の中に文やことばがおちついていないといけない. | ○ | ○ |
| 調和逸脱* | 調和をやぶり特異な表現をわざともってくることでおかしさ, 緊張, 注意をひく. | | ◎ |
| 接　　続 | 文と文のつながりはスムーズでないといけない. | ○ | ◎ |
| 行間効果(1)* | ことばの限定は強すぎない方がよい. 意味のふくらむことばを使う〔→含蓄〕 | | ◎ | ○ |
| 行間効果(2)* | 接続詞をわざと省くことで余韻を与えふくらみをもたせる. 接続詞はあまり使わない. | ○ | ◎ |
| 視覚的効果* | 目で見て美しい, 読みやすい文字や文の配列をつくる. 漢字, 1字下がり, 句読点やカギ. | ○ | ◎ |
| 聴覚的効果* | 語呂がよく, 読みやすく, 調子がよく, 耳で聞いていい感じのことばや文を書く. | | ◎ | ◎ |
| 漢字使用* | 漢字には意味をまとまらせ, 限定し, ことばをうかびあがらせるはたらきがある. | △ | △ | ○ |
| 重複回避 | 同じ文末表現, 同じ意味(例:もしかしたら……かも, アメリカ人の人など)同じ音の重複はしない. | | ◎ |
| 重複使用 | 強調の時や昔話などでは同じ表現(ことばや音)をくりかえしてよい. | | |
| 句読点(1)** | 意味の重要度によって, ,」を使い分ける. | | |
| 句読点(2) | 読点をあまりうちすぎない(息つぎに必要なところにうつ)〔→聴覚・視覚〕. | ○ | ○ |
| 保　　留 | ピッタリした表現がみつからなければ修正を保留する. | | |
| 削　　除 | ピッタリした表現がみつからなくて, あまり気にいらないときには削除する. | | |

\*  より高次の方略.　　△熟達者のものよりプリミティブなレベルの方略.
\*\* T. Y. が独自に生成した方略.　○意識的に使っている方略.
　　　　　　　　　　　　　　　　　◎特に強調している方略.

種類(表 8-5)であった. 「視覚的効果」や「聴覚的効果」, 「行間ルール」などの高次の方略は文章の熟達者である作家のうち三島由紀夫や谷崎潤一郎の『文章読本』においても意識的に使われているので表に対比させて記入してある. 3

年生・5年生・大学生を対象に，作文を修正する過程でどのような方略を使っているかを見ると，低学年では「作文の形式」「文字の修正」など低次な方略のレベルにとどまっているが，高学年では「視覚的効果」「聴覚的効果」「文脈調和」「重複を避ける」など高次な方略を意識するようになり，作文経験が増えるにつれて，表現を審美的視点で整えるための，より高次な方略が使えるようになっていく傾向がうかがわれる．

### 思想と表現の関係

以上から，作文を書く過程では表現したいこと（思想）に合わせてぴったりした表現を選びあてはめていくわけではないことがわかった．ヴィゴツキー(1932/1967)が指摘しているように，作文における意図と表現の関係は「デパートで自分の身体のサイズに合わせて既成服を選ぶのではなく，はじめは身体の輪郭もあまりはっきりせず，表現という布を切り取ったり，縫い合わせたりして形を作り出す過程」で，「あっ，そうか」「アハー」と納得する主観的体験を経て初めて身体の実態，つまり表現したかった意図や思想が明確になるような関係なのである．認識は表現の方向を規定するが，その方向にそった表現を探しあてることにより認識の側が形作られる場合がむしろ多い．認識とことばとは作り作られる双方向的なダイナミックな活動なのである．表象をことばに転化することにより思想ははっきりしてくるだけでなく，書く以前には考えてもみなかった表象が新たに湧いてくる．たとえば，日記は知識を単に記憶から想起して陳述する活動のように思われるかもしれないが，実際に整合的な文脈をつくる過程で，新しいものがつけ加わり，知識そのものが変容したり変革させられたりする可能性があるのである．

先に示した作文（表8-3）の最後の段落は構想の「組み立てメモ」（図8-5)を作成した段階では存在しなかった．下書き→推敲→清書へと経過する中で次のように表現へとかわっていった．

　　［下書き］私がはじめに考えていたようにはできなかったようだけど……．
　　［推敲］私がはじめに考えていたようにはできなかったようだけど，それで

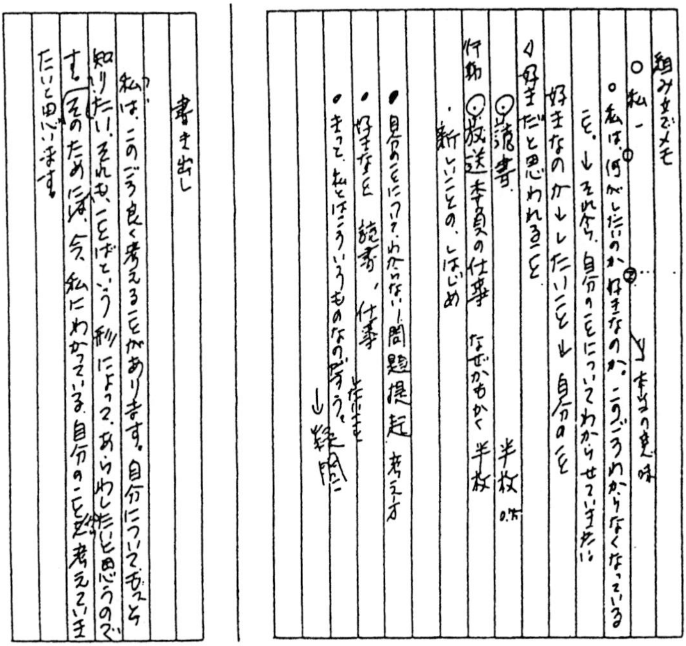

図 8-5　T. Y. のつくった組み立てメモ(内田, 1989b).

もいいと思いました．このことについて考えたことによって「心の中のことば」に気づくことができたからです．
　[清書]結局，私がはじめに考えていたようにはできませんでした．けれどそれでもよいではありませんか．このことについて考えたことによって，「心の中のことば」に気づくことができたのですから．
　この作文全体を締めくくるのにふさわしい文章へと改変されていったのである．ここに表象がどんどん変わっていく過程が読み取れる．

### 新しいものの発見による知識の変革へ

　「組み立てメモ」を見ると，「自分というものを知りたい，ことばで表現したい」という目標を立て「好きなこと→したいこと→自分のこと」を順に書き進めていくなかで「きっと私はこういうものだろう」という形で締めくくれると

考えていることがわかる．

　下書きはこの構想に従って書き進めたが「単純な構造」の自分しか見えてこない．実際の自分とはどうも違う．書き出した数が足りないのか，自分の表現力が足りないのか，考察を進めるうちに，「人間というのはことばでは表せないものなのかもしれない」という考えに到達するようになる．いわゆる「ことば」ではなく，「心の中のことば」の存在に気づいていく．構想を立てる過程ではこの存在に気づいていなかった．しかし，書きすすめ，具体的な表現を探す過程で，その存在に気づくようになる．「書くことによって認識が深くなる」ということは，このように書く以前には見えなかったことがことばの力を借りてはっきりとし，意識化する過程に伴う主観的体験を指しているものかもしれない(内田，1990)．つまりことばによって，つながりの悪いところに筋道をつけたり，無関係なものが関係づけられ，因果的なつながりが明確にされることにより，表現を探す前には気づかなかったことに気づいていく．文脈全体が整合的に意味をなし了解された(make sense)ときに生ずるものなのではないかと思われる．

　1節で例にあげたような壺つくりの職人が決まりきった仕方で壺をつくり，バイ語の達人が自動化された手続きに則って商取り引きの手紙を書くように，知識をただ単に述べるだけの作文では書き手の認識になんらの変化ももたらさないだろう．スカルダマリアら(Scardamaria & Bereiter, 1985)によれば，単に知識を陳述することに留まらず，知識を変容させ変革する場合の作文は，推敲に時間をかけ，よくことばを練った場合のものであるという．熟練した書き手は知識の語り手ではなく，知識の変革者なのである．彼らは，主題や組み立ての構想に時間を十分に使い，さらに，推敲によって適切な修辞の知識を用いて，モニターしながら文章をまとめあげていく．その結果，知識の変革(knowledge transforming)が起こるのである．

## 学校文化における作文──知識陳述から知識変革への道

　作文は知識を確実なものとし，理解を深め，さらに，自分がどの程度理解し

表8-6 理解を深める作文(村川, 1993).

きょう、赤ちゃんが産まれるビデオを見ました。お母さんやお父さんのおなかの中の赤ちゃんもみんながんばったんだなあと思いました。でも、お母さんのおなかの中から出てきたのに、どうしてお父さんにていているところがたくさんあるのだろう、とふしぎに思いました。勉強をして、お父さんのせいしがあるからぼくが生まれたことがわかりました。いっぱいいるせいしの中から、たった一つだけらんしに入れることもしりました。ぼくは、かけっこで、なかなか一等賞になれないけれど、せいしだったときに、一等賞だったみたいです。そして、ぼくはお父さんとお母さんの子どもでよかったなと思いました。

(A男)

「わたしのたん生」で、ふしぎに思っていたことが二つありました。一つ目は、「お父さんに、そっくりね」とよく言われます。母から生まれてきたのに、どうしてなのかふしぎでした。先生のお話と絵を見て、らんしとせいしがどこにあるのか、どうやってたどりつくのかわかりました。父のところにいたせいしが、母のおなかにいるらんしとであってわたしがいるのです。だから、わたしは父ににているのです。

二つ目は、「赤ちゃんをうむときは、いたいのよ」と母が言います。どうしてなんだろうとふしぎでした。5分ごとにおなかがいたくなって10時間ぐらいかかって、7センチくらいの所から赤ちゃんが出てくるビデオを見て、母はたいへんな思いをして、わたしをうんでくれたんだなと思いました。今日、先生のお話と絵とビデオを見て、わたしが思っていた二つのふしぎななぞがとけてよくわかりました。

(B子)

たかを意識化・整理するために、大きな力を発揮する．また知識を変革することにも役立つ．

　鳴門教育大学附属小学校では，さまざまな教科の中で，さまざまな知識やものの見方について提供する一環として，3年生の授業では，『赤ちゃん　この素晴らしき生命』(1993年4月18日，NHK総合で放映されたもの)の中から，実写とコンピュータグラフィックで構成した出産シーンを見せた．視聴後，担任の梅山真澄教諭が板書と絵で精子と卵子，授精のしくみについて，絵を描いてかなり詳しい説明を行ったという．この授業が終わった後で，子どもたちは作文(表8-6)を書いた．これらの作文に表れているように，子どもたちは，興味本位ではなく，人間の誕生について「強い感動と正確な知識を通して深く理解」したというのである．このように映像を通して得た感性的な認識は，ことばに

よって合理化され，理性的な認識にまで高められていく．ことば化し，さらに文字化することを通して，分析的，合理的な理解に到達することができるのである．

　しかし，今日の学校状況の中では文章を書く際に，どうしても知っていることを想起して，それを列挙し，陳述する「知識陳述型」の作文になりがちであるという(Scardamaria & Bereiter, 1987). これを打破して知識を変容させ，新しいものが発見できるような作文活動をさせるために，花田ら(1997)は環境問題のテーマを取り上げ，国語，社会，数学，理科の相互乗り入れによって各教科の特性を活かして教育しようというクロスカリキュラムを実践した．国語では各教科で取り上げた「水」に関する自分の考えを明確にするために根拠をあげながら意見文を書かせた．このとき論理的に考えて文章構成するよう意識させた．また書いた作文の自己評価や相互評価を行わせた．自己評価では，原稿用紙の欄外に，①主題は明確か，②構成は工夫されているか，③事実や根拠は正しいか，④表記(漢字や符号)は正しいか，⑤全体に説得力はあるか，⑥意欲的に書き進めたかの観点別に，A, B, Cの3段階で評定させるとともに，自己評価欄の横に反省やコメントを書かせた．

　さらに他人の書いた文章を批判的に読み，修正を加えることによって他者評価をさせた．書くことは個人的な作業だが，下書き用紙を交換して読み合い，文章の手直しや意見交換をするという互恵学習を持ち込んだのである．他人の文章に手を入れることに躊躇する姿もあったが，他者の目から評価することの意義は大きい．自己の活動をとらえ直し相対化することにつながるからである．このような評価を通して頭の中で進行する作文過程を意識化し対象化することができる(内田, 1986). このような対象化を経ることにより，作文に従事するときには，モニターしながら構想や推敲を進行させ，知識陳述から知識変革へと作文の質を高めることができるのではあるまいか．

### 推敲することの意義

　学校教育の中では「作文を推敲する」というと，教師が赤で手を入れ，子ど

もが清書するというやり方も一部ではなされているようである．たとえ善意からだとしてもこのような手の貸し方は子どもの思考の育成にとって益にならないばかりかマイナスになるのではあるまいか．作文コンクールで受賞作品がたくさん出ることでつとに知られている作文教育に熱心な小学校に調査に行って，文部大臣賞を受賞した6年生にインタビューしたところ，子どもは「私の作文ではないみたい．先生が赤ペンでなおして，3度も書き直しをさせられた」と達成感がまるで感じられない様子で答えた．大学生たちの中には，小学生の頃苦しみながらやっと生み出した表現を大人の感覚や基準で，無神経にも，あっさり修正されてしまった体験をきっかけに，作文が嫌いになってしまったという人が何人もいる(内田, 1996)．「書くことによって認識が深くなる」という一般に受け入れられ，自明のように思われていることが，やり方によっては全く達成されないことも多いのである．

推敲は作文を清書し終えてから始まるものではない．推敲は自分のアイディアや意識を明確にするために組み立てメモを作る段階からすでに始まっているのである．時間をかけて考えを練っていく過程でピッタリしたことばに言い表し，ものごとの筋道をはっきりさせる営みなのである．これまでの作文教育の中では意識をことばでとらえる瞬間が必ずしも大事にされてはこなかった．組み立てメモは「思考の尖端」でありそれを作る過程で「世界に対する意識の"一瞬のひらめき"をことばによってとらえる」(梅田他, 1989)ことができるのである．この瞬間こそが大事にされなくてはならない．

思想や表象を文章に書くことによって新しい発見がもたらされる．時にはその発見は生きる意味を見いだすことにつながることがある．そして人を癒し，人に生きる力を与えることすらあるのである．これこそが人を文章を書くという営みへと駆り立て，動機づけるものなのかもしれない．

### 自分史を綴る

筆者は1年生のゼミの夏休みの課題に「自分というものについて」と題して400字詰め原稿用紙10枚以上の作文を課している．彼女たちの書いたものを

読むと，彼女たちの生活歴の全てが順調だったわけではなく，両親や兄弟，友人との葛藤に悩み，心身症を患った人，時には社会的に逸脱する寸前まで自分を追いつめてしまった人など，さまざまな経験を経てきていることがわかる．

　作文の構成を見ると，そのほとんどが自分の幼少期からの記憶を忠実に辿ることから始まっている．そして，文章を書いたことによって自分自身は何者かを探ろうとしていることがうかがわれる．彼女たちは自伝的記憶を再構成する過程で，自分について探りあてることができる場合もある．また書いたことをきっかけにして忘れていた記憶が活性化され，新たに賦活した記憶の糸をたぐりよせた結果，自分なりにその記憶を解釈することによって，自分の悩みや葛藤の理由が納得できる場合もある．ともかく，書く営みを通して想起できる幼少期から現在に至るまでを内省することを通じて，自分というものの輪郭を受け入れるというところまでに到達する(内田, 1990).

　人はことばの力を借りて自分自身が生きてきた時をなぞり，時間の連続性を求めて自分自身を整合性ある世界の中心におこうとするものであるらしい．

**整合性を求めて**

　書くことと考えることの関係について章を締めくくるのにふさわしい例として物理学者の遠藤誉氏について取りあげたい．すでに，拙著『子どもの文章』でも紹介しているが，書くことが生きる力を与えたということをこれほどはっきりと示してくれる例は他にない．筆者は，かつて，一橋大学時代の同僚として彼女の執筆の過程を身近でみてきた．草稿を何度も読ませてもらい，彼女の抑えつけていた記憶が再現されていく過程を，驚きと感動をもって受け止める経験をした．

　遠藤(1992)は，長春で日本人が強制的に収容され，その殆どが餓死させられた不幸な体験を白日のもとにさらし，その体験を意識化するために『卡子(チャーズ)』(1992文春文庫)を書いた．彼女は長い間記憶の奥深くに沈めていた体験を，書く作業を通して意識化した．自分史を文章に書き表すことを通して，8歳の頃の長春での恐ろしい体験によって蝕まれてきた自分自身の心を癒していったの

である.

　彼女は12歳で満州から引き上げてきた．日本への適応の過程は学力言語としての日本語学習という課題を乗り越えねばならず，IV章でみてきた在外子女あるいは帰国子女が味わうのと同じ苦しみを味わっている．しかし持ち前の高い知力でこの課題を乗り越え，女性物理学者として順調な生活を送っていた．研究者としては最も油ののった中年期の頃から，しばしば，得体の知れない恐ろしい表象が頭に浮かびあがってくるのを体験するようになった．

　それは，鉢植えの花に水をやったときに土からあがる日向くさい土の臭いにむせたとき，あるいは，赤土の川底に水が枯れかかり，暑い夏の光が粗末な石の橋の白さを際だたせるのを見たときなどにきまって起こる症状，記憶喪失の症状（I章）に襲われる．特有の臭い，そしてほこりっぽい灰白色の石橋……どこかでかいだ，どこかで見た……でも思い出せない．この症状の始まりは，現実世界が遠のいていくことによって告げられる．やがて彼女の頭いっぱいに，荷車もろとも泥水に呑込まれていく泣き叫ぶ人々や黒い大きな物体に押しつぶされそうになる表象が一気に広がっていく．やがて，額や脇の下からは汗がたらたら滴り落ちて，胸は苦しく呼吸ができなくなり，腰がぬけて倒れ込んでしまうのである．この記憶喪失の症状におびえる時間はしだいに長くなっていった．最初のうちは意志の力でその表象が占める意識の空間を縮め，球体にして無意識の底に沈めようとした．やがてこれにも限度があり，現実を失う時間が長引くにつれ，これ以上「何か」を隠蔽することはできないと，自分を恐怖させる体験と果敢に向き合うことを決意したのであった．

　あることばが記憶の端を捉えたその瞬間に，連想的にある情景が浮かびあがってきた．そう，8歳のときのあの事件……．長春で中国革命軍が日本人を大量に餓死させた「卡子」(チャーズ)（関所）での情景が．満州の「夜と霧」（フランクル，VI章）を体験し，幼かったがゆえに，極限での忌まわしい体験の数々が意味づけられることなく，記憶の底に沈められていた体験が，ときどき浮かびあがり彼女を言われぬ不安と恐怖におとしいれていたのであった．

　このときの体験がいかに彼女の心を蝕んだのかは，奇跡的に救出された直後

第Ⅷ章 書くことによる認識の発達　233

から約1年の間，彼女からことばを奪い，記憶喪失に陥らせたことからも想像できる．彼女は生来繊細な感受性の持ち主であった．しかしそれだけではない．姉たちは「同じ」体験をしながら記憶喪失に罹ることはなかった．「内面化」（フランクル，VI章）によって外界からの入力を減ずることができなかったためかもしれない．あるいは，幼かったがゆえに，外界からの感覚入力を加工せず，意味づけず取り込んでしまったことが，この症状を引き起こさせるほどの心理的な体験となったのかもしれない．フロイトが指摘しているように，きちんと意味づけ了解されなかった体験は，加工されないまま，バラバラに無意識の底をただよい続けている．それが臭いや色を手がかりにして浮上して怖い表象を作り出した．その恐怖から逃れる方法は記憶喪失や失語症に罹ることだったのかもしれない．

**生きる意味をさぐりあてる**
　フランクルが強制収容所で捕らわれていた体験の中で創始した「実存分析」は，自己の人生の過去を反省し，回想することによって，意味を見いだすことが目標になっている．書くことは，意味を見いだすよい方法なのである．この執筆にかかるまでの遠藤の人生は，長春での体験から目をそむけ，その地に結び付くものは徹底的に断ち切ることの連続であった．しかし完全には断ち切れなかったのだ．原稿用紙に書きつけた文字が体験の端を意識にとらえさせるや，それが糸口となり芋づる式に意識の底に沈めたはずの，現に意識の中に形をとどめていなかったはずの記憶がすごい勢いで蘇ってくる．なんとかそれをことばにしようともがきながら，ことばを探し，文字に辿りついたときは，記憶がはっきりとして形をなしてくる．そうやって，ついに，その悪夢の正体のすべてを白日のもとにさらし，すべてを意識化していった．
　執筆を終えたとたん，遠藤は物理学を捨てた．遠藤は「私はいつしか人間に関わることに疲れ，"そもそも物質が存在するとはどういうことか""物質とは何か"に目を向けるようになっていったのです．あの症状(恐ろしい記憶の再現)も私がよほどおかしいせいなのか，さもなかったら，あれは誰にでもある

当り前の症状なのかと片付け，もうそのことに関して考えるのを止めようと心に決めたのでした」と記している．しかし，執筆を終えたことにより，不思議なことに，彼女を恐怖に陥れる悪夢はもう彼女を襲わなくなっていたのである．もう，自分一人で物の世界に逃げ込む必要がなくなったのだ．

彼女は「書いたことでケリがついたような気がしている．書いたことにより，突然自分の位置づけがわかった．不思議なことに書いてからは自分を恐怖に陥れる夢を全く見なくなった．書くことによって人生や事実というものに対する抱擁力のようなものが出てきたような気がしている．自分を不条理の世界に投げ込んだ中国や歴史に対して受け入れられるという境地に立てた」と述べている．

彼女は文章を書くという作業について「書くまでは何か新しいものを発見するとは思いませんでした．しかし，書く度に必ず新しい発見に出会います」と書いている．その新しい発見とは，「自分は生きている」「生きていてよかった」という実感なのではあるまいか．遠藤はこうして，文章を書きながら自分の過去の人生を意味づけ，自己を発見し納得して受け入れることによって，癒されていく．人は，自分自身の発見のためにことばを探し，整合的な世界の中心に自分自身を位置づけ，自分が生きていることの意味を求めて文字に綴る．〈意味にたどりつくこと〉は〈ことばを探しあて，文字に綴ること〉と重なっているのである．

現在，彼女は筑波大学の留学生センターの教授として，留学生の文化適応に力を尽くす日々を送っている．年に1度は中国に渡り科学技術者に対して日本語教育を行っている．「歴史の不条理に投げ込んだ」日本と中国の架け橋としての役割を果たしている．遠藤(1997)は中国の研究者と共同で，日本に留学した人々が中国に帰国した後の生活をていねいに追跡している．日本の留学制度や日本での生活体験が帰国後の生活にどのような影響をもたらしたかをていねいに分析し，留学生の教育のあり方について具体的な改善案を提言している．この報告書は論文の文章に特有の客観的な記述でまとめられているが，その行間からは，彼女の優しさがにじみでている．子どもの頃の体験は昇華され，今

や，彼女を前に力強く歩ませる力となっていることを窺わせる．

　卡子(チャーズ)から救出された後，新中国に適応し馴染んでいった子ども時代の日々に題材を採った小説『茉莉花(マーリーフォア)』(1998，読売新聞社)は遠藤が作家としても生きることを決意し，文章を綴る生活の新たな一歩を踏み出したことを告げるものである．ノンフィクションの文体で書かれた『卡子(チャーズ)』の文章と異なり，その文体は流麗で「視覚的効果」や「聴覚的効果」が考慮され目と耳に優しい．モチーフは中国の少年と，日本に帰国しなくてはならない少女との淡い恋にも似た出会いと別れの物語．春の日差しのように穏やかで温かな愛に溢れた物語である．たとえ，フィクションではあっても，彼女の自由意志によって選びとられた形象であり，子どもの頃の卡子(チャーズ)での体験の意味を別の角度から捉え直し，未来に向かって生きる意味を探りつづける営みの所産なのである．

　このような経過を見ると，人は，忘却のかなたに抑圧し続けてきた体験をことばの力を借りて織り紡ぎ，意識化や対象化することによって記憶の連続性や整合性を回復することがわかる．この自分史の再構築の過程で人は癒され，生きる力が与えられるのである．人は，自伝的記憶の中で自分自身の歩んできた道を再度たどりなおし，過去の自分を生きなおすことになる．反省的思考を通して，自分というものがはっきりと見えてくる．自己を受容する感覚がわきあがり，「自分が生きているのは意味のあることだ」という実感がわいてきたとき，未来に向かって歩みを進めることができるようになるのである．

# 図書案内

### 序章　ことばと人間
A・ポルトマン(高木正孝訳)(1961)『人間はどこまで動物か』岩波新書.
チャン・デュク・タオ(花崎皋平訳)(1979)『言語と意識の起源』岩波現代選書.
Lewin, R.(1993) *The origin of modern humans*, New York, NY: Freeman Co.

### 第Ⅰ章　象徴機能の発生
T・G・R・バウワー(岡本夏木・野村庄吾・岩田純一・伊藤典子訳)(1979)『乳児の世界——認識の発生・その科学』ミネルヴァ書房.
岩田純一(1977)『〈わたし〉の世界の成立ち』金子書房.
岡本夏木(1982)『子どもとことば』岩波新書.
正高信男(1993)『0歳児がことばを獲得するとき——行動学からのアプローチ』中公新書.
下條信輔(1988)『まなざしの誕生』新曜社.
やまだようこ(1987)『ことばの前のことば』新曜社.

### 第Ⅱ章　言語の獲得
今井むつみ(1997)『ことばの学習のパラドックス』共立出版.
小林晴美・佐々木正人(1997)『子どもたちの言語獲得』大修館書店.
D・マクニール(鹿取廣人・重野純・中越佐智子・溝渕淳訳)(1990)『心理言語学——「ことばと心」への新しいアプローチ』サイエンス社.
S・ピンカー(椋田直子訳)(1995)『言語を生みだす本能　上・下』NHKブックス.
柴谷方良・大津由紀雄・津田葵(1989)『英語学の関連分野』大修館書店.
内田伸子(編)(1990)『言語機能の発達』金子書房.

### 第Ⅲ章　会話行動の発達
井出祥子(編)(1997)『女性語の世界』明治書院.
無藤隆(1997)『協同するからだとことば——幼児の相互交渉の質的分析』金子書房.
岡本夏木(1985)『ことばと発達』岩波新書.
内田伸子(編著)(1990)『言語機能の発達』金子書房.
内田伸子(編)(1998)『言語発達心理学』放送大学教育振興会.

## 第Ⅳ章　第2言語の学習

N・ゲシュビント／A・M・ガラバルダ(1990)『右脳と左脳——天才はなぜ男に多いか』東京化学同人.
E・H・レネバーグ(1974)『言語の生物学的基礎』大修館書店.
McLaughlin, B. (1985) *Second-language acquisition in childhood*: Volume 2. School-age children. Hillsdale, N J: Erlbaum.
箕浦康子(1990)『文化のなかの子ども』東京大学出版会.

## 第Ⅴ章　ことばが遅滞するとき

Curtiss, S. (1977) *Genie: A psycholinguistic study of a modern-day "Wild Child"*. New York, San Francisco, London: Academic Press.
藤永保・斎賀久敬・春日喬・内田伸子(1987)『人間発達と初期環境——初期環境の貧困に基づく発達遅滞児の長期追跡研究』有斐閣.
ラス・ライマー(片山陽子訳)(1995)『隔絶された少女の記録』晶文社.

## 第Ⅵ章　想像力の発達

鈴木宏昭(1996)『類似と思考』共立出版.
内田伸子(1986)『ごっこからファンタジーへ——子どもの想像世界』新曜社.
内田伸子(1990)『想像力の発達——創造的想像のメカニズム』サイエンス社.
内田伸子(1994)『想像力——創造の泉をさぐる』講談社現代新書.
内田伸子(1996)『子どものディスコースの発達——物語産出の基礎過程』風間書房.
山梨正明(1988)『比喩と理解』(認知科学選書17)東京大学出版会.

## 第Ⅶ章　読み書きの能力の獲得

天野清(1986)『子どものかな文字の習得過程』秋山書店.
稲垣佳世子・波多野誼余夫(1989)『人はいかに学ぶか——日常認知の世界』中公新書.
内田伸子(編)(1998)『言語発達心理学——読む書く話すの発達』放送大学教育振興会.

## 第Ⅷ章　書くことによる認識の発達

J・T・ブルーアー(松田文子・森敏昭訳)(1997)『授業が変わる——認知心理学と教育実践が手を結ぶとき』北大路書房.
茂呂雄二(1989)『なぜ人は書くのか』(認知科学選書 16)東京大学出版会.
内田伸子(1990)『子どもの文章——書くこと・考えること』東京大学出版会.
内田伸子(1996)『ことばと学び——響きあい，通いあう中で』金子書房.

# 引用文献

### 序章 ことばと人間

Bronfenbrenner, U. (1986) Ecology of the family as a context for human development: Research perspectives. *Developmental Psychology*, **22**, 723-742.

Chomsky, N. (1986) *Knowledge of language: Its nature, origin, and use.* New York, NY: Praeger.

Cole, M. & Cole, S. (1989/1996) *The development of children.* (3rd ed.) New York, NY: W. H. Freeman and Company.

Condon, W. S. & Sander, L. (1974) Neonate movement in synchronized with adult speech: Interactional participation and language acquisition. *Science*, **183**, 99-101.

Fodor, J. A. (1983) *Modularity of mind: An essay on faculty psychology.* Cambridge, MA: MIT Press.

Freud, S. (1953) Analysis terminable and interminable. In J. Strachery (Ed.), *The standard edition of the complete psychological works of Sigmund Freud.* Vol. 5 London: Hogarth Press.

Gesell, A. (1940) *The first five years of life.* (9th ed.) New York: Harper & Row.

D・O・ヘッブ(白井常・他 訳)(1972/1975)『行動学入門〈第三版〉』紀伊國屋書店.

P・D・アイマス(1985)「赤ちゃんはどのように言葉を聞きとるか」『サイエンス』3, 70-78.

H・J・ジェリソン(1976)「化石にみる知能の進化」『サイエンス』3, 80-90.

北原隆(J. フリッシュ)(1983)『人間とは何か――人類学が教えること』どうぶつ社.

近藤宗平(1994)「ヒト進化の遺伝的要因を考える」『蛋白質核酸酵素――エボルーション』**39**, No. 15, 2390-2393.

Lewin, R. (1993) *The Origin of Modern Humans.* New York: W. H. Freeman and Company.

Meltzoff, A. N. & Moore, M. K. (1977) Imitation of facial and manual gestures by human neonates. *Science*, **198**, 75-78.

Piaget, J. (1973) The psychology of intelligence. Totowa, N. J.: Littlefield & Adams. 〔波多野完治・滝沢武久 訳(1979)『知能の心理学』みすず書房.〕

Pinker, S. (1994) *The language instinct: How the mind creates language.* New York: William Morrow and company.〔椋田直子 訳(1995)『言語を生みだす本能』NHKブックス.〕

A・ポルトマン(高木正孝訳)(1961)『人間はどこまで動物か』岩波新書.

ローレンツ(日高敏隆訳)(1973)『ソロモンの指輪——動物行動学入門』早川書房.
澤口俊之(1995)「ヒトの脳はなぜ進化したか」栗本慎一郎・養老孟司・澤口俊之・立川健二『脳・心・言葉』光文社, 25-96.
チャン・デュク・タオ(花崎皋平訳)(1973/1979)『言語と意識の起源』岩波現代選書.
内田伸子(1990)「言語と人間」『新・児童心理学講座6 言語機能の発達』金子書房, 3-35.
内田伸子(1991)「発達のメカニズム」内田伸子・臼井博・藤崎春代『乳幼児の心理学』有斐閣(3-45).
L・S・ヴィゴツキー(柴田義松訳)(1932/1967)『思考と言語』明治図書.
Watson J. B. (1930) *Behaviorism.* Chicago: Chicago University Press.〔安田一郎訳(1968)『行動主義の心理学』河出書房.〕

### 第Ⅰ章 象徴機能の発生

Baron-Cohen, S. (1995) *Mindblindness: An essay on autism and theory of mind.* Cambridge, MA: MIT Press.
Bennett, M. (Ed.) (1993) *The child as psychologist: Introduction to the development of social cognition.* Harvester Wheastsheaf: Prentice Hall.〔二宮克美・子安増生・渡辺弥生・首藤敏元訳(1995)『子どもは心理学者—〈心の理論〉の発達心理学』福村出版.〕
Bower, T. G. R. (1974) *Development in infancy.* San Francisco and London: W. H. Freeman and Company.〔岡本夏木・野村庄吾・岩田純一・伊藤典子 共訳(1979)『乳児の世界——認識の発生・その科学』ミネルヴァ書房.〕
Bower, T. G. R. (1977) *A primer of infant development.* New York: W. H. Freeman.〔岡本夏木・野村庄吾・岩田純一・伊藤典子訳(1980)『乳児期』ミネルヴァ書房.〕
Bruner, J. (1983) *Child's talk: Learning to use language.* New York: Norton.
Butterworth, G. (1995) Origins of mind in perception and action. In C. Moor & P. J. Dunham (Eds.), *Joint attention.* Hillsdale, N J: Erlbaum.
Campos, J. J., & Stenberg, C. R. (1981) Perception, appraisal, and emotion: The onset of social referencing. In M. E. Lamb & L. R. Sherrod (Eds.), *Infants social cognition: Empirical and social considerations.* Hillsdale, N J: Erlbaum.
Caudill, W. & Weinstein, H. (1969) Maternal care and infant behavior in Japan and America. *Psychiatry,* **32**, 1, 12-45.
Dore, J. (1978) Conditions for acquisition of speech acts. In I. Markova (Ed.), *The social concept of language.* New York, NY: Wiley.
江尻桂子(1998)「乳児における喃語と身体運動の同期現象Ⅰ——その発達的変化」

『心理学研究』68, 433-440.
Fants, R. L. (1961) The origins of form perception. *Scientific American*, **204**, 66-72.
Fernald, A. & Morikawa, H. (1993) Common themes and cultural variations in Japanese and American mother's speech to infants. *Child Development*, **64**, 637-656.
Freud, A. & Dann, J. (1951) An experiment in group upbringing. *Psychoanalytic Study of the Child*, **6**, 127-168.
Harter, S. (1998) The development of self-representations. In W. Damon & N. Eisenberg (Eds.), *Handbook of child psychology*, 5th edition, Vol. 3: *Social and personality development*. New York, NY: John Wiley and sons, Inc.
D・O・ヘッブ(白井常・他訳) (1972/1975) ⇨序章.
板倉昭二(1998)「自己の起源——比較認知心理学的視点から」『児童心理学の進歩』**37**, 177-199.
Izard, C. E. et al. (1980) The young infant's ability to produce discrete emotion expressions. *Developmental Psychology*, **16**, 132-140.
Johnson, W. et al. (1982) Maternal perception of infant emotion from birth through 18 months. *Infant Behavior and Development*, **5**, 313-322.
子安増生(1997)『子どもが心を理解するとき』金子書房.
無藤隆(1997)『協同するからだとことば——幼児の相互交渉の質的分析』金子書房.
C・オグデンとI・リチャーズ(石橋幸太郎訳) (1923/1972)『意味の意味』新泉社.
Neisser, U. (1995) Criterion for an ecological self. In U. Neisser (Ed.), *The perceived self: Ecological and interpersonal sources of self-knowledge*. Cambridge, MA: Cambridge University Press.
Nelson, K. (1993) Events, narrative memory: What develops? In C. A. Nelson (Ed.), *Memory and effect. Minnesota Symposia on Child Psychology*, **26**, 1-24. Hillsdale N J: Erlbaum.
岡本夏木(1982)『子どもとことば』岩波新書.
Okamoto, N. (1962) Verbalization process in infancy (I). *Psychologia*, **5**, 32-40.
Restak, R. M. (1986) *Infant mind*. New York, NY: Doubleday & Company, Inc. 〔河内十郎・高城薫 訳(1989)『乳児の脳とこころ』新曜社.〕
Rovee-Collier, C. et al. (1980) Reactivation of infant memory. *Science*, **208**, 1159-1161.
Salapatek, P. (1975) Pattern perception in early infancy. In L. B. Cohen, & P. Salapatek (Eds.), *Basic visual processes: Vol. 1. Infant perception: From sensation to cognition*. New York, NY: Academic Press.
Schaffe, M., & Bruner, J. (1975) The capacity for joint visual attention in infants. *Nature*, **253**, 265-266.
Schaffer, H. R. (1971) *The growth of sociability*. Harmondsworth, England: Penguin.

Spelke, E. (1990) Prinsiples of object perception. *Cognitive Science*, **14**, 29-56.
Spelke, E., Breinlinger, K. Jacobson, K. & Phillips (1993) Gestalt relations and object perception in infancy. *Perception*, **22**, 1483-1501.
チャン・デュク・タオ(花崎皐平訳)(1973/1979)⇨序章.
Tomasello, M. (1995) Joint attention as social cognition. In C. Moor & P. J. Dunham (Eds.), *Joint attention*. Hillsdale, N J: Erlbaum.
内田伸子・秦野悦子(1978)「初期言語行動の成立過程」『教育心理学会第20回総合発表論文集』314-315.
内田伸子(1985)「幼児における事象の因果的統合と産出」『教育心理学研究』33(2), 124-134.
内田伸子(1989)『幼児心理学への招待 子どもの世界づくり』サイエンス社(5章 自己意識の発達).
Watson, J. B. (1930) ⇨序章.
L・S・ヴィゴツキー(柴田義松 訳)(1932/1967)⇨序章.
やまだようこ(1987)『ことばの前のことば』新曜社.

　注)　慶應義塾大学文学部梅田聡氏より「乳児の記憶の特徴」の項に対して適切なコメントをいただいたことを感謝する.

### 第Ⅱ章　言語の獲得

N・チョムスキー(川本茂雄訳)(1972)『言語と精神』河出書房新社.
Clark, E. V. (1973) What's in a word?: On the child's acquisition of semantics in his first language. In T. Moor (Ed.), *Cognitive development and the acquisition of language*. New York, NY: Academic Press.
Clark, E. V. (1991) Acquisitional principles in lexical development. In S. A. Gelman & J. P. Byrnes (Eds.), *Perspectives on language and thought: Interrelations in development*. Cambridge, New York, NY: Cambridge University Press.
Clark, E. V., & Svaib, T. A. (1997). Speaker perspective and reference in young children. *First Language*, **17**, 57-74.
Ervin-Tripp, S. (1964) Imitation and stuructural change in children's language. In E. Lenneberg (Ed.), *New directions in the study of language*. Cambridge, MA.: MIT Press.
Gentner, D. (1982) A study of early word meaning using artificial objects: What looks like a jiggy but acts a zimbo? In J. Gardner (Ed.), *Reading in development psychology*, Boston, MA: Little, Brown and Company.
Gesell, A., Thompson, H. & Amatruda, C. S. (1934) *Infant behavior: Its geneses and growth*. New York, NY: McGraw-Hill.

針生悦子(1991)「幼児における事物名解釈方略の発達的検討――相互排他性と文脈の利用をめぐって」『教育心理学研究』, **39**, 11-20.

針生悦子(1996)『幼児期における事物名解釈方略の変化――相互排他性制約をめぐって』風間書房.

今井むつみ(1997)『ことばの学習のパラドックス』共立出版.

Imai, M., Gentner, D. & Uchida, N.(1994) Children's theories of word meaning: The role of shape similarity in early acquisition. *Cognitive Development*, **9**, 45-75.

Kobayashi, H.(1997) The role of actions in making inferences about the shape and material of solid objects among Japanese 2-year-old children. *Cognition*, **63**, 251-269.

Lakoff, G.(1987) *Woman, fire, and dangerous things: What categories reveal about the mind.* Chicago: University of Chicago press.

Luria, A. R. and Yudovich, F. I. A.(1959) *Speech and the development of mental processes in the child.* London, Staples.〔松野豊・関口昇 訳(1969)『言語と精神発達』明治図書.〕

Markman, E. M. & Hutchinson, J. E.(1984) Children's sensitivity to constraints on word meaning: Taxonomic versus thematic relations. *Cognitive Psychology*, **16**, 1-27.

Markman, E. M. & Wachtel, G. F.(1988) Children's use of mutual exclusivity to constrain the meanings of words. *Cognitive Psychology*, **20**, 121-157.

Miller, G. A.(1981) *Language and speech.* San Francisco and Oxford: W. H. Freeman and Company.〔無藤隆・久慈洋子 訳(1983)『入門 ことばの科学』誠信書房.〕

仲真紀子(1995)「2～4歳児と母親,大人他者と母親の対話に見られる助数詞の使用」『日本教育心理学会第37回総会発表論文集』505.

Naka, M.(1999) The acquisition of japanese numerical classifiers by two- to four-year old children: The role of caretakers' linguistic inputs. *Japanese psychological Research*, **41**, 1, 70-78.

Okamoto, N(1962)⇨第Ⅰ章.

Quine, W. V.(1960) *Word and object.* Cambridge, MA: MIT Press.

大津由紀雄(1989)「心理言語学」柴谷方良・大津由紀雄・津田葵『英語学の関連分野』大修館書店(181-362).

内田伸子・今井むつみ(1996a)「子どもの語意についての理論――語意獲得初期における知覚的類似性の役割」『お茶の水女子大学人文科学紀要』**49**, 131-156.

内田伸子・今井むつみ(1996b)「幼児期における助数詞の獲得過程――生物カテゴリーと助数詞付与ルールの獲得」『教育心理学研究』**44**, 1-10.

内田伸子(1997)「子どもは生物助数詞をどのように獲得するか――日本語・中国語

母語話者の比較」『立命館文學』**548**, 437-474.
Uchida, N. & Imai, M. (1999) Heuristics in learning classifiers: The implications from the acquisition of the classifier system on the nature of lexical acquisition. *Japanese psychological Research*, **41**, 1, 50-69.

### 第 III 章　会話行動の発達

青木みのり(1993)「二重拘束的コミュニケーションが情報処理および情動に与える影響」『教育心理学研究』**41**, 31-39.
Clancy, P. M. (1982) Written and spoken style in Japanese narratives. In D. Tannen (Ed.), *Exploring orality and literacy.* Norwood, NJ: Ablex Publishing Corporation.
江原由美子(1986)「現象学的社会学における性差別研究の方向性」『女性文化資料館報』**7**, 41-48.
江原由美子・山崎敬一・好井裕明(1984)「性差別のエスノメソドロジー——対面的コミュニケーション状況における権力装置」『現代社会学』**18**, 143-176.
Fishman, P. M. (1978) Interaction: The work women do. *Social Problems*, **25**, 397-406.
Flavell, J. H. (1974) The development of inferences about others. In T. Mischel (Ed.), *Understanding other persons.* Oxford: Blackwell.
Glucksburg, S., Krauss, R. M., & Weinsberg, R. (1966) Referential communication in nursery school children: Method and preliminary findings. *Journal of Experimental Child Psychology*, **3**, 331-342.
Grice, H. P. (1975) Logic and conversation. In P. Cole & J. L. Morgan (Eds.), *Syntax and semantics*, Vol. 13. Speech acts. New York, NY: Academic Press.
Halliday, M. A. K. (1973) *Explorations in the functions of language.* London: Arnold.
浜田寿美男(1986)『証言台の子どもたち——甲山事件園児供述の構造』日本評論社.
井出祥子(1978)「大学生の話しことばにみられる男女差異」『昭和54年度科学研究費——特定研究「言語」報告書』.
井出祥子(1982)「言語と性」『言語』**11**, 10, 40-48.
カニングハム久子(1988)『海外子女教育事情』新潮社.
Lakoff, R. (1975) *Language and woman's place.* Harper & Row Publishers. 〔かつえ・あきば・レイノルズ，川瀬裕子 訳(1985)『言語と性——英語における女性の地位』有信堂.〕
Luria, A. R. (1961) *The role of speech in the regulation of normal and abnormal behavior.* New York: Liveright Publishing Corporation. 〔天野清 訳(1980)『現代の心理学』文一総合出版.〕
仲真紀子(1989)「目撃証言の信頼性に関わる要因——シミュレーション実験によるアプローチ」『基礎心理学研究』**16**, 100-106.

仲真紀子(1998)「会話の情報処理」内田伸子(編)『言語発達心理学——読む書く話す発達』放送大学教育振興会(12章, 162-175).
仲真紀子・無藤隆(1983)「間接的要求の理解における文脈の効果」『教育心理学研究』**31**, 195-202.
大橋靖史(1998)「甲山事件の供述の鑑定について」日弁連刑事弁護センター(編)『甲山裁判の目撃証言と取調べ——刑事弁護と心理学の対話』60-68.
岡本夏木(1985)『ことばと発達』岩波新書.
S・ピンカー(椋田直子訳)(1995)『言語を生みだす本能』(上)日本放送出版協会.
Sacks, H., Schegloff, E. A. & Jefferson, G. (1974) A simplest systematics for organization of turn-taking for conversation. *Language*, **50**, 696-735.
Searl, J. R (1975) Indirect speech acts. In P. Cole & J. L. Morgan (Eds.), *Syntax and semantics*. Vol. 13. Speech acts, 59-82. New York, NY: Academic Press.
荘厳舜哉(1986)『ヒトの行動とコミュニケーション——心理生物学的アプローチ』福村出版.
高木和子(1987)「学校文化への言語的適応」『日本読書学会第31回研究大会発表資料集』53-60.
内田伸子(1986)『ごっこからファンタジーへ——子どもの想像世界』新曜社.
内田伸子(1993)「会話における性差」『日本語学』**12**, 6, 156-168.
内田伸子(1997)「会話行動に見られる性差」井出祥子(編)『女性語の世界』明治書院(74-93).
内田伸子・秦野悦子(1978)⇨第Ⅰ章.
内田伸子・無藤隆(1982)「幼児初期の遊びにおける会話の構造」『お茶の水女子大学人文科学紀要』**35**, 81-122.
L・S・ヴィゴツキー(柴田義松訳)(1932/1967)⇨序章.
Watanabe, M. (1998) *Styles of reasoning in Japan and the United States: Logic of education in two cultures*. Unpublished doctoral dissertation, Columbia University, N. Y.
West, C. & Zimmerman, D. H. (1977) Woman's place in everyday talk: Reflections on parent-child interaction. *Social Problems*, **24**, 521-529.
Whorf, B. (1956) *Language, thought, and reality: Selected writings of Benjamin Lee Whorf*(Edited by J. B. Carroll). Cambridge, MA: MIT Press.
山本登志哉・斎藤憲一郎・高岡昌子・脇中洋(1997)「生み出された物語——幼児と大人の共同想起実験から」『発達』**69**(18) 41-65.
Zimmerman, D. H. & West, C. (1975) Sex roles, interruption and silence in conversation. In B. Thorone, & N. Henley (Eds.), *Language and sex: Difference and dominance*. New York: Newbury House.

## 第Ⅳ章　第2言語の学習

Brown, A. (1987) *A first language.* Cambridge, MA : Harvard University Press.

Cummins, J. (1977) Cognitive factors associated with the attainment of intermediate levels of bilingual skills", *Modern Language Journal*, **61**, 3-12.

Cummins, J. (1984) *Bilingualism and special education: Issues in assessment and pedagogy.* Clevedon: Multilingual Matters.

Cummins, J. (1979) Linguistic interdependence and the educational development of bilingual children. *Review of Educational Research*, **49**, 222-251.

J・カミンズ・中島和子(1985)「トロント補習小学生の二言語能力の構造」東京学芸大学海外子女教育センター(編)『バイリンガル・バイカルチュラル教育の現状と課題——在外・帰国子女教育を中心として』14-179.

Cummins, J. (1981) Age on arrival and immigrant second language in Canada. *Applied Linguistics*, **11**, 132-149.

ダイヤグラムグループ(編)(塚田佑三監訳・白井尚之訳)(1983)『ザ・ブレイン——脳の最前線』鎌倉書房.

藤永保・内田伸子(1976)「外国学校に在学した帰国児童における言語獲得の様相とその言語的再適応過程に関する予備的研究」トヨタ財団研究報告書.

Geschwind, N. & Galaburda, A. M. (1987) *Cerebral lateralization: Biological mechanisms, associations, and pathology.* Cambridge, Massachusetts : MIT Press.〔品川嘉也訳『右脳と左脳——天才はなぜ男に多いか』東京化学同人.〕

Harley, B. & Wang, W. (1997) The critical period hypothesis: Where are we now? in A. M. B. de Groot(Ed.), *Tutorials in Bilingualism.* Hillsdale, NJ : Erlbaum.

Johnson, J. S. & Newport, E. L. (1989) Critical period effects in second language learning: The influence of maturational state on the acquistion of English as a second language. *Cognitive Psychology*, **21**, 60-99.

北村甫(1952)「子どもの言葉は移住によってどう変わるか」『言語生活』**8**, 15-20.

Lenneberg, E. H. (1967) *Biological foundations of Language.* New York, NY : John Wiley.〔佐藤方哉・神尾昭雄 訳(1974)『言語の生物学的基礎』大修館書店.〕

Marastos, M. (1976) *The use of definite and indefinite reference in young children: An experimental study of semantic acquisition*, Cambridge, MA : Cambridge University Press.

McLaughlin, B. (1984) *Second-Language acquisition in childhood:* Volume 1. Preschool Children, Second edition, Hillsdale, NJ : Erlbaum.

McLaughlin, B. (1985) *Second-Language acquisition in childhood:* Volume 2. School-Age Children, Second edition, Hillsdale, NJ : Erlbaum.

箕浦康子(1990)『文化のなかの子ども』東京大学出版会.

中島和子(1998)『バイリンガル教育の方法――地球時代の日本人育成を目指して』アルク.

Newport, E. L.(1990) Maturational constraints on language learning. *Cognitive Science*, **14**, 11-12.

Newport, E. L.(1991) Contrasting conceptions of the critical period for language. In S. Carey, & R. Gelman (Eds.), *The epigenesis of mind : Essays on biology and cognition*. Hillsdale, NJ : Erlbaum.

大津由紀雄(1989)⇨第Ⅱ章.

Oyama, S.(1976) A sensitive period for the acquisition of a nonnative phonological system. *Journal of Psycholinguistic Research*, **5**, 261-283.

重野幸次(1980)「医学的検査」相沢豊三(監修)『失語症の基礎と臨床』金剛出版.

鈴木教子(1989)「留学生と日本人の敬語行動」昭和64年度お茶の水女子大学修士論文.

内田伸子(1996)『子どものディスコースの発達――物語産出の基礎過程』風間書房.

内田伸子(1997)「第二言語学習に及ぼす成熟的制約の影響――第二言語としての英語習得の過程」『日本語学』**10**, 33-43.

内田伸子(1999)「第2言語習得における成熟的制約――子どもの英語習得の過程」小嶋祥三・鹿取廣人(監修)『心とことばの発達2 ことばの獲得』ミネルヴァ書房(195-228).

## 第Ⅴ章 ことばが遅滞するとき

Bower, T. G. R.(1977)⇨第Ⅰ章.

Bowlby, J.(1969) *Attachment and loss*, Vol. 1 *Attachment*. London : Basic Books.

Curtiss, S.(1977) *Genie : A psycholinguistic study of a modern-day "Wild Child"*. New York, NY : Academic Press.

Curtiss, S. et al.(1974) The linguistic development of Genie. *Language*, **50**, 528-554.

Davis, K.(1940) Extreme social isolation of a child. *American Journal of Sociology*, **45**, 554-565.

Davis, K.(1947) Final note on a case of extreme isolation. *American Journal of Sociology*, **52**, 432-437.

Fromkin, V. et al.(1974) The development of language of Genie ; A Case of language acquisition beyond the "critical period". *Brain and Language*, **1**, 81-107.

Freedman, D. A. & Brown, S. L.(1968) On the role of coenesthetic stimulation in the development of psychic structure. *Psychoanalytic Quarterly*, **37**, 418-438.

藤永保・斎賀久敬・春日喬・内田伸子(1987)『人間発達と初期環境――初期環境の貧困に基づく発達遅滞児の長期追跡研究』有斐閣.

Fujinaga, T., Kasuga, T., Uchida, N., & Saiga, H.(1990) Long-term follow-up study of children: Developmentally retarded by early environmental deprivation. *Genetic, Social, and General Psychology Monographs,* **166,** 39-104.

Geschwind, N. & Galaburda, A. M.(1987)⇨第Ⅳ章.

D・O・ヘッブ(白井常・他訳)(1972/1975)⇨序章.

久徳重守(1979)『母原病』サンマーク出版.

Hopwood, N. J. & Becker, D. J.(1980) Psychological Dwarfism: Detection, evaluation, and management. In C. H. Kemp, A. W. Franklin & C. Cooper (Eds.), *The abused child in the family and in the community,* Vol. I, New York, NY: Pergamon Press.

Kaye, K. (1977) Toward the origin of dialogue. In H. K. Scaffer (Ed.), *Studies on mother-infant interaction,* New York, NY: Academic Press.

D・キムラ(1992)「脳の性差」『日経サイエンス』**22**(11), 82-93.

国立国語研究所(1977)『幼児の文法能力』東京書籍.

Koluchova, J. (1972) Severe deprivation in twins: A case study. *Journal of Child Psychology and Psychiatry,* **13,** 107-114.

Koluchova, J. (1976) The further development of twins after severe and prolonged deprivation; A second report. *Journal of Child Psychology and Psychiatry,* **17,** 181-188.

Lenneberg, E. H.(1967)⇨第Ⅳ章.

Mason, M. K.(1942) Learning to speak after six and one-half years of silence. *Journal of Speech Disorders,* **7,** 295-304.

Miller, G. A.(1981)⇨第Ⅱ章.

Nelson, K. (1981) Individual differences in language development: Implications for development and language. *Developmental Psychology,* **17,** 170-187.

Rutter, M.(1979) Maternal deprivation, 1972-1978; New findings, new concepts, new approaches. *Child Development,* **50,** 283-305.

庄司順一(1992)「小児虐待」『小児保健研究』**51,** 341-350.

内田伸子(1987)「言語発達」藤永保・斎賀久敬・春日喬・内田伸子『人間発達と初期環境―初期環境の貧困に基づく発達遅滞児の長期追跡研究―』有斐閣(77-131).

内田伸子(1989)⇨第Ⅰ章.

L・S・ヴィゴツキー(柴田義松訳)(1932/1967)⇨序章.

　　注)Ⅴ章は,内田伸子(1987)の論考とデータに準拠しつつその後の考察を加えた.

## 第Ⅵ章 想像力の発達

S・アリエティ(加藤正明・清水博之訳)(1980)『創造力——原初からの統合』新曜社.

Bartlett, F. C. (1932) *Remembering: A Study in experimental and social psychology.* London: Cambridge University Press.〔宇津木保・辻正三 訳(1983)『想起の心理学——実験社会心理学における一研究』誠信書房〕

Bruner, J. (1993) Explaining and interpriting: Two ways of using mind. In G. Harman (Ed.), *Conceptions of the human mind: Essays in honor of George A. Miller.* Hillsdale, NJ: Erlbaum.

Bruner, J. & Lucariello, J. (1989) Monologue as narrative recreation of the world. In K. Nelson (Ed.), *Narratives from the crib.* Cambridge, Massachusetts and London, England: Harvard University Press.

Dore, J. (1989) Monologue as reenvoicement of dialogue. In K. Nelson (Ed.), *Narratives from the crib.* Cambridge, Massachusetts and London, England: Harvard University Press.

Eliot, T. S. (1971) *The complete poems and plays: 1909-1950.* New York: Harcourt: Brace & World, Inc.

V・フランクル(霜山徳爾訳)(1961)『夜と霧——ドイツ強制収容所の体験記録』みすず書房.

D・O・ヘッブ(白井常・他訳)(1972/1975)⇨序章.

Holyoak, K. J. & Thagard, P. (1995) *Mental leaps: Analogy in creative thought.* Cambridge, MA: MIT Press.〔鈴木宏昭・河原哲雄 監訳(1998)『アナロジーの力——認知科学の新しい探求』新曜社.〕

稲垣佳世子(1995)『生物概念の獲得と変化——幼児の「素朴生物学」をめぐって』風間書房.

Miller, G. A. (1981)⇨第Ⅱ章.

Neisser, U. (1981) John Dean's memory: A case study. *Cognition,* **9,** 1-22.

佐竹昭廣(1955)「古代日本語における色名の性格」『国語国文学』**24,** 6, 18-25.

Schank, R. C. & Abelson, R. P. (1977) *Scripts, plans, goals, and understanding: An inquiry into human knowledge structures.* Hillsdale, NJ: Erlbaum.

Schank, R. C. (1982) *Dynamic memory: A theory of learning in computers and people,* Cambridge, Cambridge University Press.〔黒川利明・黒川容子 訳(1985)『ダイナミック・メモリ』近代科学社.〕

Schneider, W. & Bjourklund, D. F. (1997) Memory. In D. Kuhn & R. S. Siegler (Eds.), *Handbook of child psychology,* Vol. 2, New York, NY: Wiley.

Spiro, R. J. (1980) Accommodative reconstruction in prose recall. *Journal of Verbal Learning and Verbal Behavior,* **19,** 84-95.

高橋秀元(1988)「幻想的時空間と物語構造——世界観共有装置としての物語」清水博監修『解釈の冒険』NTT 出版(171-198).
内田伸子(1982)「幼児はいかに物語を創るか?」『教育心理学研究』30, 212-222.
内田伸子(1983)「絵画ストーリィの意味的統合化における目標構造の役割」『教育心理学研究』31, 323-332.
内田伸子(1985)⇨第Ⅰ章.
内田伸子(1986)⇨第Ⅲ章.
内田伸子(1989)「非具象的絵画ストーリーの構成的理解における〈欠如—補充〉枠組みの役割」『教育心理学研究』37, 327-336.
内田伸子(1990)『想像力の発達——創造的想像のメカニズム』サイエンス社.
内田伸子(1994)『想像力——創造の泉をさぐる』講談社現代新書.
内田伸子(1996)⇨第Ⅳ章.
L・S・ヴィゴツキー(柴田義松 訳)(1974)『子どもの想像力と創造』新読書社.
山梨正明(1988)『比喩と理解』(認知科学選書 17)東京大学出版会.
全労済(編)(1998)『生きていてよかったと感じる"ひとこと"』河出書房新社.

### 第Ⅶ章 読み書きの能力の獲得

天野清(1986)『子どものかな文字の習得過程』秋山書店.
天野清(1987)「音韻分析と子どもの literacy の習得」『教育心理学年報』27, 142-164.
東洋(代表)(1995)「幼児期における文字の獲得過程とその環境的要因の影響に関する研究」『平成 4〜6 年度科学研究費補助金(総合研究 A)研究報告書』.
大六一志(1995)「モーラに対する意識はかな文字読み習得の必要条件か?」『心理学研究』66, 253-260.
Hoffman, S. J.(1985) Play and the acquisition of literacy. *The Quarterly Newsletter of the Laboratory of Comparative Human Cognition*, 7, 89-95.
稲垣佳世子・波多野誼余夫(1989)『人はいかに学ぶか——日常認知の世界』中公新書.
黒田実郎(1983)「幼児期における漢字教育のその後」『保育研究』4, 160-165.
Luria, A. R.(1983) The development of writing in the child. In M. Matlew(Ed.), *The psychology of written language*. New York, NY: Wiley.
Maclean, M., Bryant, P. & Bradley, L.(1987) Rhymes, nursery rhymes, and reading in early childhood. *Merrill-Palmer Quarterley*, 33, 255-281.
無藤隆(1986)「文化的学習の理論を目指して——前読み書き能力の獲得」日本児童研究所(編)『児童心理学の進歩——1986 年版』金子書房.
村石昭三・天野清(1972)『幼児の読み書き能力』東京書籍.
Olson, D. R.(1995) Writing and the mind. In J. M. Werch, P. Del-Rio, and A. Alvarez

(Eds.), *Sociocultural studies of mind*. Cambridge: Cambridge University Press.
柴崎正行(1987)「幼児は平仮名をいかにして覚えるか」村井潤一・森上史朗(編)『保育の科学』ミネルヴァ書房.
高橋登(1997)「幼児のことば遊びの発達:"しりとり"を可能にする条件の分析」『発達心理学研究』**8**, 42-52.
内田伸子(1989)「物語ることから文字作文へ——読み書き能力の発達と文字作文の成立過程」『読書科学』**33**, 10-24.

### 第Ⅷ章 書くことによる認識の発達

天野清(1981)「思考と言語行為——特にヴィゴツキー学派の内言研究を中心に」『サイコロジー』**11**, 38-43.
安西祐一郎・内田伸子(1981)「子どもはいかに作文を書くか?」『教育心理学研究』**29**, 323-332.
カロル・M・チポラ(佐圌玄治 訳)(1983)『読み書きの社会史——文盲から文明へ』御茶の水書房.
Cole, M. & Scribner, S. (1974) *Culture and thought: A psychological instruction*, New York, NY: Wiley.
遠藤誉(1992)『卡子(チャーズ)』上・下, 文春文庫.
遠藤誉(1997)「帰国中国人留学生の比較追跡調査による留学生教育の改善と展望に関わる研究」平成6・7・8年度文部省科学研究費補助金・国際学術研究・学術調査報告書.
遠藤誉(1998)『茉莉花(マーリーフォア)』読売新聞社.
Greenfield, P. (1966) On culture equivalence. In J. Bruner, R. Oliver, & P. Greenfield (Eds.), *Studies in cognitive growth*. New York, NY: Wiley.
Greenfield, P. (1972) Oral or written language: The consequences for cognitive development in Africa, the United States and England. *Language and Speech*, **15**, 159-178.
Greenfield, P. & Bruner, J. (1966) Culture and cognitive growth. *International Journal of Psychology*, **1**, 89-107.
花田修一・芳澤結花・木村真冬・加々美勝久・松本純一・佐々木和枝(1997)「環境教育におけるクロス・カリキュラムの試み——2年「水と私たちの生活」」『お茶の水女子大学附属中学校紀要』**27**, 135-152.
Hayes, J. R. & Flower, L. S. (1980) Identifying the organization of writing processes. In L. Gregg, & E. Steinberg (Eds.), *Cognitive processes in writing*. Hillsdale, NJ: Erlbaum.
A・R・ルリヤ(森岡修一 訳)(1974/1976)『認識の史的発達』明治図書.

村川雅弘(1993)「"時代課題をとらえ解決する力"を育てる——問題をとらえる目と問題解決の体験と自信を学校教育で」『教育工学実践研究』111, 10-15.
岡本夏木(1985)⇨第Ⅲ章.
Olson, D. R. (1977) From utterance to text: The bias of language in speech and writing. *Harvard Educational Review*, 47, 257-281.
Rohman, G. (1965) Pre-writing: The stage of discovery in writing process. *College Composition and Communication*, 16, 106-112.
Scardamalia, M. & Bereiter, C. (1985) "Development of dialectical process in composition", In D. R. Olson, N. Torrance, and A. Hildyard (Eds.), *Literacy, language and learning: The nature and consequences of reading and writing.* Cambridge: Cambridge University Press.
Scardamalia, M., & Bereiter, C. (1987) Knowledge telling and knowledge transforming in written composition. In S. Rosenberg (Ed.), *Advances in applied psycholinguistics*, Vol. 2: Reading, writing, and language learning. Cambridge: Cambridge University Press.
Scribner, S. & Cole, M. (1978) Literacy without schooling: Testing forintellectual effects. *Harvard Educational Review*, 48, 448-461.
Scribner, S. & Cole, M. (1981) *The psychology of literacy*. Cambridge, MA: Harvard University Press.
内田伸子(1986)「作文の心理学——作文の教授理論への示唆」『教育心理学年報』25, 162-177.
内田伸子(1989a)⇨第Ⅶ章.
内田伸子(1989b)「子どもの推敲方略の発達——作文における自己内対話の過程」『お茶の水女子大学人文科学紀要』42, 75-104.
内田伸子(1990)『子どもの文章——書くこと・考えること』東京大学出版会.
内田伸子(1996)『ことばと学び——響きあい通いあう中で』金子書房.
梅田卓夫・清水良典・服部左右一・松川由博(1989)『新作文宣言』筑摩書房.
L・S・ヴィゴツキー(柴田義松訳)(1932/1967)⇨序章.
Vygotsky, L. S. (1963) Learning and mental development at school age. In B. Simon, & T. Simon (Eds.), *Educational psychology in the USSR*. London: Routledge & Kagan Paul.

　　注) 本章のしめくくりの論考に,例として掲載することを快く許してくださった友人,遠藤誉氏に感謝申し上げる.

## あとがき

　本書は，まえがきに書きましたように，言語と認識の発達を中心にして章立てを考え，私自身の発達心理学の講義の中で取り上げるトピックスを中心に執筆したものです．半期分の「発達心理学」のテキストとして，あるいは言語と認識の発達に関心のある入門者が発達研究を概観する入門書として読んでいただければ幸いです．

　序から順に読み進めていただくことも，興味がひかれるトピックを扱った章から読んでいただくこともよいと思います．紙数の都合で舌足らずの部分も多々ありますが，各章で取り上げられた問題については，巻末の参考図書や引用文献を活用して学習をさらに深めていただきたいと思います．

　この本がきっかけになり，私たちの日常の知の営みに注意がひかれ，生活の中にあふれている言語や認知をめぐる現象について関心を抱いていただけたら私としては望外の幸せです．

　本書は岩波書店の名編集者柿沼マサ子さんに執筆の機会を与えていただきました．ところが，お引受けしてすぐに，スタンフォード大学の客員研究員として10カ月間不在となり，また渡米前後の慌ただしさを口実になかなか執筆に取り掛かれませんでした．広がりすぎた構想にも問題があったのかもしれません．内容をしぼり，また教育との関わりも考慮するという方針に切り替えて，執筆を再開しました．

　執筆にあたっては多くの先行の知見を引用させていただきました．引用や転載を快く許可してくださった研究者の方々，出版社に対して御礼申し上げます．

　出版にあたっては，機会を与えてくださった柿沼さん，あとを引き継がれた押田連さんのおせわになりました．よい本にしあがったことを感謝いたします．

　　1999年3月3日
　　　　　　　　　　　　　　　　　　　　　　　　内　田　伸　子

# 索 引

→は上位概念, ↔は対概念を指す.
併せて参照してほしい.

## あ 行

アイコンタクト　36
愛着(attachment)　20, 39, 128, 139, 152
ITPA　142, 149
アクセント　101
アフリカ1元説　15
ESL　112
育児語(motherese)　38
石井方式　202
1語発話　54
1次的ことば　93, 185
1人1言語　113
遺伝　2, 3, 109
遺伝形質　2
遺伝的負因　134, 147
遺伝も環境も　72
意図的教授＝学習プログラム　134
意味基準　69
意味づけ了解する(make sense)活動　183
意味的側面　84
意味的ルール　66
意味不明語　149
イメージ　33
色の選好　205
因果関係　95　→因果推論
因果推論(causal reasoning)　158
因果律　95　→因果推論
隠喩(metaphor)　160, 161
ウェルニッケ失語　105　→失語症
ウェルニッケの中枢　103

運動性失語　103, 105　→失語症
エピソード記憶　27, 37
エラー検出法　66
延滞模倣　32, 138
音韻規則　101, 110, 111, 119, 120, 123
音韻抽出(phonological abstruction)　190, 191
音韻的意識(phonological awareness)　121, 190-193
音韻分解(phonological segmentation)　190-193
音刺激的側面　83, 84
音声言語　2
音節構造　192
音節分解　191
音節分析能力　192

## か 行

下位過程　218, 219　→作文過程
外言　82, 141, 147, 198　↔内言
回想的思考(retrospective thinking)　165　→想像力
外側溝　103
概念的自己(conceptual self)　36
概念的類似性　62
概念的・論理的関係　208
海馬　27, 144　→記憶
外面化　6, 73　↔内面化
会話行動　73
会話進行的役割　90
会話体(常体)　212　↔文章体
会話の情報処理過程　73　→会話行動

ガヴァガーイ問題　57
書き取り　103
可逆的操作　173, 174, 175
書くことと考えることの関係　219
拡散的思考(divergent thinking)　157
　→想像力
拡張法　50
学力言語　111, 120, 232
ガーグリング(gurgling)　43
可算名詞　66
課題状況　218, 219
活動　6, 210
活動理論　6
カテゴリー知覚能力　11
カテゴリー的次元　60
感覚性失語　104, 105　→失語症
環境　2, 3, 109
環境説　3, 5
関係の公準　79　→会話行動
漢字教育　202, 203
感情の共鳴　20
感情表現的(expressive)子ども　151
　↔名称指示的子ども
間接的要求表現　89
記憶　27
記憶機能　144, 147, 149, 150　→記憶
記憶喪失　233　→記憶
記憶貯蔵庫　218　→記憶
機械的暗記学習　144　→記憶
機械的な連合学習　65　→記憶
聞き取り　101
規準喃語(canonical babbling)　43, 130
擬人化　159
擬声語　38, 121
擬態語　38, 121
帰納　45
機能的準備系　20, 39, 151
逆順法略　175　→因果推論
虐待　125, 127

嗅覚　25
既有知識の貯蔵庫　218
吸啜反射　23　→反射
教育プログラム　192
強化　50, 52
行間ルール　224　→推敲
狭義の記憶　27　→記憶
凝視時間　24
凝視点　25
供述場面の会話　93
強制的な学び　93
共同注視(joint attention)　29, 30, 34, 39
共鳴動作　13
協約性　33
共有性　14, 15
協力原理　92
局在化　103, 106, 109, 119
虚構(ファンタジー)　176
クーイング(cooing)　43
空間操作　105
具体的・知覚的特性　208
句読点　198
組み込み技法(カットバック)　169, 171, 173　→因果推論
組み立てメモ　226, 230
クラス分類課題　205
形式言語　149
形象　235
形状類似バイアス(shape bias)　60, 62, 63　→制約
敬体(ですます体)　198, 213　→文体
形態素　107, 108
系統発生　1, 8　↔個体発生
欠如―補充　169, 172　→因果推論
言外の意　88
言語音の同期的共鳴　20
言語学習能力診断テスト　→ITPA
言語学的決定論　82

言語獲得の臨界期　106, 130, 131
言語機能　77
言語機能の局在化　109
言語性知能(Verbal IQ)　146　→知能テスト
言語相対性仮説　82
言語中枢　103
言語適応　93
言語的な構え(set)　47, 137
言語入力　70, 71, 107
言語能力テスト　134　→ITPA
言語剥奪実験　133
言語野　103　→言語中枢
原始的言語　17, 18
現実世界のモデルの構成　18
現実についてのモデル　163
健忘失語　105　→失語症
健忘症　27
権力具現装置　89
語彙能力　201
語意爆発　56, 151
語意爆発期　41
構音器官　19
構音失行　105　→失語症
広義の記憶　27　→記憶
高次な方略　225　→推敲
構造の緩やかな問題解決(ill-structured problem solving)　221
口頭作文　199
行動主義　3
行動統制機能　84　→言語機能
口話教育　102
呼吸器官　20
刻印づけ(imprinting)　10
国語学力　201, 202
国語教育　101
告知の機能　78　→言語機能
互恵学習　229
個人的機能　78　→言語機能

個体発生　1　↔系統発生
ごっこ　163, 164, 165
個別性　14, 15
コミュニケーション伝説　40
コミュニケーション・ルーチン　40, 148
語聾　105　→失語症

## さ 行

再構成　178
再生的表象　158
錯音　149
作文過程　218
作文教育　230
作文技能　218
作文テスト　195
作文の形式　225
サピア=ホワーフの仮説　82
3項関係　23, 34, 42　↔2項関係
産出テスト　101
三段論法推論　208, 209
使役文　144, 149
自我　85
視覚系　24
視覚的の効果　222, 224, 225, 235　→推敲
視覚的断崖　31
時間概念　175
時間的拡大自己(temporally extended self)　36, 47　→自己概念
色彩知覚　24
色彩命名　103
識字力　207
シグモイド曲線　109
時系列　95
自己意識　29, 182　→自己概念
思考(thinking)　33, 157
自己概念　28, 29, 32, 34, 35, 36, 37
自己中心語　80
自己中心性　80

自己中心的　77
自己内対話　35, 141
自己評価　229
視写テスト　195
指示対象　33
事象記憶(event memory)　28　→記憶
自信型　90
思想と表現の調整　219　→作文過程
失語症　98, 103-105, 233
実存分析　233
質の公準　79　→会話行動
私的自己(private self)　36, 47
自伝的記憶(autobiographical memory)
　36, 37, 231, 235
支配的機能　78　→言語機能
自発的な学び　93
事物全体制約(whole object bias)　58
　→制約
事物の命名　103
自分探し　152
自分史　230, 235
自分づくり　182, 184
シミュレーション　91
社会経済構造　207
社会的圧力　92
社会的隔離児　98
社会的協同　31
社会的言語活動　80
社会的参照(social referencing)　29, 31,
　34, 39
社会的自己　29
社会的調整役　32
社会的な喃語　43
社会的な身ぶり　40
社会的ルーチン　38
社会文化的環境の影響　111
ジャーゴン(jargoning)　44, 130
就学経験　205, 209
修辞　162

就巣性　8, 9
収束的思考(convergent thinking)　157
　→想像力
受動・能動文の変換　144
受動文　149
手話　102
自由意志　184, 235
順番取りのルール　89
準備条件　88
昇華　235
証言の信用性　91
情緒的コミュニケーション　38
常体(である体)　198, 213
象徴機能　19, 23, 32, 33, 34, 39, 157
象徴性　188　→象徴機能
情報処理　211　→情報処理容量
情報処理能力　107, 109　→情報処理容量
情報処理容量　107, 178
情報伝達実験　77
情報の検索過程　218
小容量多学習仮説(less capacity is more
　learning)　106, 109
書字訓練　141
書字速度　196, 198
助数詞　64, 65-71
助数詞付与基準　65
助数詞付与ルール　69
触覚　25
自律　84
人格検査　134
神経系のネットワーク　17
新生得説　6, 7
身長発達速度曲線　135
心拍数　27, 32
審美的視点　225
シンボル(象徴)　33　→象徴機能
シンボル体系　207　→象徴機能
心理・社会的侏儒症(psycho-social

dwarfism) 127
神話 182
随意運動 24
随意的な模倣 13
推敲 211, 219, 225, 229
推敲方略 222 →推敲
推理機能 144, 147, 149
数学的推理 25
スキーマ(schema) 28, 164, 166
スクリプト(script) 28, 74, 164, 166
図形読み取りテスト(RAVEN) 203
図式 179
整合性のある世界 231
性差 89, 90, 195, 196
精神作業 165
誠実条件 88
成熟説 2, 3, 4
生成文法論者 55
生態学 5
生態学的自己(ecological self) 36
生物学的制約 97, 103
生物学的要因 4, 18
生物助数詞 66
性別役割 89
制約 63
制約と経験 63
生理的早産 10, 14, 18, 20
世界づくり 166, 184
摂食器官 20
セミリンガル状態 111
前言語野 17 →言語中枢
選好 7
潜在学習 148
潜在的な可能性 153
全失語 105 →失語症
選択的フィルター 109
先天性聾児 130
相互作用説 3, 4, 5
相互作用的機能 78

相互排他性制約(mutual exclusivity bias) 58 →制約
相互評価 229
想像世界 163, 182 →想像力
想像的機能 78 →想像力
創造的想像 155 →想像力
創造的表象 158 →想像力
想像力(イマジネーション) 155, 156
相対的なものの見方 206
促音 192 →特殊音節
即時模倣 32, 138

## た 行

対象概念(object concept) 25
対照原理(contrast principle) 57
対人的自己(interpersonal self) 36
　→自己概念
対人の適応 151
第2言語の習得過程 133
他律 84 →自律
単音分析 192
短期記憶範囲 144, 178 →情報処理容量
単線型段階モデル 218
担当保母制 43
談話や文章 164 →ディスコース
知覚的次元 60, 61, 62
知覚的類似性 62
知覚的類似バイアス 70 →制約
知識陳述 227, 229
知識変革(knowledge transfoming) 227, 229
知的技能 210
知能テスト 134, 149
注意のスパン 108 →情報処理容量
抽象的思考 206, 207, 210
中枢神経系 11
長音 192 →特殊音節
聴覚 24

聴覚的効果　224, 225, 235
聴覚野　11
長期記憶　218　→記憶
彫琢　211, 219
超皮質性運動失語　105　→失語症
超皮質性感覚失語　105　→失語症
直喩(similitude)　160
治療教育的介入　136
沈黙　89
沈黙の修復　90
定位機能　83
定位反射(orienting reflex)　7, 27
低次の方略　225　→推敲
ディスコース　73, 93, 94, 96, 118, 155, 164, 166, 172, 176
適切性　166
適切性条件　88
伝導失語　105　→失語症
電文体の発話　50
動因　2
道具的価値　29, 188, 199
道具的機能　78
凍結状況　135
統語規則　53, 101, 102, 119, 120
動作性知能(Performance IQ)　146　→知能テスト
独語　79-82, 166
独語的な喃語　43
特殊音節　192, 193, 198, 214
読字訓練　141
読字数　191
読字力テスト　195
土着の書記言語　209
トップダウン的意識　187
ドルプレイ　134

### な 行

内言　82, 141, 147　↔外言
内言機能　84, 141, 149
内的プログラム　2, 4
内面化　6, 73, 233
内面世界　23, 32, 34
喃語(babbling)　43
難題―解決　169, 172
2言語共有説　110
2項関係　34　↔3項関係
2語文　54
2次的ことば　93, 185, 211
2次的就巣性　9, 10
二重拘束(ダブル・バインディング)　85
二重拘束的コミュニケーション　86
二足歩行　9, 10, 15, 16
日本語教育　234
入力情報のフィルター　108
人間化　1, 39, 47, 48
認知科学　5
認知的意味カテゴリー　65
認知的カテゴリー　63
認知的制約　109
認知的所産　211
認知的処理資源(cognitive resource)　115, 219　→情報処理容量
能動文　149

### は 行

把握運動　36
把握反射　23
バイリンガル　110, 114, 120
発見的機能　78
発声遊び　44
発声器官　19
撥音　192　→特殊音節
発達遅滞　134
発話意図　85, 88　→会話行動
発話権　89　→会話行動
発話思考法(think-aloud method)　217, 220

発話内容　85, 88　→会話行動
発話の番　74, 79　→会話行動
発話表現　88　→会話行動
バビンスキー反射　24　→反射
反響語(エコラリア)　130, 138
反射　23
反省的思考(reflective thinking)　158,
　　165, 235　→想像力
輻輳説　3
般用　45, 60, 68
被暗示性　91
PSD児　126　→心理・社会的侏儒症
非言語的コミュニケーション・ルーチン
　　40
非言語的ターンテーキング　148
非社会的言語活動　80
被損傷性(vulnerability)　150
非単線型　218
人見知り　27
皮膚電気反射(GSR)　27
比喩　160, 162
表記法規則　192
表現と意図の調整過程　220　→推敲
表象(representation)　32　→象徴機能
表象(イメージ)　157, 232　→象徴機能
敏感期　98
ファンタジー　163, 164, 169, 178　→想
　　像力
不可算名詞　66
複数保母制　42
普遍文法(Universal Grammar＝UG)
　　55, 56, 99
プラニング　218　→作文過程
プラン能力　173
ブローカ失語　105　→失語症
ブローカの中枢　103　→言語中枢
ブローカ領　17　→言語中枢
プロトコル分析　217
文化適応　234

文化の相違　93, 211
文化・文脈依存説　5, 21
文完成テスト　153
文章体　213　↔会話体
文法　53, 110, 166
文法規則　6, 49, 55, 100
文法能力テスト　144
文法ルールの説明　209
文脈化(contextualization)　210
文脈調和　225　→推敲
分離不安　27, 39, 40, 73
分類学的基準　64　→制約
分類学的(事物カテゴリー)制約(taxono-
　　mic bias)　59　→制約
分裂病　85, 86
平均発話長(MLU)　54
変換ルール　145, 146, 149
扁桃核　27, 144　→記憶
放射状のカテゴリー　65
母原病　153
母語　49, 53
母語習得過程　133
歩行反射　24　→反射
母子関係の長期化　20
母子相互交渉　38
補償教育　3, 128, 130, 152
母性的行動　20
母性的養育　11, 128, 130
母性的養育の欠如または剥奪(maternal
　　deprivation)　127
補足領野　104　→言語中枢
ボトムアップ的意識　188

## ま 行

味覚　25
見立て遊び　32
3つの言語野　103　→言語中枢
身ぶり語　2, 41, 101
無時的現在形(timeless present tense)

168
無標　68
名称指示的(referential)子ども　151
　↔感情表現的子ども
命題内容　88
メタ言語能力　209　→メタ認知機能
メタ的想像力　156　→メタ認知機能
メタ認知機能　77, 85
目撃証言　93
文字環境　186
文字教育　186
文字指導　185
文字習得　191, 193, 195, 196
文字の修正　225
モジュール性　56
モデル構成行為　192
モニター　34, 176, 217, 229
モニタリング　87, 184, 215, 218, 219
モニタリング機能　165, 173, 219
物語産出過程の制御　173　→モニタリング
模倣　50, 52, 138
模倣学習(imitative learning)　29
モーラ意識　192
モロー反射　23　→反射
問題解決　77, 78, 82

## や 行

役割取得(role taking)能力　77

優生学　2
指さし　34, 41
養育放棄　125, 127
拗音　192　→特殊音節
様態の公準　79　→会話行動
拗長音　192　→特殊音節
読み返し　218, 219　→モニタリング
読み書き指導　195
読み書き能力(literacy)　185, 201, 205, 207
読み取り　103
夜と霧　232

## ら 行

離巣性　8, 9, 11
量の公準　79　→会話行動
臨界期　97, 102, 110, 131
臨界期仮説(the critical period hypothesis)　97, 98, 106
類推(analogy)　45, 158, 160, 162, 182
　→想像力
ルーチン　168
列記的表現　168
連合学習　39, 40, 144
連合機能　144, 147, 149
連想的次元　60　→制約
連想のモメント　159　→想像力
論理的思考　25
割り込み　89, 90　→会話行動

■岩波オンデマンドブックス■

岩波テキストブックス
発達心理学――ことばの獲得と教育

　　　　1999 年 3 月15日　第 1 刷発行
　　　　2015 年 8 月25日　第12刷発行
　　　　2019 年11月 8 日　オンデマンド版発行

著　者　内田伸子

発行者　岡本　厚

発行所　株式会社　岩波書店
　　　　〒101-8002　東京都千代田区一ツ橋 2-5-5
　　　　電話案内　03-5210-4000
　　　　https://www.iwanami.co.jp/

印刷／製本・法令印刷

© Nobuko Uchida 2019
ISBN 978-4-00-730947-2　Printed in Japan